Fraunhofer-Institut für
System- und Innovationsforschung ISI

ISI-Schriftenreihe »Innovationspotenziale«

Joachim Hemer
Herbert Berteit
Gernd Walter
Maximilian Göthner

Erfolgsfaktoren für Unternehmensausgründungen aus der Wissenschaft

Success Factors for Academic Spin-offs

Fraunhofer IRB Verlag

Kontaktadresse:
Joachim Hemer
Fraunhofer-Institut für System- und Innovationsforschung (ISI)
Breslauer Str. 48
76139 Karlsruhe
Telefon +49 721 /6809-139
Telefax +49 721 /6809-278
E-Mail   joachim.hemer@isi.fraunhofer.de
URL   www.isi.fraunhofer.de/r/

Autoren:
Joachim Hemer
Gerd Walter
Dr. Herbert Berteit
Maximilian Göthner

Weitere Mitarbeiter:
Dr. Thomas Reiß
Dr. Bernd Beckert
Peter Georgieff

Assistenz:
Christine Schädel
Daniela Grancharova
Josefine Walter

Übersetzungen/Translations:
Christine Mahler-Johnston

Die Veröffentlichung beruht auf einer vom Bundesministerium für Bildung und Forschung (BMBF) in Auftrag gegebenen Studie, die vom Fraunhofer-Institut für System- und Innovationsforschung in Zusammenarbeit mit dem Institut für Sozialökonomische Strukturanalysen GmbH Berlin (SÖSTRA) durchgeführt wurde.
Die von den Autoren vertretenen Auffassungen und wiedergegebenen Meinungen sind nicht unbedingt mit denen des Auftraggebers identisch.

Druck und Weiterverarbeitung:
Fraunhofer IRB Mediendienstleistungen
Fraunhofer-Informationszentrums Raum und Bau IRB, Stuttgart

Alle Rechte vorbehalten

Dieses Werk ist einschließlich aller seiner Teile urheberrechtlich geschützt. Jede Verwertung, die über die engen Grenzen des Urheberrechtsgesetzes hinausgeht, ist ohne schriftliche Zustimmung des Verlages unzulässig und strafbar. Dies gilt insbesondere für Vervielfältigungen, Übersetzungen, Mikroverfilmungen sowie die Speicherung in elektronischen Systemen.

Die Wiedergabe von Warenbezeichnungen und Handelsnamen in diesem Buch berechtigt nicht zu der Annahme, dass solche Bezeichnungen im Sinne der Warenzeichen- und Markenschutz-Gesetzgebung als frei zu betrachten wären und deshalb von jedermann benutzt werden dürften.

Soweit in diesem Werk direkt oder indirekt auf Gesetze, Vorschriften oder Richtlinien (z.B. DIN, VDI) Bezug genommen oder aus ihnen zitiert worden ist, kann der Verlag keine Gewähr für Richtigkeit, Vollständigkeit oder Aktualität übernehmen.

© Fraunhofer IRB Verlag, 2006, ISBN 3-8167-7017-7
Fraunhofer-Informationszentrum Raum und Bau IRB
Postfach 800469, 70504 Stuttgart
Nobelstraße 12, 70569 Stuttgart
Telefon (0711) 970-2500,
Telefax (0711) 970-2508
E-Mail   irb@irb.fraunhofer.de,
URL   www.irb.fraunhofer.de

Inhalt

English summary 1

    Project targets and tasks 1

    Methodological approach and empirical basis 2

    Status of success factor research 3

    Spin-off activities compared amongst European and German research organisations 7

    Short biographies of the founding enterprises 8

    Factors found relevant for the success of the spin-offs 8

    Success and hindering factors 22

    Recommendations for future policy 26

Zusammenfassung 33

    Ziele und Aufgabenstellung des Projektes 33

    Vorgehensweise und empirische Basis 33

    Ausgründungsaktivitäten im Vergleich deutscher und europäischer Forschungsorganisationen 34

    Kurzbiografien der Gründungsunternehmen 35

    Relevante empirische Faktoren für den Gründungserfolg 36

    Erfolgsfaktoren und hemmende Faktoren 50

    Förderpolitische Empfehlungen 55

1 Einführung 63

    1.1   Ziele und Aufgabenstellung des Projektes 63

    1.2   Stand der Erfolgsfaktorenforschung 64

    1.3   Untersuchungsansatz, Methoden und Fallstudienauswahl 68

        1.3.1   Vorgehensweise 68

        1.3.2   Fallauswahl 69

2 Akademische Ausgründungsaktivitäten ausgewählter deutscher und europäischer Wissenschaftsorganisationen 71

2.1	Ausgründungspolitik der Mutterorganisationen 71
2.2	Helmholtz-Gemeinschaft (HGF) 72
2.2.1	Die HGF-Definition für akademische Ausgründungen 72
2.2.2	Ausgründungsunterstützung und TT in der HGF 73
2.2.2.1	Die Ascenion GmbH 73
2.2.2.2	Finanzielle Unterstützung von Ausgründungen 74
2.2.3	Ausgründungsstatistik 75
2.3	Fraunhofer-Gesellschaft (FhG) 76
2.3.1	FhG-Definition für akademische Ausgründungen 76
2.3.2	Ausgründungsunterstützung und TT in der FhG 76
2.3.2.1	Die Fraunhofer-Venture-Gruppe 76
2.3.2.2	Finanzielle Unterstützung von Ausgründungen 77
2.3.3	Ausgründungsstatistik 77
2.4	Max-Planck-Gesellschaft (MPG) und Garching Innovation GmbH 78
2.4.1	Definition von Ausgründungen bei der MPG 78
2.4.2	Ausgründungsunterstützung und TT in der MPG 78
2.4.3	Ausgründungsstatistik 79
2.5	Leibniz-Gemeinschaft (WGL) 80
2.5.1	Definition von Ausgründungen bei der Leibniz-Gemeinschaft 80
2.5.2	Ausgründungsunterstützung und TT in der Leibniz-Gemeinschaft 80
2.5.3	Ausgründungsstatistik 81
2.6	Centre National de la Recherche Scientifique (CNRS) und DAE bzw. SPV (Frankreich) 81
2.6.1	Vorbemerkungen 81
2.6.2	Ausgründungsunterstützung und TT in der CNRS 82
2.6.3	Ausgründungsstatistik 83

2.7 Institut National de Recherche en Informatique et
Automatique (INRIA) und INRIA-Transfert (Frankreich) 83
2.7.1 Definition der INRIA zu Spin-Offs 84
2.7.2 TT und Ausgründungsunterstützung in der INRIA 84
2.7.3 Ausgründungsstatistik 84
2.8 TNO und TNO Management B.V. (TMB) (Niederlande) 85
2.8.1 Definition von Spin-Offs durch TNO 85
2.8.2 Ausgründungsunterstützung und TT in der TNO 86
2.8.3 Ausgründungsstatistik 86
2.9 Ausgründungsstatistik im Vergleich 87

3 Kurzbiografien der Gründungsunternehmen 91

3.1 Vorbemerkungen 91
3.2 Gründung im Bereich Mess-, Prüf- und Informations- und Funktechnik 91
3.3 Gründung im Bereich Lasertechnik 93
3.4 Gründung im Bereich Pharma/Life Sciences 95
3.5 Gründung im Bereich Medizintechnik 97
3.6 Gründung im Bereich Sicherheitssoftware 99
3.7 Gründung im Bereich Chemische Verfahrenstechnik/ Life Science 101
3.8 Gründung im Bereich Pharma/Life Science 103
3.9 Gründung im Bereich Messtechnik/Sensorik 105
3.10 Gründung im Bereich Medizinmesstechnik 107
3.11 Gründung im Bereich Messtechnik/Halbleitertechnik 109
3.12 Gründung im Bereich Datenfunksysteme 111
3.13 Gründung im Bereich Textilmaschinen 113
3.14 Gründung im Bereich Nanotechnik 114
3.15 Gründung im Bereich Software für Audio- und Videotechnik 116

3.16 Gründung im Bereich Lasertechnik 118

3.17 Gründung im Bereich Pharma/Life Science 119

4 Unternehmensgründungen aus dem Forschungszentrum Rossendorf 123

4.1 Ausgründungspotenzial im FZR 123

4.2 Unterstützungsleistungen des FZR 125

4.3 Ausgründungen aus dem FZR bis zum Jahr 2001 126

5 Relevante empirische Faktoren für den Gründungserfolg 127

5.1 Methodische Anmerkungen 127

5.2 Finanzierung von Spin-Offs 128

5.2.1 Beobachtungen 128

5.2.2 Finanzierungsstrukturen 129

5.2.3 Erfolgsfaktor Eigenkapitalquote? 132

5.3 Produkt, Technologiefeld, Markt, Strategien 134

5.3.1 Beobachtungen 134

5.3.2 Gründungsvorbereitung und Unternehmensstrategien 135

5.3.3 Wachstumsziele 136

5.3.4 Konsum- versus Investitionsgüter versus Dienstleistungen 137

5.3.5 Die Rolle der Technologiefelder 138

5.4 Netze, Umfeld und Standort 139

5.4.1 Beobachtungen 139

5.4.2 Sozialkapital 140

5.4.3 Teamgründungen 141

5.4.4 Standortbedingungen 141

5.5 Mutterorganisationen 142

5.5.1 Praktizierte Ausgründungspolitik vor Ort 142

5.5.2 Strategiemuster der Mutterorganisationen 142

5.5.2.1 Strategiemuster 1: Minimale Unterstützung 143

5.5.2.2	Strategiemuster 2: Vermittlung von Kompetenzen zur Unternehmensplanung und -führung	144
5.5.2.3	Strategiemuster 3: Unterstützung bei der Qualifizierung und Organisation des Wissenstransfers	147
5.5.2.4	Strategiemuster 4: Maximale Unterstützung und hohe Selektivität der Ausgründung	148
5.5.3	Schlussfolgerungen aus der Verteilung der Fallbeispiele auf die Strategiemuster	151
5.5.4	Politisch-rechtlicher Rahmen zur Ausgründungsunterstützung	155
5.5.5	Schutzrechtspolitik	156
5.5.6	Arbeitsteilung in FuE und Produktentwicklung	159
5.6	Motivation und Humankapital	162
5.6.1	Beobachtungen	162
5.6.2	Motivation der Gründer	162
5.6.3	Motivation der Mitarbeiter	166
5.6.4	Gründungsrelevante Kompetenzen der Gründer	167

6 Fazit zu Erfolgsfaktoren und hemmenden Faktoren ... 169

6.1	Abgeleitete Erfolgsmaße und Erfolgsbewertung der Fallbeispiele	169
6.2	Kritische Erfolgsfaktoren	172
6.3	Hemmende Faktoren	174

7 Förderpolitische Empfehlungen ... 177

7.1	Vorbemerkungen	177
7.2	Verbesserte strategische Unternehmensplanung und kaufmännische Qualifizierung der Gründer	177
7.2.1	Kaufmännische Defizite und Vorhabenprüfung	177
7.2.2	Externe Beratung	178
7.2.3	Gründerqualifizierung	178
7.3	Einflussnahme auf die Produktqualität und die Alleinstellungspositionen	180

7.3.1	Einfluss auf Unternehmenskonzept und Produktqualität?	180
7.3.2	Schutzrechtswesen, IPR-Management	180
7.4	Ansatzpunkte bei Ausgründungspolitik der Mutterorganisationen	181
7.5	Ansatzpunkte bei der Finanzierung	185
7.5.1	Finanzierungsmix	185
7.5.2	Mehr Kreditfinanzierung	186
7.5.3	Finanzierungsvolumen und Wachstum	187
7.5.4	Auswahl der Privatinvestoren und VC-Gesellschaften	188
7.6	Gründungsförderung	189
7.7	Wissenschaftler als dynamische Entrepreneure?	189
7.8	"Gazelle" oder "Schildkröte"? Welche Dynamik wollen wir?	191

8 Ausblick ... **193**

Weiterführende Literatur und Referenzen ... **197**

Anhang ... **211**

Tabellen

Table S1:	Distribution of cases studied by locations, technology fields and type of parent research organisations	3
Table S2:	Comparison of annual spin-off numbers of large German and European research organisations	7
Table S3:	Observation in main focus financing	9
Table S4:	Observations in main focus product, technology field, market and strategies	11
Table S5:	Observations in main focus networks, environment and location	13
Table S6:	Four strategy patterns and their distribution by case studies	15
Table S7:	Spectrum of IPR relations between spin-off and parent organisation observed	17
Table S8:	Forms of work division observed between spin-offs and parent institute and their frequencies	19
Table S9:	Observations in the main focus motivation and human capital	20
Table S10:	Success indicators in managerial and economic perspective	22
Table S11:	Success appraisal of the case study companies	24
Table S12:	Compiled catalogue of critical success factors	24
Table S13:	Factors hampering the entire course of the companies' development grouped by frequencies	26
Tabelle Z1:	Verteilung der Fallstudien nach Standorten, Fachgebieten und Mutterorganisationen	34
Tabelle Z2:	Vergleich der jährlichen Ausgründungsquoten deutscher und europäischer Forschungsorganisationen	35
Tabelle Z3:	Beobachtung im Schwerpunktthema Finanzierung	36
Tabelle Z4:	Beobachtung im Schwerpunktthema Produkt, Markt, Strategien	38
Tabelle Z5:	Beobachtung im Schwerpunktthema Netze, Umfeld und Standort	40
Tabelle Z6:	Vier Strategiemuster und ihre Verteilung nach Fallstudien	43
Tabelle Z7:	Varianten des Schutzrechtsverhaltens zwischen Spin-Off und Mutterorganisation und deren Häufigkeiten	45

Tabelle Z8:	Beobachtete Arbeitsteilungsformen zwischen Spin-Off und Mutterorganisation und ihre Häufigkeiten	47
Tabelle Z9:	Beobachtung im Schwerpunktthema Motivation und Humankapital	48
Tabelle Z10:	Betriebswirtschaftliche vs. wirtschaftspolitische Erfolgsindikatoren	51
Tabelle Z11:	Erfolgsbeurteilung der Fallstudien-Unternehmen	52
Tabelle Z12:	Katalog der kritischen Erfolgsfaktoren	52
Tabelle Z13:	Hemmende Faktoren in der gesamten Unternehmensentwicklung	55
Tabelle 1:	Verteilung der Fallstudien nach Standorten, Fachgebieten und Mutterorganisationen	70
Tabelle 2:	Spektrum der Ausgründungsaktivitäten deutscher und ausgewählter europäischer Forschungsorganisationen	87
Tabelle 3:	Vergleich der jährlichen Ausgründungsquoten europäischer und deutscher Forschungsorganisationen	90
Tabelle 4:	Beobachtung im Schwerpunktthema Finanzierung	129
Tabelle 5:	Beobachtung im Schwerpunktthema Produkt, Markt, Strategien	134
Tabelle 6:	Verteilung von Investitions- und Konsumgüterherstellern unter den Fallstudienunternehmen	138
Tabelle 7:	Beobachtung im Schwerpunktthema Netze, Umfeld und Standort	139
Tabelle 8:	Analyseraster	143
Tabelle 9:	Zusammenfassung des Strategiemusters 1	144
Tabelle 10:	Zusammenfassung des Strategiemusters 2	146
Tabelle 11:	Zusammenfassung des Strategiemusters 3	147
Tabelle 12:	Zusammenfassung des Strategiemusters 4	150
Tabelle 13:	Verteilung der Strategiemuster	152
Tabelle 14:	Varianten des Schutzrechtsverhaltens zwischen Spin-Off und Mutterorganisation und deren Häufigkeiten	158
Tabelle 15:	Beobachtete Arbeitsteilungsformen zwischen Spin-Off und Mutterorganisation und ihre Häufigkeiten	161

Tabelle 16:	Beobachtung im Schwerpunktthema Motivation und Humankapital	162
Tabelle 17:	Betriebswirtschaftliche vs. wirtschaftspolitische Erfolgsindikatoren	170
Tabelle 18:	Erfolgsbeurteilung der Fallstudien-Unternehmen	171
Tabelle 19:	Katalog der kritischen Erfolgsfaktoren	172
Tabelle 20:	Hemmende Faktoren in der gesamten Unternehmensentwicklung	175
Tabelle 21:	Erfolgsfaktoren in der Gründungsphase	213
Tabelle 22:	Erfolgsfaktoren für die weitere Unternehmensentwicklung	215
Tabelle 23:	Überprüfung der Hypothesen aus der Literaturanalyse	217
Tabelle 24:	Relevanz der empirisch bestätigten Erfolgsfaktoren nach Unternehmensphasen	221
Tabelle 25:	Konsolidierter Katalog von Erfolgsfaktoren für akademische Spin-Offs	222

English summary

Project targets and tasks

For the purposes of this study, an academic spin-off is characterised as the foundation of a new knowledge-based enterprise directly out of a university or research establishment by graduates or academic staff members of these institutions. Academic spin-offs deserve special attention because they are expected to strengthen future-oriented sectors of the economy, to grow more rapidly than "normal" company start-ups and therefore to be able to contribute more than the latter to the industrial/economic structural change in regions and entire economies. The aim of this project was to show to what extent academic spin-offs are successful in a general business management sense, which factors contribute to this success and which future promotional measures could add their mite to the success of academic spin-outs. A main objective of the investigation was to capture the viewpoint of the spin-off companies and their founders. It was crucial that in each case the founding phase, the following start-up and the expansion phase were dynamically pursued and not sketched as static pictures.

The transformation of findings, results, methods or know-how from publicly funded research into industrial added value should augment the enterprises' competences, increase their technological performance and improve their chances in the international economic scene. In order to play a remarkable and active role in knowledge transfer, universities and research centres can employ a large number of transfer mechanisms. A specific alternative in the spectrum of this toolkit of transfer instruments are academic spin-offs ("technology transfer via heads"). Company start-ups from the science field describe a mode of knowledge and technology transfer which can guarantee that the findings made in scientific institutions lead to marketable ideas, products, services, technologies, processes or organisational forms without long detours.

Universities as training grounds for company founders and research institutions as "germ cells" of entrepreneurial activity still appear to be the ideal desired by many politicians in this country. However, in spite of the multiplicity of promotional instruments utilised, the successes of spin-off promotion have remained modest, compared with supposedly successful American models. Therefore the question arises, which are the right adjusting screws and factors that the promotional measures should turn, and which are the right standards to judge the success of these measures.

Methodological approach and empirical basis

The research approach was based essentially on an analysis of the state of the art in spin-offs' success factors research (see next chapter) and on very **detailed case studies** of the enterprises, consisting of screening company document research and **in-depth interviews,** not only with the company founders and present day CEOs, but also with persons who accompanied the founding processes as consultants or mentors, financiers, sponsors or colleagues or superiors of the founders.

The case studies were selected from five types of German scientific organisations: universities (excluding Universities of Applied Sciences = "Fachhochschulen") and the four most important non-university research organisations in Germany which are:

- Helmholtz Association (HGF), a community of 15 scientific-technical and biological-medical research centres with 24,000 persons;
- Max Planck Society for the Advancement of Science (MPG), which carries out basic research with about 12,300 persons in natural, medical and social sciences in ca. 80 establishments;
- Fraunhofer Society for the Advancement of Applied Research (Fraunhofer-Gesellschaft zur Förderung der Angewandten Forschung, FhG), that carries out contract research and technological development with ca. 12,700 persons in various fields of technology, natural sciences and economy in 56 institutes;
- Wissenschaftsgemeinschaft Gottfried-Wilhelm-Leibniz (WGL); which conducts basic and applied research with ca. 12,400 staff in 84 institutes.

20 case studies with spin-offs were conducted in total, 10 in Berlin and the new federal states and 10 in the old federal states of Germany. The distribution by types of scientific organisations, technology fields and locations is shown in the following table.

In the view of the investigation team, 13 of the companies investigated proved successful or at least promising; 7 appear less successful or even as failures (see section "Factors found relevant ..." below for explanation).

Table S1: Distribution of cases studied by locations, technology fields and type of parent research organisations

Research areas/ Technologies	Locations of foundations by parent organisations and technology fields				
	Universities	Fraunhofer Society (FhG)	Max Planck Society (MPG)	Helmholtz Community (HGF*)	Leibniz Community (WGL)**
ICT, electrical engineering, electronics	Ilmenau (1999), Saarbrücken (1998), Dresden (2003)	Nürnberg (2000), Erlangen (1997)		Darmstadt (1997), Berlin (1998)	
New materials/ nanosystems		Itzehoe (2001)	Golm (2000)	Stutensee (2002)	
Mechanical engineering, manufacturing technologies	Berlin (1999)				
Opto-electronics/optical technologies		Aachen (2001)			Berlin (2002)
Microsystems, microelectronics, semiconductors	Berlin (1999)		Göttingen (2002)		
Life sciences	Ilmenau (2000), Aachen (1997), Greifswald (2000)	Dresden (2000)	Martinsried/ Hamburg (1993)		
Total of case studies	8	5	3	3	1

* Including Gesellschaft für Mathematik und Datenverarbeitung (GMD) prior to merger with FhG in 2001.
** Incl. Heinrich-Hertz-Institute (HHI) prior to integration into FhG in 2002.

Status of success factor research

First of all, the question must be addressed when can a company be called successful? It is clear that an abstract understanding of success, according to which success is understood as the degree of goal attainment with regard to a certain criterion, is too simplistic against the background of a complex economic system. Enterprises do not operate with clear-cut success targets, but must harmonise or coordinate a conglomerate of heterogeneous and partly diverging goals of the societal groups interested in the enterprise. Depending of the observer and his interests, the standards according to which the enterprise success is to be judged will turn out very differently, though none of the particular perspectives may be called wrong a priori. In order to make a distinction between successful and unsuccessful start-ups, concrete measurements and indicators are therefore required, according to which the individual degree of success can be determined.[1]

Success measures or indicators must be fundamentally differentiated from **success factors** of entrepreneurial activity. While the former are the measurement of attainment of the goals striven for in founding an enterprise, the latter describe the determinants of the success, the factors impacting on the performance of the enterprise.

Various attempts to systematise enterprise success start with the mere act of founding, which means implicitly that every newly founded enterprise would be described as successful. Far-reaching agreement exists on the other hand that the survival, respectively continuing existence, of a start-up in the market over a certain time period can be formulated as "minimum criterion" for entrepreneurial success. Besides this existential criterion, there are a series of qualitative and quantitative indicators which are utilised to measure the success of enterprises. Qualitative indicators take primarily the question into account to what extent the founder's personal goals (e.g. professional self-realisation, implementation of own ideas, improving income) can be regarded as attained by the start-up. The underlying, basically subjective judgements of the persons decisively involved in the company development, however, only guarantee a one-sided assessment of success. More objective are quantitative indicators, which are based on quantifiable, measurable economic data such as profit, turnover, cash flow or number of employees, and which are thus free of the subjective views of participants. The frequently criticised conceptual weaknesses of use of single indicators[2] make clear however that these can only be approximate values at best, which tend to contain errors. A success evaluation limited to individual or even only one indicator thus has little prospect of success. Rather, the multi-dimensionality of the enterprise goals should be taken into consideration, utilising a network of various essential indicators to measure success. Starting from the latest standpoint of empirical research into start-ups, length of survival, alterations in number of staff and turnover development can be identified as the most frequently applied indicators and, with all due caution, as appropriate measures for success.[3, 4]

---

[1] See Tjaden (2003); Burgstrahler (2001); Dreier (2001); Brüderl et al. (1989); Unterkofler (1989).

[2] For instance, many and varied possibilities to manipulate profit figures in balance sheets, varied accounting principles and profit indicators, as well as the definition of turnover as a gross figure, which disregards the necessary input expenses and thus only conditionally reflects economic success.

[3] In the course of the study, further measures for success are proposed and applied.

The breadth of possible **factors** influencing success (or failure) is almost inexhaustible, in contrast with the success measures. A systematisation widely recognised in empirical analyses permits a tripartite division into characteristics and **behavioural patterns of the founder, characteristic features of the founding itself, and qualities of the founding environment**.[5] As decisive parameter impacting on the success of the foundation, research identified the **people-related factors**, as in start-ups in particular all key functions necessary for its survival are united in the person of the founder, who is idea generator, planner, financier, executor and supervisor in one. Psychological components are particularly relevant in this regard, such as character traits, motives or talents, but also the age and gender of the founder, as well as factors which are found in the direct and **personal environment**, i.e. in the micro-social proximity of the founder. Corresponding scientific contributions subsume hereunder the family background, the network of social relationships, education and professional experience of the founder, but also the influence of the founder's prior employer (i.e. the parent organisation of the academic spin-off) on the willingness to found an own company.[6]

Besides success factors in the context of the founder's person, characteristics of the newly founded enterprises had been examined which can be assumed to exercise a profound and lasting influence on the enterprise's success. The chosen legal enterprise form, the foundation size, the capitalisation of the founded enterprise, the type of founding and the business strategy form the core of this strand of research.[7]

Because individual development lines of company start-ups cannot be exclusively traced back to the motivation, behavioural patterns and characteristics of the founder's personality or to the specifics of the new enterprise itself, research must be extended by a number of environment-specific framework conditions, on which the founder depends due to his empirically proved spatial immobility in implementing his plan. Founding-relevant framework conditions can be demarcated conceptually on several levels, so that a differentiation regarding the branch, the local and regional immediate envi-

---

4　See Gemünden/Lechler (2003); Kehl (2002); Ostermann/Schulte (2002); Werner (2000); Brüderl et al. (1998); Scheidt (1995); Kulicke (1993); Kirschbaum (1990) und Klandt/Müller-Böling (1990).

5　See Klandt/Müller-Böling (1990).

6　See Ostermann/Schulte (2002); Gemünden/Konrad (2000); Szyperski/Nathusius (1999); Wanzenböck (1998); Böhmer/Lück (1994); Kuipers (1990); Klandt (1984).

7　See Stuck/Woywode (2004); Werner (2000); Brüderl et al. (1998); Scheidt (1995); Harhoff/Woywode (1994); Roberts (1991); Klandt/Müller-Böling (1990); Klandt (1984).

ronment of the start-up company and the overall economic framework conditions is possible.[8]

Despite the insight and overview of the spectrum of potential determinants of the success and survival chances of newly started companies, which the division into people-, company- and environment-related reasons is indubitably capable of providing, a wide field of individual factors remain in each of the three spectrums which have not been selected or weighted according to their significance. At the centre of our criticism of this research survey's outcomes is the lack of causal linking of the factors. For, finally, the amount of start capital or also the quality of the initial idea depends to a large extent on the capabilities and ambitions of the enterprise founder's person. In order moreover to highlight the mechanisms by which the environmental factors affect the start-up success, it must be further understood how the respective conditions are perceived by the potential founders and transformed into their real behaviour. In the sense of a selective transmission of single success-influencing factors on the specific context of academic spin-offs and their expression in checkable hypotheses, it appears meaningful, following procedures in specialist scientific literature, to fall back on theoretical perspectives, which place certain factors in the foreground and make their theoretical synthesis possible. As we cannot draw upon a mature theory to explain the success and growth of enterprises, the area of people-related impact factors should be illuminated with the help of the human capital theory and the examination of the founder's micro-social environment should be carried out from the perspective of social networks. The use of the organisation-ecological approach, finally, facilitates a selective consideration of single enterprise- and environment-related factors.

The comprehensive literature analysis of success factor research made clear that there are only very few success indicators which can do justice, not only to political, but also to entrepreneurial goal systems and can make possible a targeted implementation of state promotion policy. From the discussion about the term "success", the demand can be derived not to restrict oneself to individual or one single indicator, such as e.g. turnover or job growth, but to take recourse to a **set of indicators** when evaluating success. Also, firms do not always operate with clearly formulated success targets, but must coordinate a conglomerate of heterogeneous, partly diverging, often conflicting

---

[8] Backes-Gellner et al. (2001); Sternberg et al. (2001); Beer (2000); Kriegesmann (2000); Werner (2000); Burghardt et al. (1999); Tamási/Otten (1999); Knecht (1998); Wippler (1998); Maselli (1997); Scheid (1995); Kulicke (1993).

and moreover dynamically changing goals[9] of the societal groups interested in the enterprise (stakeholders).[10]

Spin-off activities compared amongst European and German research organisations

The spin-off activities and the support measures or policies of large German and west European research organisations are presented and the spin-off statistics are compared with one another. In the following, the most important data are summarised, whereby a standardisation of the spin-off numbers according to "annual output" of spin-offs and per academic employee is carried out.

Table S2: Comparison of annual spin-off numbers of large German and European research organisations

R&D establishment	Remarks	Mean of spin-out numbers per year	Mean of spin-out numbers per year per 1,000 academic staff
Fraunhofer (FhG, incl. GMD & HHI)	all foundations with some relation to FhG	40	9.4
	only science-based spin-offs coached by FhG	15	3.7
Helmholtz Association (HGF)		23	ca. 2.3
Max-Planck-Gesellschaft (MPG)	only related to own staff	5	ca. 1.2
Leibniz-Gemeinschaft (WGL)	incl. service-providing institutes	8	ca. 1.5
	excl. service-providing institutes		ca. 1.8
CNRS (France)	incl. spin-offs from collaborating university labs	37 p.a.	ca. 3.2
INRIA (France)		3 p.a.	ca. 1.6
TNO (NL)	only spin-offs with TNO equity participation	3.9 - 6 p.a.	1.1 - 1.7

---

9 Also called "flying goals".

10 In the Interim Report of this study, the most important current success measures were discussed in view of the applicability for company start-ups (profit, capital profitability, cash flow, turnover and turnover profitability, own capital ratio, employment and job growth and competitive position).

Short biographies of the founding enterprises

In order to illustrate the broad scope of the observed spin-off processes and their prehistory, short anonymised biographies of 16 of the 20 investigated start-up companies are presented in the report. The entrepreneurs of the remaining 4 did not release the biographies for confidentiality reasons.

Factors found relevant for the success of the spin-offs

This study approached the success factors in three different ways. Firstly, hypotheses about success factors were derived from the literature overview and the work with the status of research.[11] Secondly, interviews in the case studies brought to light subjective assessments of the interview partners on the success factors in individual cases. As the third source, from the interviewers' observations, seen in the total perspective with the collected data and information, pointers to success factors emerged which are based on the somewhat more neutral viewpoint of the investigating team. Altogether, the findings from these three sources converged into a catalogue of important, empirically observable and theoretically based success factors which should be close to reality, despite the (doubtless present) subjective elements. In the following sections, the observations of success factors are discussed depending on their context, focussed on the most important aspects financing, product/market/strategies, social capital/networks/environment/location, parent organisation/policy/support/division of work, motivation/human resources. To begin with, an overview of distinctive observations is first given for each focus subject which, if possible, is presented differentiated according to different activity levels (founders, entrepreneurs, sector/technology, region), firm development phases and divided into east and West Germany.

Main focus financing of spin-offs

In this main subject, the following distinctive features were observed:

---

11 See Chapter 1.2.

Table S3: Observation in main focus financing

Phase Activity level	Source of financing during foundation phase	Source of financing during development phase
Founder	East Germany: mostly direct or indirect public aid for founder, also from labour office, jobs continue to be paid by PI[12] West Germany: occasional direct or indirect public aid for founder, jobs continue to be paid by PI	West and East Germany: follow up investments by shareholders, loans from shareholders, waiver of salaries, guaranteed loans etc.
Enterprise	East Germany: FFF,[13] various public programmes of start-up promotion, solely public equity participation, public innovation promotion programmes, use of PI facilities, sales returns, nearly no bank credits West Germany: FFF, sales returns, public and private VC, much angel financing, also CVC,[14] regional promotion programmes, use of PI facilities, few bank credits	East Germany: public promotion of innovation and R&D activities and investments, sales returns, public equity participation, subventions to R&D assistants West Germany: sales returns, cash flow, public and private VC, also angel financing or CVC, public promotion of innovation and R&D activities, regional promotion programmes, occasional bank credits

In the majority of the cases, the **funding sources** were and are very one-sided. Start-up financing – besides the obligatory FFF capital of the founding members – is based either mainly on public support funds or mainly on private equity; financing via bank credit hardly plays a role. Self-financing via sales and cash flow appears relatively frequently, and often already at a very early stage, a very positive finding. Striking is a clear difference in the financing structures between west and East German spin-offs. The lower share of private equity and bank financing in East Germany is remarkable. The reserved behaviour of banks in particular is a notorious reason for frustration and complaints on the part of the founders. Many East German founders flatly refuse to apply for bank loans or private venture capital (VC). They see the very existence of their firms endangered by the behaviour of these institutions and, therefore, tend to pursue bootstrapping behaviour. In West Germany, the **private equity financing** in the sample is rather the rule, whereby private VC plays a surprisingly large role (including financing by business angels), also in start-ups after 2001. **Loans** from banks are practically insignificant for firm founding, in the west as in the east. They rather appear in later phases of the company development, often brokered by already known investors.

---

12 PI = Parent (scientific) institution.
13 FFF = Capital provided by founders, family and friends, also called "bootstrapping".
14 CVC = Corporate venture capital.

Almost all enterprises in the sample take advantage of **public promotional programmes** in different combinations and focuses, however, in West Germany rather within the framework of R&D project promotion and not as start-up promotion. Publicly funded promotion is essentially regarded more highly by East German spin-offs, even for financing the start-up phase.

Six of the successful or promising cases, obviously in anticipation of the (presumed) bottlenecks in mobilising financial sources, were prepared right from the start for **capital-saving development** (bootstrapping), by almost entirely refraining from bank loans and by only undertaking weak efforts to attract private equity capital. Instead, they depended either on promotional funds or on self-financing from the cash flow. That they still developed positively, is a proof that a stable, albeit relatively slow development is possible for technology-oriented companies without bank and private equity financing. There is, however, reason to suppose that they might have developed more quickly and robustly and thus would have left more distinct traces economically if they had utilised the financing possibilities on offer.

An important role, especially for the East German spin-offs, is played by the possibility for the founders to carry out their start-up preparations and their operative activities during their term of employment in the parent organisation on a fixed-term basis.

However, it can be stated that in the majority of the case studies – judged against their individual growth strategies – objective **bottlenecks in the total financing** of the young enterprises could not be observed, even if lack of capital is notoriously given as a reason for difficulties encountered. Even if financial bottlenecks were not clearly recognisable as the cause of less favourable firm developments, it can be assumed that a more generous total financing would have made a more favourable development possible.

The average high **equity-to-asset ratio** of all spin-offs is striking; 15 enterprises had a very high equity-to-asset ratio of far more than 50% at start-up; the range was between 24% and more than 80%. As these figures can be seen as an extraordinarily high ratio for German SMEs (their ratio is usually under 10%), the popular thesis can still be supported that a relatively high equity-to-asset ratio over 30% can be a success factor. It cannot be proved here however that during the New Economy hype (i.e. before 2000) higher equity-to-asset ratios were reached due to higher own capital offers. The equity-to-asset ratios also do not permit the conclusion that the older start-ups (from the years prior to 2000) developed more successfully than the younger ones.

Main focus product, technology field, market, strategies

In this main focus theme the following observations stand out:

Table S4:   Observations in main focus product, technology field, market and strategies

Phase Activity level	Observations during foundation phase	Observations during development phase
Founder	East and West Germany: mostly naive belief in feasibility of business model and product, wrong assessment of market and competition, predominantly modest growth objectives	East and West Germany: growing professionalism, increasing work division in management, first conflicts and shake outs in management and founder team
Enterprise	East and West Germany: often continued co-operation with PI, continued own R&D, first turnover with services and project contracts, with product or service spectrums too small or too wide at start, often patented results, mostly B2B, deficits in sales organisation and strategies, mostly inappropriate controlling, rarely strategic management	East and West Germany: disappointment about market reception of start product, eventually revision of product strategies, reduction of product range often until one product only, beginning reduction of R&D activities in favour of investment in marketing and sales force, emerging organisational structures create conflicts in management and staff East Germany: no sales personnel employed West Germany: hiring of management and sales profs
Sector, technology	East and West Germany: predominantly first-class technologies, often niche markets with little competition but small growth potential, rarely appropriate market analyses (market needs wrongly perceived), researcher's view of market, wrong assessment of customer behaviour, intuitive rather than systematic market or sales strategies	East and West Germany: increasing focus on few but attractive market segments, emergence of product-market strategies, often revision of original business model, often turn around, stepwise knowledge gain in market mechanisms and customer behaviour West Germany: shift in target markets and products
Region	East and West Germany: high reputation effect when dealing with attractive technology, often more transregional than regional demand, only occasionally strong momentum from regional economy East Germany: more active settlement policy and attractive public promotional incentives for spin-offs	East and West Germany: active establishment of proprietary networks, still little demand from the region but more from outside the region, international marketing East Germany: qualified personnel hardly available
National economy	East and West Germany: often mismatch between spectacular technology and real market potential, false allocation of public funds (funded R&D projects often not near to market)	East and West Germany: weak momentum from markets, weak growth thus currently only small effects on structural change, few jobs created

From the remarks of those interviewed it was often deduced that the original **business or product concept** could not be realised as planned, because the products did not have market maturity (i.e. the costs for post-development exhausted the resources), markets were wrongly assessed, the existing industrial contacts of the parent institute were not really strong enough, or could not be transferred to the spin-off, marketing plans did not exist or were wrong, and much more of the same. The question arises whether the founders and their advisors and mentors have researched and planned thoroughly and precisely enough in the planning phase. Actually, as a rule, sufficiently detailed environment analyses or expertises were not made (market analyses, competition analyses, SWOT analyses, technology trend analyses etc.), which should be an essential component of strategic planning. The reasons could be that the founders thought they could save spending capital on such analyses because they believed they knew "their" markets well enough. It was striking that comprehensive and long-term planned and well-reflected company strategies were usually not present in the founding phase and, if at all, often emerged very much later. External consultants are needed here, but usually the money for comprehensive consulting is not available, or neither the founders nor the investors saw the necessity to spend money on this. **The lack of strategic planning and inadequate knowledge of the own target markets can be seen as a notorious and typical deficit in technology-oriented spin-offs from scientific facilities; as earlier surveys also showed. It appears to be one of the decisive factors which hinder the desired development of companies.**

The clear majority of the spin-offs investigated pursue a **moderate growth perspective**. Most of the founders attempt to build up a livelihood which provides themselves, their own and their staff's families with a comfortable way of life.[15] Such aims contrast with the targets preferred by investors and sponsors, which are to create, as fast as possible, an entrepreneurial unit which sets innovative impulses and makes an essential contribution to structural change and employment. According to the case studies, however, these strategies appear not to correspond to the mentality of German founders from the academic environment, so it can be said that the appeals by politicians and investors for rapid enterprise growth and the clear prioritising of the (rare) "stars", "gazelles" or "high flyers" presented to the public bypass reality and do not do the German founder personalities justice.

---

[15] In Anglo-Saxon parlance they are described rather contemptuously as "lifestyle companies".

Main focus networks, environment and location

The following observations were made concerning this focus theme:

Table S5: Observations in main focus networks, environment and location

Phase Activity level	Observations during foundation phase	Observations during development phase
Founder	East and West Germany: strong reliance on personal networks and advice from it, rarely contacts to industry, often informal expert interaction with former colleagues in PI, PI brokers personal scientific contacts (on worldwide scale)	East and West Germany: stepwise establishment of proprietary and sector specific networks, little use of existing networks West Germany: personal interaction with PI shrinks in favour of new external contacts
Enterprise	East and West Germany: active role played in existing networks of firms, important proximity to PI (knowledge exchange, staff recruitment, R&D co-operation)	East and West Germany: emerging presence in firm networks West Germany: growing autonomy from PI but it remains staff recruiting source
Sector, technology	East and West Germany: PI transfers customer contacts to spin-off, little technological impact from the sector or PI's network	East and West Germany: increasing and selective synergies from thematic networks, emergence of international networking
Region	East and West Germany: 18 out of 20 spin-offs settled near PI reasons being private priorities and easier collaboration with PI or sister spin-offs nearby, region gains reputation when attractive technologies are involved, little engagement in regional firm networks, good networking with regional academia, only occasional momentum from regional economy, attractive start-ups are lured by favourable public funding conditions, soft location factors seem more important than hard ones	East and West Germany: active engagement in regional innovation networks, in the long run positive contribution to the region's innovative milieu, knowledge-based start-ups will not prosper in less innovative or dynamic regional environments

It is undisputed that the manner in which an actor is embedded in his social environment influences not only his possibilities of action, but also his access to other forms of capital. Thus **social capital** and in particular its structural dimension – the social networks – take centre place in different socio-economic and policy studies.[16] In the framework of this study it was determined that "strong ties" (close relatives and good/close friends) exercise a particularly strong influence on decisions pertaining to locations. Family ties and attachment to the well-known environment meant most spin-

---

[16] See for instance Jansen/Weber (2003); Jansen (2002); De Wit/van Paag (2001); Liao/Welsch (2001); Brüderl/Preisendörfer (1996); Nahapiet/Goshal (1998); Burt (1992); Bygrave/Starr (1991); Aldrich/Zimmer (1986); Granovetter (1973, 1984).

offs were founded in the location of the parent institute, with the proximity to former colleagues also being important. Only a minority of the entrepreneurs questioned gave a more or less close personal network of contacts outside their group of colleagues as reason for their firm foundation or for their later management activity. This applies also and especially to their contacts to investors. Although this aspect could not be pursued in more depth in the analysis, from the interviewers' perspective the impression remains that the founders move in a rather restricted personal network.

Among the 20 spin-offs were 17 **team start-ups**, of which 12 till now have developed positively. The three start-ups which were started by one single founder appeared up to now as not yet successful or recognisably unsuccessful. This confirms on the one hand the popular theory formulated in diverse studies, that team start-ups have a greater chance of success. However, the probability that "the chemistry will work among all the founders" (which is undisputedly a crucial success criterion) decreases visibly with the number of founding persons. This is a further argument in favour of the hypothesis that the optimal size of the founding team should not exceed 5 persons.

"Hard" **location factors** such as good traffic connections and communal physical infrastructures were named in all investigated cases as a crucial advantage, even for peripheral locations, so that this factor category can be quoted as one of the most important conditions for success in this sample, although it did not, in the majority of cases, have a decisive influence on the decision about settlement location.

Main focus parent organisations

According to their legal and statutory structures, the institutes and research centres possess different degrees of freedom to act and decision-making powers within their organisations. Additional variety emerges through the **individual founding policy** "on the spot" also because the given room to manoeuvre can be interpreted very differently by each institute director. Indeed, the investigation established clear deviations in the practised policy and priority-setting in the case studies regarding the support for spin-outs. On the one hand, this appears to have very person-specific reasons, on the other hand, the situation in the respective research competition and in the labour markets played an important role.

In the present sample specific **strategy patterns** can be recognised in the activities, which can be differentiated according to the degree of support of the parent organisation for spin-offs. In our analysis of the support strategies we differentiated between activities of the parent organisations in the preparatory and founding, and further development phases of the spin-offs. For the single phases again the support activities were examined on the level of the founder, the firms founded, the sector or technology and the region. Four different strategic patterns could be elaborated for the parent organisations represented in the sample:

Table S6: Four strategy patterns and their distribution by case studies

Pattern No.	typically found with ...	Characteristics of support provided by PI/PO[17]	Frequencies			Performance of associated cases (absolute & relative frequencies)[18]
			West-Germany	East-Germany	total in %	
1	Universities	Minimal support during foundation phase, more reliance on founder's individual initiatives		1	5 %	1 x + (100 %)
2	Universities, FhG, MPG	Mainly personal support, information, sensitization, "instigation" of researchers to found, advice and coaching, use of rooms and equipment, continued payment of salaries, IPR management. Low selectivity.	2	3	25 %	1 x ++ (20 %) 2 x + (40 %) 1 x 0 (20 %) 1 x – (20 %)
3	MPG, FhG	Information, coaching, brokering of contacts, systematic evaluation of business concept, IPR management, use of rooms and equipment, continued payment of salaries, equity participation, financial management. Concentration on specific technology. Medium selectivity.	5	2	35 %	1 x ++ (14 %) 4 x + (57 %) 3 x 0 (29 %)
4	MPG, FhG	Preparation of spin-off's products and markets by near-to-market R&D in PO, close links between R&D, manufacturing and sales. Concentration on specific technology. High selectivity.	3	4	35 %	1 x ++ (14 %) 3 x + (43 %) 1 x 0 (14 %) 2 x – (29 %)

Spin-offs with good chances of success emerge for all strategy patterns. In order to arrive at an appropriate evaluation of the strategies and their relevance for a readjustment of the promotion of start-ups, the patterns presented must be assessed in their specific contexts. This includes the structural possibilities which are set by the respective organisational statutes and in particular the possibilities offered by the technology field in which the organisation works.

---

17 PO = here, in contrast to PI, the holding parent organisation.
18 See success appraisal in section 6.1

The constitutional difference is important: non-university institutions work in specialised fields, universities on the other hand work according to their remit in a wide field of disciplines and technology areas. This fundamental difference also has consequences for the spinning-off behaviour. Non-university research organisations – in particular those of pattern 4 – support founders primarily in the areas of competence in which the institute excels. The constant contact with industry, e.g. in the framework of co-operative projects, and the clearly defined resource specificity of the institutes of pattern 4 makes possible a thorough preparation of products and markets for start-ups. In this respect, such spin-offs have a shorter "lean period" to tide over between founding and product development, on the one hand, and the market introduction, on the other hand. One aspect of the described mechanism is, however, that spin-off activities are only undertaken very selectively by the research institutes. Promotion strategies according to strategy pattern 3 are more open in this regard and can react more flexibly to spin-off plans which were not directly developed on the basis of institute-specific research work. The strength of this type is based on a broad knowledge of certain markets and above all of the behaviour of banks and private equity investors. Spin-off plans can also be promoted in the case that not a technology but "only" a knowledge transfer is taking place. Universities, on the other hand, must distribute their funds and possibilities in many competence fields and therefore fall behind, almost inevitably, with regard to their specific resources profile. Their support therefore must take other forms. They can invest less in the preparation of products and markets, but more in personal key competences of graduates, doctoral students and staff interested in spin-offs. Their educational mission predestines them to impart social and business administration or managerial competences and to "instigate" spin-offs in all phases of the study course. However, with regard to networking with industry, trade and VC as well as other forms of financial promotion, they tend to be inferior to the non-university institutions. In contrast to the non-university research institutions, they can also profit less from a specific, clearly defined research path and correspondingly accumulated knowledge. The cases which were spun out of universities stated that they could not perform feasibility studies on their developments in order e.g. to test the market prospects. The spin-offs take place often only on the basis of trade fair contacts of the parent institute or expressions of interest or intent on the part of the enterprises cooperating with the parent institute.

The strategies of the investigated universities obviously externalise the founding risk to a large extent to the founder teams. In principle, the universities pursue a passive policy: "The more spin-offs there are, the greater the probability of successful spin-offs ". According to this strategy, it is the sole responsibility of the founders and market forces to make a start-up a success – in contrast to the non-university research institutions of pattern 4, which prepare the founders well and release them from the institution with only a low founding risk.

Also due to the fundamental, to a certain extent constitutional difference between the parent institutions examined, great differences result from the formal or written respective spin-off policies. As a result of the federal responsibility for universities and the different university laws, great variations emerge in the political-legal framework of the universities and also varying federal promotional policies, which allow the universities to make different offers of support or promotion.

Table S7: Spectrum of IPR relations between spin-off and parent organisation (PO) observed

Category No.	Observed characteristics of IPR-relations	Frequencies			Performance of associated cases (absolute & relative frequencies)[19]
		West-Germany	East-Germany	total in %	
1	No agreement with PO since patents are not relevant for the spin-off	2	1	15%	2 x ++ 1 x +
2	No agreement with PO since innovative product or process is not patented	2		10%	2 x 0
3	Founder(s) was/were (co-)inventor(s), PO owns the patent and grants license to spin-off	2	6	40%	6 x + 1 x 0 1 x –
4	Founder(s) was/were (co-)inventor(s), PO grants patent to founder(s) or spin-off, completely or partially	1	2	15%	2 x 0 1 x +
5	No agreement, founder(s) was/were inventor(s) and own(s) the patent	1**	1	10%	1 x + 1 x –
6	Novel product or process uses PO's know-how and IP, spin-off receives several licenses or one comprehensive license	1		5%	1 x +
7	PO owns patent, no founder is (co-)inventor but spin-off gets license	1		5%	1 x ++

** Invention was done outside PO.

The possession of or access to individual **intellectual property rights (IPR)** is an important if not crucial factor for technology enterprises, especially start-ups, to rapidly overcome market entry barriers and gain market shares. However, policies differ on the

---

[19] See success appraisal in section 6.1.

part of the enterprises, parent organisations and investors regarding how to handle IPR. Whether a parent organisation agrees to transfer possession of a patent to the spin-off depends both on its general IPR or commercial exploitation policy and of the policy practices in the very institute, and on the (subjective) valuation of the patent in each individual case.

The above distribution of variants of IPR agreements in the sample shows how frequently the founders are also (co-)inventors of the products or processes which form the basis for the spin-off. The pattern simultaneously shows, however, that this situation is not a necessary pre-condition for a successful company development, because they can be found in the other categories also, even in the cases in which patents are not considered important at all. And the possession of own patents is – according to this figure – not indispensable to being successful.

Research results in the form of new knowledge or newly developed technologies formed the basis in all East German cases of the sample for spin-offs. In West Germany, on the other hand, innovations originate rather due to the founders' own R&D efforts in the new enterprise or through external input (e.g. through licensing from industry), that is, not exclusively from within the public research system. In West Germany only in 4 out of 10 cases were concrete R&D results or even inventions the cause of the spin-off. Six West German cases entered the market with self-developed technologies or technologies purchased from a third party. The parent institutes in these cases were not R&D partners of the enterprises at all. These observations relatives the usually depicted picture so significant for innovation policy of the direct exploitation and implementation of concrete research results into marketable products and services through academic spin-offs. Our sample of 20 case studies shows that the classical, linear TT model only applies to a limited extent. Four other types of labour division between the parent institute and the spin-off enterprise can be observed, as the following table shows:

Table S8: Forms of work division observed between spin-offs and parent institute and their frequencies

Type	Observed characteristics of work division	Frequencies			Performance of associated cases (absolute & relative frequencies)[20]
		West-Germany	East-Germany	total in %	
1	R&D within PI until prototype, transfer to spin-off, further product/process development until marketability, marketing	5	4	45%	2 x ++ (22%) 4 x + (44%) 1 x 0 (11%) 2 x + (22%)
2	Repeatedly R&D projects in PI, spin-off takes over for further development until marketability, close symbiotic collaboration, often mutual contracting	1	3	20%	1 x ++ (25%) 3 x + (75%)
3	Product/process development solely by potential founder(s) within PI as scientist(s), no further involvement of PI, PI's support limited to provision of resources and facilities		2	10%	1 x 0 (50%) 1 x – (50%)
4	Product/process development solely within spin-off applying know-how acquired during founder team's former work in PO	2	1	15%	2 x + (66%) 1 x 0 (33%)
5	No knowledge or technology transfer at all, no use of PI's know-how, product/process development solely within spin-off, totally decoupled from PI	2		10%	1 x + (50%) 1 x 0 (50%)

The first type corresponds to the traditional linear TT model and is – in the entire sample – by far the most frequent form of labour division. The most successful enterprises or those promising to be successful came absolutely from this group. Category 3 appears to be less sure of success, in which there is no connection between R&D activities of the parent institute and those of the later founder. The first two classes demonstrate clearly, however, how important a sensible division of work in the sense of two equal R&D partners is. In our case studies, not one of the spin-offs is merely an "extended work shop" or only a service provider for the parent organisation, they all play an independent role in the R&D process. On the whole, it can be established that the parent institutes do not provide the founders as a rule with near-to-market, developed prototypes for commercial exploitation. This shows how necessary the extension of the innovation process or the TT chain through independent spin-offs is; obviously, the institutes are either not able or not willing to perform this last step in the innovation chain.

---

20 See success appraisal in section 6.1.

Main focus motivation and human capital

The following striking observations can be made on the above focus theme:

Table S9: Observations in the main focus motivation and human capital

Phase Activity level	Observation during foundation phase	Observation during development phase
Founder	East and West Germany: often desire for professional independence, rarely outsourcing policies or other external pressure to get self-employed, all founders highly qualified and mostly specialised (as are their staff), rarely dynamic or entrepreneurial type of personality but mostly very self-confident, often lack of self-criticism, managerial knowledge is gained through courses or autodidactical means	East and West Germany: regular knowledge exchange with mutual benefits, informal contacts to PI ease recruitment of specialised staff from PI, little advanced vocational training but learning by doing
Enterprise	East and West Germany: high qualification of staff, often acquired during stay in PI, is principal success factor, staff's identification with company goals is often as strong as with founder(s), very loyal staff, often ready to accept personal uncertainty and sacrifices (temporary reduction of salaries, overtime work, flexible working hours ...)	
Sector, technology	East and West Germany: founder(s) and staff strive to provide the market with innovative and self-developed solutions, they realise technology transfer from PI into the market	
Region	East and West Germany: locally bound private relations limit mobility of founder(s) and staff	East and West Germany: local accumulation of specialised know-how and expertise attract graduates and students, opportunity for secondary spin-outs from spin-offs spur knowledge diffusion in the region

Only one of the start-ups in the sample was the result of dire necessity, where the founder was unemployed. Dissatisfaction with the current work situation, or personal development opportunities in the parent institute perceived as too restrictive also triggered off founding decisions. Despite this, in these cases the start-up was not the last chance to ward off a difficult personal situation; as a rule there were alternatives for the founders. The step towards self-employment took place in these as in other cases above all because of the outlook on possibilities offered by a concrete technology, or to provide "proof" of a development idea in the market place. This is the common denominator among all founders. They define themselves primarily as engineers and researchers, they are interested in a specific technology and an essential motive for the start-up is the conviction that their developments are meaningful, that they are needed and will be in demand. It can often be observed that the belief in the technology suspends a certain measure of necessary caution, doubt and criticism of the start-up plan and can lead to the situation, for example, that expressions of interest by individual cooperation partners during the development phase are interpreted as a general confirmation of the market. In such situations, positively reinforcing and encouraging signals are especially important. It is important also to check the signals for their validity and general applicability. The sometimes rash estimates of marketability and competitiveness of developments are often the cause of non-attainment of originally set business targets and the need for correction. When developments are so far advanced that e.g. cooperation partners from institutes or other interested parties demand a product and the parent organisation reaches the limits of its capacities, many researchers in our sample seize the chance to spin-out.

In the sample there are also cases in which "only" **general or specific scientific know-how** formed the basis for the start-up and not a concrete technology or product development (strikingly often in West Germany). Such conditions demand much greater venturesomeness and spirit of entrepreneurship on the founder's part, because as a rule they are almost solely responsible from the original idea to market entry for all steps and the parent organisation can – in such cases – at best act in an advisory capacity.

Quite often the institute's directors or department head play a crucial role as impulse-giver: they address individual staff members directly or suggest spin-off projects to persons known to them from other research connections. At technical universities, in particular, entrepreneurial and market-oriented institute directors, sometimes also endowed professors, play an important role as "instigator". The vast majority of university spin-offs take place because several conditions coincide: On the one hand, the scientists are convinced of the idea. On the other hand, their fixed-term work contracts force them to look for alternatives to working at the university, and thirdly and lastly, the back-up from the parent organisation, its credibility with cooperation partners and its scientific and material support during the founding phase reduce the entrepreneurial risk to an acceptable level. From this it emerges how important it is to open up the universities (and the scientific organisations in general) to the application needs of industry: The step to self-employment is easier the more credible and resilient the contacts to firms and cooperation partners are.

The desire of the founders to incur as **few risks as possible** is striking, and also to hold the possibility of returning to the safe "fold" of the parent organisation open. This behaviour is observed with outstanding frequency in East Germany and only to a small degree in the west. Beyond this risk-related motive, the direct contact to the parent organisation additionally reduces not only the expenditure on investments for the spin-off, but also makes possible a durable and sustainable transfer of knowledge as well as of specialised, qualified personnel from the parent organisation to the spin-off.

The qualifications of the staff of the start-up enterprise are partly just as good as those of the founder, and they bring comparable interests and corresponding commitment to a technological development to the enterprise. From this grows a sense of loyalty which far exceeds the legally contracted duties for the firm. The metaphor according to which "all are in the same boat", in a small company is shared by many employees: The firm is interpreted as a syndicate or interest group and as a joint project, in which the structural dissimilarities between entrepreneur and employees appear of secondary importance (willingness to loyalty as flexibility buffer).

In all the cases investigated, the **general expert knowledge and the experience** of the founders from their research activities in the parent institute were transported to the own company. Moreover, the founders as a rule had gained competence in project management in the parent organisation and, if they had a managerial post, also in personnel management. In several cases, however, the lack of **general corporate management know-how** was criticised and complaints made that the business consultants called upon were not very helpful, having only "eyes for a quick buck". In general, the founders profited from the experiences of earlier start-ups from the institute or research facility, provided that a climate of open dealing with the subject ruled.

Success and hindering factors

Success indicators and success evaluation derived from the case studies

The following overview discusses the current success indicators which are popular in management theories or enterprise practice from the perspective of whether they are suitable for practice in industrial or promotional policy.[21]

Table S10: Success indicators in managerial and economic perspective

Indicator	Suitable for management purposes?	Suitable for economic policy purposes?
Time of survival	Yes, if at least 5 years	Yes, if at least 5 years
Profits (absolute and growth rate)	Yes in principle being the classical success indicator but not precise enough because of too many variants of terms related to profit, of too many options for assignment and of ways of disguise	Yes in principle but not precise because of too many variants of terms related to profit, of too many options for assignment and of ways of disguise
Time to break even	Only conditionally, since dependent on technology and sector	Only conditionally, since dependent of technology and sector

---

[21] See first paragraph of Chapter 0 for explanation how this list was derived.

Indicator	Suitable for management purposes?	Suitable for economic policy purposes?
Job growth	No, as this is no corporate goal	Yes, but only if growth is fuelled by cash flow, otherwise detailed analyses are required
Growth of turnover	Yes, if possible in intra-sectoral comparison	Yes, but only if growth is fuelled by cash flow, otherwise detailed analyses are required
Market share	Only conditionally, for comparisons within same market segment	Only conditionally, if market volume is taken into account
Equity-to-asset ratio	Yes, if combined with other indicators like turnover or job growth	Conditionally, since knowledge of balance sheet is required
Sales (turnover) productivity	Yes, if benchmarks are available	Conditionally, if robust data are available
Labour productivity	Yes	Conditionally, since knowledge of robust data is required
Cash flow; growth of cash flow	Yes	Yes, but data are normally not available to outsiders
Shareholder value	Yes, if annual financial statements are available	No, difficult to compile for outsiders who don't dispose of the data required
Return on investments, Internal Rate of Return (IRR)	Yes, mainly for investors	No, since only financial indicator

The investigating team decided to apply the following six, in part combined indicators in order to evaluate the success of the spin-off enterprises, as they can be applied utilising only the information from the case studies and without detailed knowledge of the companies' financial statements:

- Stable or growing positive cash flow or profits over the last 3 years,
- survival for over 5 years,
- simultaneous job and sales growth over the last 3 years,
- high market share with at the same time great market potential,
- stable development with a positive trend over the last 3 years,
- crisis-proven development (turn around) with a final positive trend.

Based on the available knowledge about the company and the impressions from the interviews, the team awarded every case study firm qualitative marks on a 4 step scale (from ++, +, 0 through -) applied on the above six criteria and formed a total evaluation according to the same scale. Thus the following result was arrived at for the success of the 20 case study enterprises.

Table S11: Success appraisal of the case study companies

Companies that could already be regarded as successful (score ++)	3
Companies which are on a potentially successful or at least promising route (score +)	10
Companies which still have to prove positive performance; their situation is still very unstable (score 0)	4
Companies that could already be regarded as unsuccessful (score -)	3

Critical success factors

So-called critical success factors were compiled for the main focus areas discussed in section "Factors found relevant ..." above for the founding and development phases. Basis for this was a consolidated success factors catalogue elaborated from the state of the art analysis (see section "Status of success ..." above). From this the following list of so-called "critical success factors" was derived, which can be actively influenced by the founders in the founding process or by public promotion policy:

Table S12: Compiled catalogue of critical success factors

Category/success factor	Relevant for	
	Foundation phase	Development phase
Financing		
Financing mix: all options of financing (public funding, debt and equity financing, early sales returns) have been scrutinised and checked and at least partially deployed	+	+
Financing volume is sufficient for organic development but not abundant	+	+
Early cash flow which allows for internal funding of investments	+	+
Careful search for patient investors	+	+
Product characteristics, markets, strategies		
High priority upon gaining unique selling position (USP) of products or services (specifity, functional uniqueness, patent, exclusive license, quality, design etc.)	+	+
Early and clear definition of corporate goals, clear and thorough corporate strategy (well documented strategies or policies on financing, marketing and sales, staffing, products and pricing ...)	+	+
Capital-saving development strategies to allow for organic and steady growth alongside reserved and conservative staffing policy	+	+
Thorough market analysis prior to foundation, critical self-assessment of own opportunities and market position, market niche not too small	+	+
Repeated, adequate revision of business model and strategies if market changes require, readiness for radical changes or turn around	0	+

Category/success factor	Relevant for	
	Foundation phase	Development phase
Role of parent institute (PI), support policy, coaching and advice		
Foundation is based on robust R&D results of PI which are near to market, PI should assist in preparing the market (e.g. lobbying with its clients for its spin-offs)	+	0
PI's client contacts are let to founder, eventually active brokering of contacts	+	0
PI temporarily allows founder utilisation of rooms, facilities, staff and other resources, continued payment of salary	+	0
Mutual consent about collaborative issues like work division, competitive behaviour, recruitment policy, exploitation rights and IPR policy	+	+
Unambiguous agreement about modes of co-operation, knowledge exchange and staff exchange, true and transparent execution as long as both sides benefit, fair notice of termination	+	+
Enthusiasm, initiative and engagement of head of PI or head of dept./chair which guarantees a climate favourable to foundation and spin-out generation in PI	+	0
(Potential) founders are being offered qualification and/or relevant coaching and advice	+	0
Social capital, networks, environment, location		
Founders expand their personal networks and exploit them consistently	+	+
Search for creative, entrepreneurial and innovative local environment, at start at best near to the PI	+	+
Availability and utilisation of existing local or regional networks of active and engaged supporters and coaches	+	+
Early establishment and utilisation of a network of financiers and regional development agencies	+	+
Human capital and motivation aspects		
Team foundations with optimal constellations (sound fit of personalities), teams not larger than 5, teams must include managerial profile which exceeds autodidactical qualifications or crash courses	+	0
Easy access to specifically qualified work force, if possible from related professional environments, spatial proximity to PI as a staff resource	+	+
Founder's personal commitment to the company must be guaranteed by at least two of the team dedicating 100% of their time to the company ("genuine team foundations")	+	+
Founder has risk orientation, motivation, willingness to perform, assertiveness, entrepreneurial attitude, confidence about his business concept or product	+	+
At least one of the founder team has recent professional experience in the target market, foundation by absolute newcomers must be avoided	+	0
Staff can be or is motivated	+	+

Hindering Factors

In view of the fact that almost every one of the 20 companies in the sample, like almost every young enterprise, had to experience or survive difficulties and crises, hampering, crisis-triggering influential factors were – of course – also encountered, although the first priority of this study was the identification of success factors. These are summarised in the following table.

Table S13: Factors hampering the entire course of the companies' development grouped by frequencies

Hindering Factors	Frequency
Missing or insufficient managerial knowledge	11
Insufficient equity volume or equity-to-asset ration turns bad	9
Insufficient business concept or wrong assessment of market or its development	9
Missing or wrong marketing and sales strategies, wrong policy in recruiting sales personnel	7
Missing or imprecise corporate goals, insufficient strategic management	6
Conflicts among co-founders or investors or between founder team and investors	6
Wrong assessment of financing needs	6
Unexpected further need for development resources, since product/process was not yet mature	5
Missing or poor advice received from supporters (in PI, regional development agencies, Chambers or other associations)	5
No local networking	5
Hindering bureaucracy of public bodies	5
Restrictive and/or bureaucratic behaviour of banks	4
Available financing sources are not exploited (public promotion, VC, bank credits)	3
Wrong IPR policy of PO	3
Insolvency of an important industrial client or partners	3
Turn down of entire market or sector	3

Recommendations for future policy

Improved strategic management and commercial qualifications for the founders

Many academic spin-offs lack from the very beginning a businesslike, structured enterprise strategy; sometimes even clearly defined goals are missing. Remarkable too is the frequent lack of knowledge about the situation in the target markets. Elementary key information such as market potential, competitive situation, own market share etc. are often not known in the company or are wrongly estimated, one "muddles through", fixated on and fascinated by one's own technical innovation. Actually, these are central requirements of a business plan, which should be presented to a sponsor/investor. A start-up should not receive promotional funds if the business plan does not qualitatively and quantitatively fulfil the minimum standard for corporate planning. To judge this, however, pre-supposes corresponding qualifications and experience on the part of the promotional administration and an internal or external, well organised system to examine business plans. An **external expert appraisal system** could be applied that examines the contents of the plans or conducts due diligences or appraisals, namely technology and market expertises or analyses.

Enterprise concepts and individual strategies must be developed and constantly adapted to the current situation. For inexperienced founders, this often means **coaching** by experienced professional consultants. The problem probably lies in finding the appropriate and qualified consultant which is a real communication and mediation task. In view of the enormous number of expert and business consultants, no recommendation can be given here for a suitable mediation service; one can only appeal to the founders to build up a personal, **trust-based contact network** (social capital), from which they receive reliable tips as to suitable consultants.

Each of the founders who made use of the offers of qualification programmes by parent organisations (e.g. in the EXIST framework[22]) or public bodies, expressed themselves very positively for the most part. Looking back on our case studies it must even be said that such offers of qualification can be of decisive significance for the development of the firm and they should really be intensified. It should also be considered whether – for promoted start-ups – they should be made obligatory. However, a careful selection of the training schools and subject matter must be made as this market is confused and there is no efficient quality control. Possibly a **certification model** could help here which provides a qualitative selection of certified training institutions or consultants.

The option should be more closely examined to appoint the scientists and potential founders not as the managers of the new enterprise, but possibly "only" as R&D head or Chief Technical Officer/Chief Scientific Officer ("CTO/CSO"). This model is applied in Japan, the UK and in the USA, among other countries. It is however rather foreign to the German tradition of academic spinning-out; scientists see the spin-off project as "their baby", in which they want to exercise the greatest possible influence. Still, German academic founders should be sensitised to this option in future.

---

22 EXIST is a federal programme that supports the development of favourable conditions to generate spin-outs from German universities.

Influence on product quality and unique selling positions (USP)

Thorough analyses, expertises, training and good business consultancy should actually prevent start-ups beginning with inappropriate business concepts. Due to the already mentioned present deficits, however, this cannot always be avoided. The state already exercises indirect influence on business concepts and product characteristics, by examining applications for promotional funds for content or has them vetted by neutral juries. Thus this selection process can indirectly influence the **quality of the business and product concepts**. Doubts about the resilience of promotional decisions are appropriate, when administrators themselves decide on the basis of the files submitted. It would be helpful here to improve the qualifications of these persons and – if a jury of experts is not called in – for promotional programmes with small numbers of participants to obtain **external expertises** on principle and to partly subsidise the costs for the often expensive expertises (possibly also with the help of the above mentioned expert appraisal system).

The significant role of **IPR** in gaining USP was once again confirmed in this study. The patent and licensing policy practiced by the parent organisations in the case studies appear in many cases however hardly target-oriented, rather bureaucratic and rigid. Often more flexible, more imaginative and faster contractual solutions or more willingness to transfer patents completely would have prevented unnecessary frustrations and loss of trust on both sides (founders and parent organisation). Need of improvements in IPR consultancy became obvious, especially in academic parent organisations which do not have experienced experts at their disposal.

Starting points for the spin-off policy of the parent organisations

It was shown that the scope of support actually provided by the scientific parent organisations is quantitatively and qualitatively very broad. For the strategy patterns of founding support by the parent institutes proposed in section "Factors found relevant ..." above, the possibilities of **stronger links between science and industry** should be examined. A solution which would be uniformly applicable does not appear practicable, against the background of specific strengths, preferences and development potentials. The strengths of pattern 2 lie in the **"instigation"**, the early sensitisation for the subject founding and orientation towards application-oriented and near-to-market themes in research and teaching. Against this background, specific other approaches to the targeted extension of founding promotion also emerge. In strategy pattern 3 (support in qualification and organisation of knowledge transfer) and 4 (maximum support and high selectiveness), which are rather to be encountered in non-university institutions, the advantage lies essentially in the high **specificity and selectivity**. As the institutes have already been active for years in the relevant research markets, they can so to speak prepare the markets for the spin-offs, just as they can also help the founders to prepare in a more targeted manner for their entrepreneurial tasks. Highly specialised, technically excellent enterprise units can be created which from their very beginning can take a top place and earn a high market share.

The better this succeeds, the sooner the founders are able to **emancipate** themselves from the parent institute. This will happen all the sooner, the more the institute holds on to a classical scientific set-up which as a rule does not go over well with industry. Spin-offs from such institutes strive to draw a clear demarcation line with regard to work style and organisation to the parent institute, even distancing themselves physically from its orbit. This situation could be ameliorated if the research institutions and universities would develop a work and communication modus, language and organisation more similar to industrial reality, at least at their interfaces to the market, and thus reduce the still existing gulf and the mutual mistrust between science and industry. Whether and how fast a spin-off breaks away from its parent organisation is however not to be understood as a precondition for success. Our case studies show that not only a rapid breakaway but also an enduring, close co-operation with the parent organisation can be examples of success.

Starting points in financing

The empirical findings have shown a significant difference in the financing of start-ups between East and West German spin-offs. West German founders acquire more often, and more private capital for their enterprises than East German ones, who almost without exception rely on bootstrapping, cash flow and public promotion. The private financing gap in East German spin-offs can, however, not only be traced back to a distinct scepticism on the part of the founders regarding equity capital or on the part of private VC investors concerning state aid. Founders also have quite objective problems with acquiring private equity, because the market is acting very cautiously at present. Support for spin-offs via public **promotion** during the pre-seed, seed, foundation and build-up phase appears in this situation as a necessary subsidiary consequence.

Public promotion should however depend on a **financing mix** meaningful for the company, which is composed from various sources. In this way it should be attempted to prevent the companies being satisfied with public promotion alone, they should be encouraged to tap other sources. Public financing should strengthen existing potentials instead of completely compensating financing gaps. State (as promoter) can control by setting conditions for promotion so that in every company development phase a mixture of promotional funds, own and outside capital financing, as well as cash flow financing is achieved. Our case studies show frequently and quite clearly that founders – in the presence of an "adequate" total financing concept in their eyes – believed that it was unnecessary to tap further capital sources. Therefore the full growth potential of the founding firms is often not fully exploited. Salutary pressure must be brought to bear on the founders so that they make active efforts to find other, additional finance sources.

Strictly profit-oriented private VC investors (also business angels) however do not always appreciate it when young enterprises strive to base major parts of their financing on public promotion. This holds particularly for funding of R&D projects. They fear as a result an organisation and direction of the firm that is not sufficiently efficient and market-oriented, bureaucratic waste of time and resources, delays in "time-to-market", lack of cost consciousness or – in the case of project promotion – overly academic approach to the innovation activities. The consequence is that public promotion and funding and private equity capital do not always go together well, which also leads to a negative selection in the capital market: publicly promoted enterprises are eventually regarded as less attractive.

Banks have been very reserved for some years in **debt financing** for technology-oriented company start-ups. For almost a decade now, an important private financing source for new enterprises has been neglected in Germany. Reasons for this are, among others, the high costs of checking the plans and supervising young portfolio enterprises (costs of "due diligence"), and the high technical and market risks, with simultaneously an inadequate expected return on investment (ROI). The costs for examining the plans and the risks can be clearly reduced by means of a well organised system to draw up or provide favourably priced **technology and/or market expertises**. Such expertises could be taken into account in the rating tools of banks and rating companies and positively influence the rating of a company, so that the **credit evaluation** for the companies could be more favourable for the enterprises.

Company growth and financing volume

That an "adequate" financing is indispensable for success in all enterprise development phases is not in question, but the "right" amount of necessary funding. (Too) tight financing is however in our case studies rather a result of (sometimes false) entrepreneurial modesty or managerial deficits than of a business model lacking attractiveness. Over tight financing obviously clearly prevents rapid growth, but forces management to adopt **commercially cautious strategies** and **efficient utilisation of resources**. This can absolutely be an element of a continuous and sustainable company development, i.e. stable company units can emerge which in the long term can make a notable contribution to structural change and employment. Rapidly growing enterprises, possibly the so greatly desired "high flyers", "stars" or "gazelles" need generous financing, which also contains a reserve or cushion for unforeseen risks beyond the funds necessary for solid growth. Whether the company should grow rapidly or slowly is subject to the company goals and enterprise strategies, the potentials of the company, as well as to the market conditions and should not be the result of a certain financing offer. State aid can in various ways exercise influence on the finance volume required and thereby indirectly on the growth strategy.

Especially in the West German case studies, a surprisingly large number of private investors and VC companies were encountered as financiers; even strategic investors ("corporate venturing" on the part of large firms, which invest own funds in smaller enterprises). In most cases, these investors behaved fairly and patiently, also from the founders' perspective, and did not look for the quickest exit when difficulties loomed on the horizon. On the other hand, inexperienced entrepreneurs can easily fall into the "clutches" of less reliable investors, or simply ones unsuited as regards their target system. Then disastrous constellations can result. More transparency in the investment market would be a good instrument to diffuse information about investment partnerships which are running well or badly and the reasons for this. The mystery-mongering still dominant today, in part garnished with the no longer state-of-the-art bank confidentiality principle ("*Bankgeheimnis*"), is certainly not helpful in this regard.

Scientists as dynamic entrepreneurs?

The question arises from this survey, however, whether the popular ideal of a dynamic, worldwide active and mobile entrepreneur, willing and ready to take high risks, ever corresponded to reality and whether this entrepreneurial type corresponds to the mentality of German scientists in any case. (Anecdotal evidences from the USA and the UK suggest that this can be applied to Anglo-Saxon scientists as well.) The study team therefore postulates the thesis that such expectations of the scientific spin-off founders (and also of other founder types) should be formulated more realistically and promotional policy adapted to meet their actual needs.

"Gazelles" or "Tortoises"? Which dynamics do we want?

Leave should be taken from the unfortunate dichotomy between the lightning growth of "high flyers" or "gazelles" (as the perfect model and ideal type of the structure-creating, innovative new companies) and the condescendingly titled "lifestyle companies", the steadily growing start-ups which slowly strive towards their goal ("tortoises"). "Tortoises" create long-term and stable units and finally also considerable employment and value added, growing with little capital and sparing private and state resources, whereas a large percentage of the "high flyers" or "gazelles" disappear from the market after a few years of dynamic growth, in the course of which they consumed a considerable amount of private and public money. They leave behind a fatal breach of faith and trust with employees, investors, banks, trade unions and politicians. There is obviously a need for strategic, as well as arithmetical appraisal as to what relationship and what kind of structural dynamic the German economy needs and should want.

Zusammenfassung

Ziele und Aufgabenstellung des Projektes

Akademische Spin-Offs werden für die Zwecke dieser Arbeit zusammenfassend charakterisiert als unmittelbar aus dem Hochschul- oder Forschungsbereich erfolgte wissensbasierte Gründungen neuer Unternehmen durch akademische Mitarbeiter dieser Einrichtungen. Akademische Spin-Offs verdienen besondere Aufmerksamkeit, weil sie i.d.R. wissens- oder gar wissenschaftsbasiert sind und von ihnen erwartet wird, dass sie zukunftsträchtige Wirtschaftszweige stärken, schneller wachsen als "normale" Gründungen und daher stärker als diese zum wirtschaftlichen Strukturwandel in Regionen und ganzen Volkswirtschaften beitragen (können). Im Rahmen dieses Projektes ging es darum aufzuzeigen, inwieweit akademische Spin-Offs im betriebswirtschaftlichen Sinne erfolgreich sind, welche Faktoren zum Erfolg beitragen und welche künftigen Fördermaßnahmen einen Beitrag zum Erfolg von akademischen Ausgründungen leisten können. Ein zentrales Anliegen der Untersuchung bestand darin, die Sicht der Spin-Offs und deren Gründer und Gründerinnen zu erfassen und dabei jeweils die Gründungsphase, die nachfolgende Start-Up- und die Expansionsphase dynamisch zu verfolgen und nicht statische Bilder zu zeichnen.

Erfolgsmaße oder -indikatoren geben den Grad des Unternehmenserfolges an, während Erfolgsfaktoren die Einflussgrößen sind, die eine positive Wirkung auf die Unternehmensentwicklung haben. Sie sind von den Erfolgsmaßen konsequent zu unterscheiden.

Vorgehensweise und empirische Basis

Der Untersuchungsansatz gründet im Wesentlichen auf einer Analyse des Standes der Forschung und **detaillierten Fallstudien** bei Unternehmen, die jeweils aus einem Institut der vier wichtigsten deutschen außeruniversitären Forschungsorganisationen Helmholtz-Gesellschaft (HGF), Max-Planck-Gesellschaft (MPG), Fraunhofer-Gesellschaft (FhG) und Leibniz-Gemeinschaft (WGL) oder aus einer Universität heraus gegründet wurden.[23] Die Fallstudien bestanden aus Dokumentenrecherche und **Tiefeninterviews** sowohl mit den Unternehmensgründern und heutigen Geschäftsführern, als in vielen Fällen auch mit Personen, die die Gründungsprozesse als Berater oder Mentoren,

---

[23] Diese wissenschaftlichen Organisationen werden im Bericht auch zusammenfassend als "Mutterorganisationen" oder "Mutterinstitutionen" bezeichnet (MO abgekürzt). Ist von dem konkreten Institut oder Universitätslehrstuhl die Rede und soll damit ein Unterschied zur MO deutlich gemacht werden, wird die Bezeichnung "Mutterinstitut" verwendet (MI).

Geldgeber, Förderer oder Kollegen bzw. Vorgesetzte der Gründer begleitet haben. Insgesamt wurden 20 Fallstudien mit Spin-Offs durchgeführt, je zehn in neuen und alten Bundesländern.

Von diesen 20 Gründungsunternehmen erwiesen sich 13 aus der Sicht des Untersuchungsteams als bereits erfolgreich bzw. Erfolg versprechend, während dies bei sieben Unternehmen (noch) nicht festzustellen war.

Tabelle Z1: Verteilung der Fallstudien nach Standorten, Fachgebieten und Mutterorganisationen (MI)

Fachgebiete/Technologien	Gründungsstandorte, sortiert nach Mutterorganisationen und Gründungsjahr				
	FhG	MPG	HGF*/ GMD**	Universitäten	WGL
IT/ET	Nürnberg (2000), Erlangen (1997)		Darmstadt (1997), Berlin (1998)	Ilmenau (1999), Saarbrücken (1998), Dresden (2003)	
Neue Materialien/ Nanosysteme	Itzehoe (2001)	Golm (2000)	Stutensee (2002)		
Maschinenbau, Produktions-, Fertigungstechnik				Berlin (1999)	
Opto-Elektronik/Optik	Aachen (2001)				Berlin (2002)
MST, Mikroelektronik		Göttingen (2002)		Berlin (1999)	
Life Sciences	Dresden (2000)	Martinsried/ Hamburg (1993)		Ilmenau (2000), Aachen (1997), Greifswald (2000)	
Summe der Fallstudien	5	3	3	8	1

* Einschließl. HHI vor der Übernahme durch FhG.
** GMD vor der Fusion mit FhG.

Ausgründungsaktivitäten im Vergleich deutscher und europäischer Forschungsorganisationen

Die Ausgründungsaktivitäten und die Unterstützungsmaßnahmen bzw. -politiken großer deutscher und westeuropäischer Forschungsorganisationen werden dargestellt und die Ausgründungsstatistiken miteinander verglichen. Im Folgenden werden die wichtigsten Daten zusammengefasst, wobei eine Normierung der Ausgründungszahlen nach "Jahresausstoß" von Spin-Offs und pro 1000 akademische Mitarbeiter erfolgte.

Tabelle Z2: Vergleich der jährlichen Ausgründungsquoten deutscher und europäischer Forschungsorganisationen

FuE-Einrichtung	Anmerkungen	durchschnittliche Ausgründungszahl pro Jahr	Durchschnittliche jährliche Ausgründungszahl pro 1000 akademische Mitarbeiter
FhG (inkl. GMD u. HHI)[24]	alle Gründungen[25]	42 p.a.	9,4[26]
	nur betreute und wissensbasierte Gründungen	16 p.a.	3,7[27]
HGF		23 p.a.	ca. 2,3
MPG	nur auf eigene wiss. Mitarbeiter bezogen	5 p.a.	ca. 1,2
Leibniz-Gemeinschaft WGL[28]	inkl. Serviceeinrichtungen	8 p.a.	ca. 1,5
	ohne Serviceeinrichtungen		ca. 1,8
CNRS (Frankreich)	einschließlich der Spin-Offs aus den assoziierten Universitätslaboren	37 p.a.	ca. 3,2
INRIA (Frankreich)		3 p.a.	ca. 1,6
TNO (NL)	nur Gründungen mit TNO-Beteiligung	3,9 - 6 p.a.	1,1 - 1,7

Kurzbiografien der Gründungsunternehmen

Zur Illustration der Bandbreite der vorgefundenen Ausgründungsprozesse und der Vorgeschichte werden (aus Vertraulichkeitsgründen anonymisierte) Kurzbiografien von 16 der 20 der untersuchten Gründungsunternehmen wiedergegeben.

---

24 GMD seit 2001 und HHI seit 2002.
25 Inklusive nicht forschungsbasierte Dienstleister.
26 Bezogen auf die angestellten Wissenschaftler in den Fraunhofer-Instituten, ohne Zentrale und ohne PST.
27 Wie Fußnote 26.
28 37% der Einrichtungen der Leibniz-Gemeinschaft sind durch geistes-, sozial- und wirtschaftswissenschaftliche Fachgebiete geprägt, die traditionell wenig ausgründungsnah sind.

Relevante empirische Faktoren für den Gründungserfolg

Diese Untersuchung näherte sich den Erfolgsfaktoren auf drei unterschiedlichen Wegen. Einmal wurden aus der Literaturübersicht und der Beschäftigung mit dem Stand der Forschung 43 Hypothesen über Erfolgsfaktoren abgeleitet. Zweitens erbrachten Interviews in den Fallstudien subjektive Einschätzungen der Gesprächspartner über die Erfolgsfaktoren im individuellen Fall. Als dritte Quelle ergaben sich aus der Beobachtung der Interviewer und in der Gesamtschau mit den zusammengetragenen Daten und Informationen Hinweise auf Erfolgsfaktoren, die auf der etwas neutraleren Sicht des Untersuchungsteams gründen. Insgesamt konvergierten die Erkenntnisse aus diesen drei Quellen zu einem Katalog wichtiger, empirisch beobachtbarer und theoretisch begründeter "kritischer Erfolgsfaktoren". In den folgenden Abschnitten werden kontextabhängige Beobachtungen von Erfolgsfaktoren diskutiert, fokussiert auf die wichtigsten Betrachtungsschwerpunkte "Finanzierung", "Produkt, Markt und Strategien", "Sozialkapital, Netze, Umfeld und Standort", "Mutterorganisation, Politik, Unterstützung und Arbeitsteilung", "Motivation und Humankapital".[29] Am Anfang wird zunächst für jedes Schwerpunktthema eine Übersicht auffälliger Beobachtungen gegeben, die, wenn möglich, nach verschiedenen Wirkungs- oder Aktionsebenen (Gründer, Unternehmer, Branche/Technologie, Region), Unternehmensphasen und nach Ost- und Westdeutschland differenziert dargestellt werden.

Schwerpunktthema Finanzierung von Spin-Offs

Tabelle Z3: Beobachtung im Schwerpunktthema Finanzierung

Phase Aktionsebene	Finanzierungsquellen in der Gründungsphase	Finanzierungsquelle in der weiteren Entwicklungsphase
Gründerperson	NBL: fast immer direkte o. indirekte Existenzgründungsförderung, auch über Arbeitsamt, bezahlte Stellen an MI ABL: gelegentlich direkte o. indirekte Förderung, bezahlte Stellen an MI	ABL u. NBL: Nachschüsse der Gesellschafter, Gesellschafterdarlehen, Gehaltsverzichte und -stundungen, Bürgschaften
Unternehmen	NBL: FUTOUR, EXIST, BTU u. sonst. Gründungsförderung, fast nur öffentl. Beteiligungskapital, Innovationsförderung, Nutzung der MI-Infrastruktur, Auftragserlöse, fast keine Bankkredite ABL: Auftragserlöse, öffentl. oder priv. Beteiligungskapital (viel VC, viele Angels, auch CVC), Landesförderung, Nutzung der MI-Infrastruktur, selten Bankfinanzierung	NBL: Innovations- u. Investitionsförderung, Auftragserlöse, öffentl. Beteiligungskapital, FuE-Förderung (EU, BMBF, Land), Innovationsassistenten ABL: Auftragserlöse/Cash-Flow, öffentl. oder priv. Beteiligungskapital (viel VC, auch Angels oder CVC), FuE-Förderung (EU, BMBF, Land), gelegentlich Bankkredite

---

[29] Die Beobachtungen sind wegen des explorativen Charakters der Untersuchung in keiner Weise zu verallgemeinern.

In der Mehrheit der Fälle waren und sind die **Finanzierungsquellen** sehr einseitig. Bei der Gründungsfinanzierung wird – neben der obligatorischen Eigeneinlage der Gründungsmitglieder - entweder überwiegend auf Fördermittel oder überwiegend auf Beteiligungskapital gebaut; Kreditfinanzierung spielt fast keine Rolle. Selbstfinanzierung über Umsatzerlöse und Cash-Flow tritt relativ häufig und oft schon sehr früh hinzu, ein sehr positiver Befund. Auffallend ist ein deutlicher Unterschied in den Finanzierungsstrukturen west- und ostdeutscher Spin-Offs. In Ostdeutschland fällt der geringere Anteil von Beteiligungs- und Bankfinanzierung auf. In Westdeutschland ist die **Beteiligungsfinanzierung** im Sample eher die Regel, wobei privates VC eine große Rolle spielt (einschließlich Business Angels Finanzierung), auch bei Gründungen nach 2001. **Kreditfinanzierung** durch Banken ist faktisch ohne Bedeutung bei der Gründung, in West wie Ost. Sie tritt punktuell erst in späteren Unternehmensphasen ein, oft unter Vermittlung vorhandener Kapitalgeber. Für die Gründer ist das zurückhaltende Verhalten besonders der Banken bei der Finanzierung der Startphase ein notorischer Grund für Frustrationen und Klagen. Viele ostdeutsche Ausgründer lehnen es sogar rundheraus ab, Bankkredite oder (privates) VC in Anspruch zu nehmen. Sie sehen gelegentlich sogar in dem Verhalten dieser Institutionen eine Existenzgefahr für ihr Unternehmen.

Von fast allen Unternehmen des Samples werden in unterschiedlichen Kombinationen und Schwerpunkten **Förderprogramme** in Anspruch genommen. Öffentlicher Förderung wird von ostdeutschen Spin-Offs grundsätzlich ein höherer Stellenwert beigemessen, auch bei der Gründungsfinanzierung. In Westdeutschland spielen Fördermittel eher in späteren Unternehmensphasen und im Rahmen von FuE-Projektförderung eine Rolle.

Sechs der insgesamt 13 erfolgreichen oder Erfolg versprechenden Unternehmen des Sample stellten sich, offenbar in Antizipation der (vermeintlichen) Engpässe bei der Mobilisierung der Finanzquellen, schon ab Gründung auf eine **Kapital sparende Entwicklung** ein, indem sie auf Bankfinanzierung fast gänzlich verzichteten und nur schwache Bemühungen zum Einwerben von Beteiligungskapital unternahmen. Stattdessen verließen sie sich entweder auf Förderung oder auf die Selbstfinanzierung aus dem Cash-Flow. Dass sie sich dennoch positiv entwickelten, ist ein Beweis dafür, dass auch ohne Bank- und Beteiligungsfinanzierung eine stabile, wenn auch relative langsame Entwicklung technologieorientierter Unternehmen möglich ist. Dem steht nicht entgegen, dass sie sich möglicherweise schneller und robuster entwickelt hätten und damit auch volkswirtschaftlich merklichere Spuren hinterlassen würden, wenn sie die zu Gebote stehenden Finanzierungsmöglichkeiten auch ausschöpfen würden.

Eine wichtige Rolle spielte, besonders bei den ostdeutschen Ausgründungen, für die Gründer die Möglichkeit, ihre Gründungsvorbereitungen und ihre operative Tätigkeit für ihre Unternehmen befristet noch während ihrer Anstellung in der Mutterorganisation zu betreiben.

Als Fazit lässt sich jedoch sagen, dass bei der Mehrheit der Fallstudien – gemessen an den realen, zumeist bescheidenen Wachstumsstrategien – objektive **Engpässe bei der Gesamtfinanzierung** der jungen Unternehmen nicht zu beobachten waren, auch wenn Kapitalmangel notorisch als ein Grund für eingetretene Schwierigkeiten vorgeschoben wurde. Kapitalmangel erscheint nicht als direkte oder primäre Ursache nicht wunschgemäßer Entwicklung, sondern als Folge sonstiger Defizite (z.B. im Management, in den Strategien, in den Produkten, in der Marktakzeptanz etc.). Hätte ein Unternehmen mehr Kapital zur Verfügung, könnte es in Marketing und Vertrieb, Personal, Produktion oder Berater usw. mehr investieren, könnte sich schneller entwickeln und könnte u.U. auch seine Schwächen kompensieren.

Die im Durchschnitt hohe **Eigenkapitalquote** (EK-Quote) aller Spin-Offs fällt auf; die Bandbreite lag zwischen 24 bis über 80%. Da dies im Maßstab deutscher KMU als außerordentlich hohe Quote gelten muss (bei deutschen KMU liegt sie eher unter 10%) kann die populäre These immerhin gestützt werden, dass eine relativ hohe EK-Quote ein Erfolgsfaktor ist.

Schwerpunktthema Produkt, Technologiefeld, Markt, Strategien

Tabelle Z4: Beobachtung im Schwerpunktthema Produkt, Markt, Strategien

Phase Aktions- ebene	Beobachtungen in der Gründungsphase	Beobachtungen in der weiteren Entwicklungsphase
Gründer- person	NBL + ABL: Zumeist blauäugiger Glaube an Businesskonzept und Produkt, Markt wird notorisch falsch eingeschätzt, überwiegend bescheidene Wachstumsziele	NBL + ABL: Wachsende Professionalisierung, Schärfung der Arbeitsteilung im Führungsteam, erste Konflikte und Shake-outs im Führungsteam und in Gesellschafterkreis
Unterneh- men	NBL + ABL: I.d.R. noch Wille zur Kooperation mit MI, Fortsetzung von FuE, anfängliche Umsätze hauptsächl. mit Dienstleistungen und Projektgeschäft, anfänglich zu breite oder zu enge Produktpalette (Verzettelung versus Risikostreuung), oft Patentschutz, meistens B2B-Geschäft, Fehler im Vertrieb, fast immer ungeeignetes Controlling, selten systematische Strategieplanung	NBL + ABL: Ernüchterung über Überzeugungskraft des Startprodukts, bei nicht befriedigender Entwicklung wird Strategie überdacht, Produktpalette eingedampft bis zu einem Ein-Produkt-Unternehmen, allmähliche Einschränkung von FuE und Verlagerung der Ressourcen auf Marketing u. Vertrieb, Organisationsstrukturen u. Führungshierarchien entstehen und verursachen Zäsuren im Führungsteam und beim Personal NBL: kein Fall, in dem eigenes Vertriebspersonal eingestellt wird ABL: Einstellung von Führungskräften und Spezialisten von außen (Vertriebsprofis)

Zusammenfassung

Phase Aktions- ebene	Beobachtungen in der Gründungsphase	Beobachtungen in der weiteren Entwicklungsphase
Branche, Technologie	NBL + ABL: überwiegend innovative, erstklassige Technologien, oft in Nischenmarkt mit wenig Wettbewerb, aber geringen Wachstumsaussichten, fast nie angemessene Marktanalysen, wahrer Marktbedarf i.d.R. nicht bekannt bzw. unterschätzt, Kenntnis der Branche nur aus Forschersicht, Fehleinschätzungen des Käuferverhaltens, fast nie systematische, sondern intuitive Marketing- u. Vertriebsstrategie	NBL + ABL: Allmählicher Fokus auf wenige, aber attraktive Märkte, Produkt-Markt-Strategien entstehen, oft Abkehr vom ursprünglichen Businesskonzept und Neuaufstellung mit Turn-around-Charakter, allmählicher Aufbau v. Kenntnissen über Marktmechanismen und Kundenverhalten ABL: Zielmärkte des Spin-Off verändern sich, Produkte auch
Region	NBL + ABL: Gute Imagewirkung bei attraktiver Technologie, regionale Nachfrage fehlt oft u. ist nie ausreichend, meist überregionaler Absatz, nur gelegentlich starke Impulse aus der Region auf das Spin-Off NBL: aktivere Ansiedlungspolitik und attraktivere Förderangebote für Start-Ups	NBL + ABL: aktiver Aufbau eigener Innovationsnetze, weiterhin wenig Nachfragepotenzial in der Region, Märkte sind überregional, internationale Marktbearbeitung NBL: oft sind qualifizierte Fachkräfte zu Ost-Löhnen nicht zu bekommen
Volkswirtschaft	NBL + ABL: Oft Missverhältnis zwischen spektakulärer Technologie und dahinter stehendem realen Marktpotenzial, Fördermittel z.T. fehlallokiert (geförderte FuE-Projekte sind oft nicht wirklich marktnah),	NBL + ABL: Geringe Impulse, geringes Wachstum, daher Struktureffekt schwach und nur langfristig zu erwarten, nur wenige Arbeitsplätze entstehen

Aus den Äußerungen der Befragten war oft abzuleiten, dass sich das ursprüngliche **Business- oder Produktkonzept** in der geplanten Form nicht realisieren ließ, weil die Marktreife der Produkte fehlte (d.h., dass der Nachentwicklungsaufwand die Ressourcen erschöpfte), die Märkte falsch eingeschätzt wurden, die vorhandenen Industriekontakte des Mutterinstituts nicht wirklich belastbar waren bzw. sich nicht auf das Spin-Off übertragen ließen, Vertriebskonzepte nicht vorhanden oder falsch waren u.v.m. Es stellt sich die Frage, ob die Gründer und ihre Berater und Betreuer in der Planungsphase gründlich und präzise genug recherchiert und geplant hatten. Tatsächlich wurden i.d.R. keine hinreichend detaillierten Umfeldanalysen oder Gutachten (Marktanalysen, Wettbewerbsanalysen, SWOT-Analysen, Technologietrend-Analysen usw.) gemacht, was ein wichtiger Bestandteil strategischer Planung sein sollte. Die Gründe dürften darin zu sehen sein, dass die Gründer meinten, Kapital für solchen Aufwand einsparen zu können, weil sie glaubten, "ihre Märkte" gut genug zu kennen. Auffällig war, dass umfassende und langfristig angelegte und durchdachte Unternehmensstrategien in der Gründungsphase zumeist nicht vorlagen und, wenn überhaupt, oft erst viel später entstanden sind. Hier wären externe Berater gefragt, doch für eine in dieser Hinsicht gründliche Beratung fehlen i.d.R. die Mittel bzw. weder Gründer noch Investoren sehen die Notwendigkeit, hierfür Mittel aufzuwenden. Der Mangel an strategischer Planung und die unzureichende Kenntnis der eigenen Zielmärkte kann als notorisches und typisches Defizit bei technologieorientierten Ausgründungen aus der Wissenschaft angesehen werden; schon frühere Untersuchungen konnten dies zeigen. Es ist unseres Erachtens einer der entscheidenden Faktoren, die die wunschgemäße Entwicklung der Unternehmen hemmen.

Die klare Mehrheit der betrachteten Spin-Offs folgte einer **moderaten Wachstumsperspektive**. Viele Gründer suchten überwiegend eine Existenz aufzubauen, die ihnen und ihren Teams ein komfortables Auskommen ermöglicht.[30] Solche Ziele stehen im Kontrast zu den von Investoren und Förderern präferierten Zielen, so schnell wie möglich eine unternehmerische Einheit entstehen zu lassen, die gesamtwirtschaftlich wirksame innovative Impulse setzt, die einen wesentlichen Beitrag zum Strukturwandel und zur Beschäftigung leistet. Solche Strategien scheinen aber, so zeigen die Fallstudien, eher **nicht** der Mentalität deutscher Gründer aus dem akademischen Umfeld zu entsprechen, so dass man sagen kann, dass die auf rasches Unternehmenswachstum gerichteten Appelle sowohl der Politik als auch der Kapitalgeberszene und die eindeutige Priorisierung der (seltenen) "Stars", "Gazellen" oder "High Flyer" in der öffentlichen Präsentation an der Wirklichkeit vorbei gehen und zudem den deutschen Gründerpersönlichkeiten nicht gerecht werden.

Schwerpunktthema Netze, Umfeld und Standort

Tabelle Z5: Beobachtung im Schwerpunktthema Netze, Umfeld und Standort

Phase Aktions- ebene	Beobachtungen in der Gründungsphase	Beobachtungen in der weiteren Entwicklungsphase
Gründer- person	NBL + ABL: Großes Vertrauen in persönliche Kontakte und Ratschläge im privaten Bereich, i.d.R. keine Kontakte in d. Industrie, mit Kollegen im Mutterinstitut häufiger fachlicher Austausch, Erfahrungsaustausch mit anderen Spin-Offs ist selten, Mutterinstitut vermittelt persönliche wissenschaftl. Kontakte i.d.R. weltweit	NBL + ABL: Eigene fachspezifische Kontaktnetze werden allmählich aufgebaut, vorhandene Netze werden wenig gewürdigt ABL: persönl. Austausch mit Mutterinstitut als Wissensquelle verringert sich zu Gunsten anderer Kontakte
Unterneh- men	NBL + ABL: Aktive Rolle in vorhandenen Unternehmens- oder Kompetenznetzen wird selten gesucht, Nähe zum Mutterinstitut ist essenziell wegen Wissensaustausch, Personalrekrutierung und arbeitsteiliger FuE-Kooperation	NBL + ABL: Sich allmählich entwickelnde Rolle in Unternehmens- oder Kompetenznetzen ABL: zunehmende Emanzipation vom Mutterinstitut, Institut bleibt aber weiter Personalressource
Branche, Techno- logie	NBL + ABL: Mutterinstitut überlässt Spin-Off Kundenkontakte, sonst wenige technolog. Impulse aus dem Netzwerk	NBL + ABL: Aus branchenspezifischen oder thematischen Netzen wird zunehmend selektiv Nutzen gezogen, beginnende internationale Vernetzung

---

[30] Im angelsächsischen Raum werden sie eher geringschätzig als "lifestyle companies" bezeichnet.

Phase Aktions- ebene	Beobachtungen in der Gründungsphase	Beobachtungen in der weiteren Entwicklungsphase
Region	NBL + ABL: 18 der 20 Spin-Offs haben sich in der Nähe des Mutterinstituts niedergelassen, Gründe hierzu: persönliche Standorttreue, leichtere Zusammenarbeit mit Mutterinstitut und Schwester-Spin-Offs, bei attraktiver Technologie gute Imagewirkung f. Region, geringe Verankerung in regionalen Unternehmensnetzen, gute Vernetzung mit vorhandener FuE-Infrastruktur, nur gelegentlich starke Nachfrage/Impulse aus der Region auf das Spin-Off, Anlockung attraktiver Spin-Offs mit günstigen Förderangeboten, weiche Standortfaktoren wichtiger als harte	NBL + ABL: aktiver Aufbau eigener Innovationsnetze, langfristig positiver Beitrag zum innovativen Milieu, wissensbasierte Start-Ups verkümmern in wenig innovativer, undynamischer Umgebung,

Es ist unumstritten, dass die Art und Weise, wie der Akteur in sein soziales Umfeld eingebettet ist, sowohl seine Handlungsmöglichkeiten als auch seinen Zugang zu anderen Kapitalarten beeinflusst. Somit rückt das **Sozialkapital** in Form sozialer Netzwerke ins Zentrum unterschiedlicher sozioökonomischer und politischer Studien. Im Rahmen dieser Untersuchung ließ sich ermitteln, dass die "strong ties" (enge Verwandte und enge Freunde) einen besonderen starken Einfluss auf Standortentscheidung ausübten. Die familiären Bindungen und die Verbundenheit zum vertrauten Umfeld ließen die meisten Gründungen am Standort des Mutterinstituts entstehen, wiewohl hierbei auch die Nähe zu den ehemaligen Kollegen wichtig war. Nur eine Minderheit der befragten Unternehmer setzten ein mehr oder weniger dichtes persönliches Kontaktnetz außerhalb ihres Kollegenkreises für ihre Unternehmensgründung bzw. für ihre spätere Geschäftsführungstätigkeit ein. Das gilt auch und gerade für die Kontakte zu Kapitalgebern. Wenn auch dieser Aspekt in der Analyse nicht vertieft werden konnte, verbleibt aus der Sicht des Untersuchungsteams der Eindruck, dass die Gründer sich zumindest zum Beginn eher in einem engen Aktionsraum bewegten.

Unter den 20 Ausgründungen befanden sich 17 **Teamgründungen**, von denen sich bislang zwölf positiv entwickelten. Die drei Einzelgründungen erwiesen sich bisher als noch nicht eindeutig erfolgreich bzw. als erkennbar erfolglos. Das bestätigt einerseits die populäre und in diversen Studien formulierte These, dass Teamgründungen eine größere Erfolgschance besitzen. Die Wahrscheinlichkeit, dass "die Chemie unter allen Gründern stimmt" (was unbestreitbar als ein entscheidendes Erfolgskriterium gilt), sinkt jedoch erkennbar mit der Zahl der Gründungspersonen. Dies ist ein weiteres Argument dafür, dass eine optimale Größe des Gründerteams fünf Personen nicht überschreiten sollte.

Harte **Standortfaktoren** wie günstige Verkehrsanbindung und kommunale Infrastrukturen wurden in allen untersuchten Fällen als entscheidender Vorteil genannt, sogar bei peripheren Standorten, so dass man diese Faktorkategorie zu den wichtigen Erfolgsbedingungen in diesem Sample heranziehen kann. Sie spielten jedoch bei der Stanortwahl keine entscheidende Rolle, weil sich die Spin-Offs darauf verlassen konnten, solche Bedingungen überall anzutreffen.

Schwerpunktthema Mutterorganisationen

Die Institute und Forschungszentren innerhalb ihrer Organisationen besitzen entsprechend ihrer rechtlichen und satzungsmäßigen Konstruktion unterschiedliche Handlungs- und Entscheidungsspielräume. Zusätzliche werden die gegebenen Spielräume von den jeweiligen Institutsleitern sehr unterschiedlich mit Leben gefüllt, d.h. wir finden **individuelle Ausgründungspolitiken** "vor Ort". Tatsächlich konnte das Untersuchungsteam bei den betroffenen Instituten deutliche Abweichungen in der praktizierten Politik und Prioritätensetzung hinsichtlich der Unterstützung von Ausgründungen feststellen. Dies scheint einerseits sehr personenspezifische Gründe zu haben, andererseits spielte die Situation im jeweiligen Forschungswettbewerb und auf den Arbeitsmärkten eine wichtige Rolle.

Im vorhandenen Sample lassen sich spezifische **Strategiemuster** in den Aktivitäten erkennen, die sich nach dem Grad der Unterstützung der Mutterorganisation (MO) bzw. des einzelnen Instituts (MI) für Ausgründungen unterscheiden lassen. Bei der Analyse der Unterstützungsstrategien wurde zwischen Aktivitäten der Mutterorganisationen oder des Instituts in der Vorbereitungs-, Gründungs- und weiteren Entwicklungsphase der Spin-Offs unterschieden. Für die einzelnen Phasen wiederum wurden die Unterstützungsaktivitäten auf der Aktionsebene der Gründer, der gegründeten Unternehmen, der Branche/Technologie und der Region untersucht. Vier unterschiedliche Strategiemuster konnten für die im Sample vertretenen Mutterorganisationen herausgearbeitet werden:

Tabelle Z6: Vier Strategiemuster und ihre Verteilung nach Fallstudien

Muster-Nr.	häufig bei MO-Typ	Form der Unterstützung durch MO oder MI	Häufigkeiten ABL	Häufigkeiten NBL	alle in %	Erfolgsbewertung der zugehörigen Fälle* (absol. u. relative Häufigkeit)
1	Uni	Minimale Unterstützung in der Gründungsphase, viel hängt von individueller Initiative einzelner Forscher ab		1	5%	1 x + (100%)
2	Uni, WGL, FhG	Information, Sensibilisierung, "Anstiftung" zur Gründung, Beratung und Coaching, hptsl. personale Unterstützung, Überlassung von Räumen, Ausstattung, Gehälter, IPR-Management Geringe Selektivität	2	3	25%	1 x ++ (20%) 2 x + (40%) 1 x 0 (20%) 1 x – (20%)
3	MPG, FhG	Information, Coaching, Vermittlung in Netzwerken, Systematische Vorhabenprüfung, IPR-Management, Überlassung von Infrastrukturen, Gehältern, Gesellschafterbeteiligung, Finanzmanagement Technologische Spezialisierung Mittlere Selektivität	5	2	35%	1 x ++ (14%) 4 x + (57%) 2 x 0 (29%)
4	MPG, FhG	Vorbereitung von Produkten und Märkten für Spin-Offs durch marktnahe Ausrichtung der FuE, enge Verzahnung von FuE, Produktion und Vertrieb Technologische Spezialisierung Hohe Selektivität	3	4	35%	1 x ++ (14%) 3 x + (43%) 1 x 0 (14%) 2 x – (29%)

* Zu den Erfolgsbewertungen vgl. Abschnitt 6.1.

Bei allen diesen Strategiemustern können Gründungen mit guten Erfolgschancen entstehen. Um zu einer angemessenen Beurteilung der Strategien und ihrer Relevanz für eine Neujustierung der Gründungsförderung zu kommen, müssen die vorgestellten Muster jeweils in ihren spezifischen Kontexten bewertet werden. Dazu gehören die Möglichkeiten, die ihre jeweilige organisatorische Verfassung setzt und insbesondere die Möglichkeiten, die das jeweilige Technologiefeld bietet, auf dem die Organisation bzw. das Institut arbeitet.

Wichtig ist der konstitutionelle Unterschied: Außeruniversitäre Einrichtungen arbeiten spezialisiert, Universitäten dagegen arbeiten, ihrem Auftrag entsprechend, auf einem breiten Feld von Disziplinen und Technologiefeldern. Dieser grundsätzliche Unterschied hat auch Folgen für das jeweilige Ausgründungsverhalten. Institute außeruniversitärer Forschungsorganisationen – insbesondere des Musters 4 – unterstützen Gründer primär auf den Kompetenzfeldern, auf denen sich das Institut profiliert. Der stetige Kontakt mit der Wirtschaft, z.B. im Rahmen von Verbundprojekten, und die ausgeprägte Ressourcenspezifität der Institute des Musters 4 ermöglicht eine gründliche Vorbereitung von Produkten und Märkten für Ausgründungen. Insofern gilt es für Spin-Offs aus solchen Einrichtungen, eine kürzere "Durststrecke" zwischen Gründung und Produktentwicklung einerseits und ihrer Markteinführung andererseits zu überbrücken. Ein Aspekt des beschriebenen Mechanismus ist allerdings, dass Ausgründungsaktivitäten von diesen Forschungsinstituten nur sehr selektiv vorgenommen werden. Förderstrategien des Strategiemusters 3 jedoch sind in dieser Hinsicht offener und können entsprechend flexibler auf Gründungsvorhaben reagieren, die nicht unmittelbar auf der Grundlage institutsspezifischer Forschungsarbeiten entwickelt wurden. Die Stärke dieses Typus beruht auf einer breiten Kenntnis bestimmter Märkte und v.a. des Verhaltens von Banken und Beteiligungskapitalgebern. Gründungsvorhaben können auch dann unterstützt werden, wenn es nicht um Technologie- sondern "nur" um Wissenstransfer geht.

Universitäten dagegen müssen ihre Mittel und Möglichkeiten auf viele Kompetenzfelder verteilen und geraten dadurch nahezu zwangsläufig im Hinblick auf ihre Ressourcenspezifität ins Hintertreffen. Ihre Unterstützung muss daher andere Formen annehmen. Sie können weniger in die Vorbereitung von Produkten und Märkten investieren, dafür aber mehr in personale Schlüsselkompetenzen gründungsinteressierter Absolventen, Doktoranden und Mitarbeiter. Ihr Bildungsauftrag prädestiniert sie zur Vermittlung von sozialen und betriebswirtschaftlichen Kompetenzen und zur "Anstiftung" zur Gründung in allen Phasen des Studiums. Allerdings sind sie im Hinblick auf ihre Vernetzung mit Industrie, Wirtschaft und VC sowie anderen Formen der Finanzierungsförderung den außeruniversitären Einrichtungen tendenziell unterlegen. Im Unterschied zu den außeruniversitären Forschungseinrichtungen können sie auch weniger von einem spezifischen, klar definierten Forschungspfad und entsprechend kumuliertem Wissen profitieren. Die Fälle, die aus Universitäten ausgründeten, gaben an, dass sie ihre Entwicklungen keinen Machbarkeitsstudien unterziehen konnten, um z.B. die Marktaussichten zu prüfen. Die Gründungen erfolgen oft nur auf Basis von Messekontakten des Mutterinstituts oder Interessenbekundungen und Absichtserklärungen der mit dem Mutterinstitut kooperierender Unternehmen. Die Strategien der untersuchten Universitäten externalisieren offensichtlich das Gründungsrisiko zum großen Teil auf die Gründungsteams. Im Prinzip gilt an Universitäten eine passive Politik: "Je mehr Ausgründungen es gibt, desto höher ist die Wahrscheinlichkeit erfolgreicher Gründungen". Nach dieser Strategie wäre es allein Sache der Gründer und der Marktkräfte, eine Gründung zum Erfolg zu führen – im Unterschied zu außeruniversitären Forschungseinrichtungen des Musters 4, die Gründer gut vorbereitet und mit einem geringen Gründungsrisiko aus der Institution entlassen.[31]

Auch aus dem grundsätzlichen, gewissermaßen konstitutionellen Unterschied zwischen den untersuchten Mutterinstitutionen resultieren starke Unterschiede aus der jeweiligen Ausgründungspolitik. Für die Universitäten ergeben sich jedoch wegen der föderalen Trägerschaft und der unterschiedlichen Hochschulgesetze starke Unterschiede im politisch-rechtlichen Rahmen und überdies erlauben unterschiedliche Landesförderpolitiken den Universitäten auch unterschiedliche Unterstützungsangebote.

Die Verfügung über alleinstellende **gewerbliche Schutzrechte** gilt für Technologieunternehmen, insbesondere Start-Ups, als wichtiger, manchmal auch mit entscheidender Faktor, um rasch die Markteintrittsbarrieren zu überwinden und Marktanteile zu gewinnen. Nun gibt es aber sowohl auf der Seite der Unternehmen, wie auch auf der der Mutterorganisationen und der Investoren unterschiedliche Politiken hinsichtlich des Umgangs mit gewerblichen Schutzrechten. Ob eine Mutterorganisation aber der Überlassung einer Exklusivlizenz oder, alternativ, der Übertragung eines Patents zustimmt, hängt somit von ihrer allgemeinen Schutzrechts- oder Verwertungspolitik ab und von der (subjektiven) Wertschätzung des Patents in jedem Einzelfall. Sie hat also individuell abzuwägen.

Tabelle Z7: Varianten des Schutzrechtsverhaltens zwischen Spin-Off und Mutterorganisation und deren Häufigkeiten

Kategorie Nr.	Art des Schutzrechtsverhaltens	Häufigkeiten			Erfolgsbewertung der zugehörigen Fälle* (relat. Häufigk.)
		ABL	NBL	alle in %	
1	Keine Vereinbarung mit MO, denn Patente sind für das Spin-Off unwichtig oder es benötigt das vorhandene Patent nicht	2	1	15%	2 x ++ (33%) 1 x + (11%)
2	Keine Vereinbarung mit MO, denn Produkt/Verfahren ist nicht patentiert	2		10%	1 x – (50%) 1 x 0 (50%)
3	Gründer war(en) Miterfinder; MO hält Patent und überlässt Spin-Off exklusive Lizenz	2	6	40%	6 x + (75%) 1 x 0 (13%) 1 x – (13%)
4	Gründer war(en) Miterfinder; MO überlässt Gründer(n) oder Spin-Off das Patent (evtl. auch nur anteilig)	1	2	15%	1 x + (33%) 2 x 0 (66%)

---

[31] Nun könnten jedoch einzelne hoch spezialisierte Hochschulinstitute bzw. Lehrstühle von den eher unspezifischen Unterstützungsleistungen der Universität als Gesamtorganisation abweichen und ein Unterstützungsprofil ähnlich den Mustern 3 oder 4 anbieten.

Kate-gorie Nr.	Art des Schutzrechtsverhaltens	Häufigkeiten			Erfolgsbewertung der zugehörigen Fälle* (relat. Häufigk.)
		ABL	NBL	alle in %	
5	Keine Vereinbarung: Gründer ist/sind Erfinder und besitzt/besitzen selbst das Patent	1**	1	10%	1 x + (50%) 1 x – (50%)
6	Das innovative Produkt/Verfahren nutzt Know-how der MI und Spin-Off erhält verschiedene Lizenzen oder eine umfassende Lizenz	1		5%	1 x + (100%)
7	MO hält Patent, Gründer ist nicht Miterfinder, Spin-Off erhält aber Lizenz	1		5%	1 x ++ (100%)

* Vgl. Abschnitt 6.1.
** Erfindung fand nicht in der MI statt.

Obige Verteilung der Varianten von Schutzrechtsvereinbarungen im Sample zeigt, wie häufig die Gründer auch (Mit)Erfinder der Produkte oder Verfahren sind, die die Basis der Unternehmensgründung bilden. Das Muster zeigt aber gleichzeitig, dass dieser Sachverhalt nicht notwendige Voraussetzung für eine erfolgreiche Unternehmensentwicklung ist, denn solche findet sich auch in den übrigen Kategorien, ja sogar in den Fällen, in denen Patente überhaupt nicht für wichtig erachtet werden. Und auch die Verfügungsgewalt über eigene Patente ist – nach diesem Bild – nicht zwingend, um erfolgreich zu sein.

Forschungsergebnisse in Form neuen Wissens oder neu entwickelter Technologien legten in fast allen ostdeutschen Fällen des Samples die Basis für Ausgründungen. In Westdeutschland dagegen entstehen die Innovationen eher durch eigene FuE-Leistungen der Gründer auch im neuen Unternehmen oder durch Input von außen, also nicht ausschließlich innerhalb des Forschungssystems. In westdeutschen Fällen waren nur in vier von zehn Fällen konkrete FuE-Ergebnisse oder gar Erfindungen Anlass für die Ausgründung. Sechs westdeutsche Fälle traten mit selbst entwickelten oder von dritter Seite eingekauften Technologien in den Markt ein. Die Mutterinstitute sind in diesen Fällen überhaupt kein FuE-Partner der Unternehmen. Diese Beobachtungen relativieren das üblicherweise gezeichnete und innovationspolitisch bedeutsame Bild der unmittelbaren Verwertung und Umsetzung konkreter Forschungsergebnisse in marktfähigen Produkten und Leistungen durch akademische Spin-Offs. Sehr häufig entstehen die Innovationen durch eigene FuE-Leistungen der Gründer im neuen Unternehmen oder durch Input von außen, also nicht innerhalb des (öffentlichen) Forschungssystems. Unser Sample von 20 Fallstudien zeigt einmal mehr, dass das klassische, lineare TT-Modell nur eingeschränkt gilt. Es lassen sich noch vier andere Typen der Arbeitsteilung zwischen dem Mutterinstitut und dem ausgegründeten Unternehmen beobachten (vgl. Tabelle Z8).

Der erste Typ entspricht dem herkömmlichen, linearen TT-Modell und kennzeichnet mit Abstand die häufigste Art der Arbeitsteilung in unserem Sample. Aus ihr gingen auch absolut die meisten erfolgreichen oder Erfolg versprechenden Unternehmen hervor. Offensichtlich weniger erfolgsträchtig scheint die Kategorie 3 zu sein, in der es keine enge Verzahnung der FuE-Tätigkeit der MI mit den Aktivitäten des späteren Gründers gab. Deutlich wird allerdings anhand der beiden ersten Klassen, wie wichtig eine vernünftige Arbeitsteiligkeit im Sinne zweier gleichberechtigter FuE-Partner ist. In keiner unserer Fallstudien ist ein Spin-Off bloße verlängerte Werkbank oder nur Auftrag nehmender Dienstleister der MI, sondern es nimmt immer eine eigenständige Rolle im FuE-Prozess ein.

Insgesamt war zu erkennen, dass die Mutterinstitute den Gründern in der Regel keine marktnah entwickelten Prototypen zur Vermarktung überließen. Daran zeigt sich, wie notwendig die Verlängerung des Innovationsprozesses bzw. der TT-Kette durch selbstständige Ausgründungen ist; die Institute sind offensichtlich überwiegend nicht in der Lage oder nicht Willens, diesen letzten Schritt in der Kette zu vollziehen.

Tabelle Z8: Beobachtete Arbeitsteilungsformen zwischen Spin-Off und Mutterorganisation und ihre Häufigkeiten

Typ-Nr.	Form der Arbeitsteilung	Häufigkeiten			Erfolgsbewertung der zugehörigen Fälle* (absol. u. relative Häufigkeit)
		ABL	NBL	alle in %	
1	Forschung und Vorentwicklung in MI (bis Prototyp); Übergabe an Spin-Off, Weiterentwicklung bis zur Marktreife und Vermarktung durch Spin-Off	5	4	45%	2 x ++ (22%) 4 x + (44%) 1 x 0 (11%) 2 x - (22%)
2	Wiederholte FuE-Projekte der MI; Weiter- und Marktreifeentwicklung durch Spin-Off; enge Symbiose, oft wechselseitige Aufträge	1	3	20%	1 x ++ (25%) 3 x + (75%)
3	Alleinige Entwicklung des Produkts/Verfahrens bzw. Erfindung durch späteren Gründer in seiner Tätigkeit bei der MI; MI ist nicht beteiligt, bietet nur Rahmen und Ressourcen		2	10%	1 x 0 (50%) 1 x − (50%)
4	Produkt- o. Verfahrensentwicklung nur beim Spin-Off unter Nutzung allgemeinen Know-hows der MI	2	1	15%	2 x + (66%) 1 x 0 (33%)
5	TT fand nicht statt; Produkt- o. Verfahrensentwicklung nur beim Spin-Off; abgekoppelt von MI, keinerlei Nutzung von Know-how der MI	2		10%	1 x + (50%) 1 x 0 (50%)

* Vgl. die Erfolgsbewertung in Abschnitt 6.1.

Schwerpunktthema Motivation und Humankapital

Tabelle Z9: Beobachtung im Schwerpunktthema Motivation und Humankapital

Phase Aktionsebene	Beobachtungen in der Gründungsphase	Beobachtungen in der weiteren Entwicklungsphase
Gründerperson	NBL + ABL: Häufig Wunsch nach Unabhängigkeit, nur in wenigen Fällen Gründung auf äußeren Druck, alle Gründer hochqualifiziert und i.d.R. fachlich spezialisiert, ebenso ihre Mitarbeiter (MA), nur selten dynamische und risikofreudige Unternehmertypen, aber dennoch sehr selbstbewusst, wenig Selbstkritik, kaufmänn. Kenntnisse werden über Kurse oder autodidaktisch erworben (Bücher, by doing),	NBL + ABL: Regelmäßiger Wissensaustausch mit der MI befruchtet beide Seiten, persönl. Kontakte zur MI erleichtern Rekrutierung von spezifisch qualifiziertem Personal, kaum organisierte Weiterbildung, sondern learning by doing
Unternehmen	NBL + ABL: Die hohe Qualifizierung und Spezialisierung der MA (oft durch die MI geleistet) ist zentraler Erfolgsfaktor, Identifikation der MA mit den Unternehmenszielen häufig ähnlich stark wie die des Gründers, Bereitschaft der MA zu persönl. Opfern (temporärer Lohnverzicht, Überstunden, flexible Arbeitseinsätze) und Unsicherheit zu ertragen	
Branche, Technologie	NBL + ABL: Gründer und MA wollen innovativen Beitrag liefern, ein selbst entwickeltes innovatives Produkt auf den Markt bringen, Unternehmen realisieren z.T. Technologietransfer aus MI in die Wirtschaft, in jedem Fall aber Know-how-Transfer	
Region	NBL + ABL: persönl. und familiäre Bindungen schränken die Mobilität von Gründern und Mitarbeitern ein.	NBL + ABL: Kumulation von Fachwissen, Spin-Offs üben Anziehungskraft auf Studierende und Absolventen aus, Chance der Wissensdiffusion durch Sekundär-Spin-Offs aus Spin-Offs

Aus der unmittelbaren Not geboren war nur eine der Gründungen des Samples; hierbei erfolgte die Gründung aus der Arbeitslosigkeit heraus. Aber auch Unzufriedenheit mit der vorhandenen Arbeitssituation oder als zu eng empfundene persönliche Entwicklungsmöglichkeiten in der MI waren Auslöser von Gründungsentscheidungen. Trotzdem war in diesen Fällen die Gründung nicht die letzte Möglichkeit, eine persönlich als bedrohlich empfundene berufliche Situation abzuwenden; es gab i.d.R. Alternativen für die Gründer. Der Schritt in die Selbstständigkeit erfolgte in diesen sowie in den anderen Fällen vor allem wegen der Aussicht auf die Möglichkeiten, eine konkrete Technologie oder eine Entwicklungsidee auf dem Markt "unter Beweis" zu stellen. Dies ist der gemeinsame Nenner aller Gründer. Sie definieren sich selbst zuallererst als Ingenieure und Forscher, ihr Interesse gilt einer spezifischen Technologie und ein wesentliches Motiv zur Gründung speist sich aus der Überzeugung, dass ihre Entwicklungen sinnvoll sind, dass sie gebraucht und nachgefragt werden. Es war oft zu beobachten, dass der Glaube an die Technologie ein gewisses Maß an notwendiger Vorsicht, Zweifel und Kritik am Gründungsvorhaben suspendiert und dazu führte, dass z.B. Interessenbekundungen einzelner Kooperationspartner während der Entwicklungsphase gern als generelle Bestätigung des Marktes interpretiert wurden. In solchen Situationen sind positiv verstärkende und ermutigende Signale zwar besonders wichtig, wichtig ist aber auch, die Signale auf ihre Validität und ihre Generalisierbarkeit zu überprüfen. Die manchmal vorschnellen Einschätzungen zur Markt- und Wettbewerbsfähigkeit von Entwicklungen waren nicht selten die Ursache dafür, dass nach der Gründung ursprünglich gesteckte Geschäftsziele nicht erreicht werden konnten und korrigiert werden mussten. Wenn Entwicklungen im Institut soweit voran getrieben waren, dass z.B. Kooperationspartner von Instituten oder andere Interessenten ein Produkt nachfragten und die Mutterorganisation an die Grenzen ihrer Kapazitäten stießen, ergriffen viele Forscher unseres Samples die Chance zur Gründung.

Es fanden sich aber auch Fälle, in denen eher "nur" **allgemeines oder spezifisches wissenschaftliches Know-how** die Grundlage für die Gründung war und nicht eine konkrete Technologie- oder Produktentwicklung (auffallend häufig in Westdeutschland). Solche Bedingungen fordern von den Gründern auch sehr viel größere Risikobereitschaft und Unternehmergeist, weil sie i.d.R. von der Ideenfindung bis zum Markteintritt alle Schritte weit gehend selbst verantworten müssen und die Mutterorganisation bestenfalls beratend zur Seite stehen kann.

Nicht selten kommt Instituts- oder Abteilungsleitern eine zentrale Rolle als Impulsgeber zu: Sie sprachen einzelne Mitarbeiter gezielt an oder warben bei Personen, die ihnen aus anderen Forschungszusammenhängen bekannt waren, um ihr Engagement für ein Gründungsprojekt. Insbesondere an den Technischen Universitäten spielen unternehmens- und marktorientierte Institutsleiter, oft auch Stiftungsprofessoren, eine wichtige Rolle als "Anstifter". Die überwiegende Zahl der Universitätsausgründungen kommen zustande, weil mehrere Bedingungen zusammen treffen: Es liegen mehr oder weniger konkrete Entwicklungslinien oder Produktideen vor, von denen die Wissenschaftler überzeugt sind. Zum anderen legen ihre befristeten Arbeitsverträge ohnehin die Suche nach Alternativen zur Arbeit an der Universität nahe und drittens schließlich lässt der Rückhalt der Mutterorganisation, ihre Glaubwürdigkeit bei Kooperationspartnern und ihre fachliche und materielle Unterstützung während der Gründung das Unternehmerrisiko auf ein akzeptables Maß sinken. Der unmittelbare Kontakt zur Mutterorganisation reduziert zudem nicht nur den Aufwand an investiven Vorleistungen für das Spin-Off, sondern ermöglicht auch einen andauernden und nachhaltigen Transfer sowohl von Wissen als auch von spezialisiert qualifizierten Mitarbeitern aus der Mutterorganisation in das Spin-Off. Daraus wird deutlich, wie wichtig die Öffnung der Universitäten (und der Forschungsorganisationen allgemein) für den Wissens- und Technologietransfer in die Wirtschaft sind: Der Schritt in die Selbstständigkeit fällt umso leichter, je glaubwürdiger und belastbarer die Kontakte zu Unternehmen und Kooperationspartnern sind.

Auffallend ist das oft beobachtete Bedürfnis der Gründer, ihre Gründung möglichst **risikoarm abzusichern** und sich die Möglichkeit zur Rückkehr in den sicheren "Schoß" der Mutterorganisation offen zu halten. Dieses Verhalten der Gründer (auffallend oft in Ostdeutschland und nur in geringerem Umfang im Westen zu beobachten) macht ein Gründungsvorhaben ehr zu einem Experiment, das man im Falle des Scheiterns einfach abbrechen kann.

Die **Qualifikationen der Mitarbeiter** der Ausgründungsunternehmen sind z.T. ähnlich gut wie die der Gründer selbst und sie bringen vergleichbare Interessen und ein daran geknüpftes Commitment für das Unternehmen ein. Daraus erwächst eine Loyalität, die weit über die vertraglich vereinbarten Pflichten für das Unternehmen hinaus geht. Die Metapher, nach der im Kleinbetrieb "alle an einem Strang ziehen", wird von vielen Mitarbeitern geteilt: Der Betrieb wird als eine Interessengemeinschaft und als gemeinsames Projekt interpretiert, in dem die strukturellen Ungleichheiten zwischen Unternehmer und Mitarbeiter nachrangig erscheinen (Loyalitätsbereitschaft als Flexibilitätspuffer).

In allen untersuchten Gründungsfällen wurden das **allgemeine Fachwissen und die Erfahrungen** der Gründer aus der Forschungstätigkeit im Mutterinstitut in das eigene Unternehmen eingebracht. Darüber hinaus haben die Gründer im Institut i.d.R. Kompetenzen in Projektmanagement und, wenn sie leitende Positionen inne hatten, auch in Personalführung erworben. In mehreren Fällen wurde jedoch das Fehlen **betriebswirtschaftlicher Kenntnisse** im Gründer- oder Managementteam eingestanden und darüber geklagt, dass einbezogene Unternehmensberater wenig hilfreich waren, sondern vielmehr nur "das schnelle Geld im Auge hatten". Im Allgemeinen profitierten die Gründer aus den Erfahrungen früherer Ausgründungen am Institut, vorausgesetzt, es herrschte dort ein Klima des offenen Umgangs mit dem Gründungsthema.

Erfolgsfaktoren und hemmende Faktoren

Abgeleitete Erfolgsmaße und Erfolgsbewertung der Fallbeispiele

Die folgende Übersicht diskutiert, zunächst völlig unabhängig von unseren empirischen Befunden, die in der Betriebswirtschaft bzw. in der unternehmerischen Praxis gängige Erfolgsmaße unter dem Gesichtspunkt ihrer Eignung in der Praxis der Wirtschafts- oder Förderpolitik.

Zusammenfassung

Tabelle Z10: Betriebswirtschaftliche vs. wirtschaftspolitische Erfolgsindikatoren

Indikator	Eignung als betriebswirtschaftliches Erfolgsmaß	Eignung als wirtschaft- u. förderpolitisches Erfolgsmaß
Überlebensdauer	Ja, sofern über 5 Jahre liegend	Ja, sofern über 5 Jahre liegend
Gewinnhöhe und Gewinnwachstum	im Prinzip ja, das klassische Erfolgsmaß schlechthin, aber wegen der vielen Varianten, Zuordnungs- und Verschleierungsmöglichkeiten wenig zuverlässig	im Prinzip ja, aber wegen der vielen Varianten, Zuordnungs- und Verschleierungsmöglichkeiten wenig zuverlässig
Zeitraum bis Break Even	nur bedingt, da abhängig v. Technologie u. Branche	nur bedingt, da abhängig v. Technologie u. Branche
Beschäftigungswachstum	nein, da keine unternehmerische Zielkategorie	ja, aber nur bei Wachstum aus Cash-Flow
Umsatzwachstum	ja, möglichst im Vergleich innerhalb der Branche	ja, bei Wachstum aus Cash-Flow, sonst bedürfte es genauer Analysen
Marktanteil	nur bedingt beim Vergleich innerhalb des Marktsegments	bedingt, wenn Größe des Gesamtmarkts berücksichtigt wird
Eigenkapitalquote	ja, wenn kombiniert mit anderem Indikator wie Umsatz, Beschäftigung	bedingt, da es Kenntnis der Finanzierungsstruktur (Bilanzen) voraussetzt
Umsatzproduktivität	ja, wenn Benchmarks vorliegen	bedingt, wenn Benchmarks und robuste Zahlen verfügbar
Arbeitsproduktivität	ja	bedingt, da es Kenntnis robuster Zahlen voraussetzt
Cash-Flow; Cash-Flow-Wachstum	ja	ja, aber Externen stehen die Zahlen kaum zur Verfügung
Shareholder Value	ja, wenn Jahresabschlüsse vorliegen	nein, da schwierig zu berechnen und Zahlen nur Insidern vorliegen
Eigenkapitalrendite, RoI, IRR	ja	nein, da rein finanztechnischer Indikator

Das Untersuchungsteam entschied sich, die folgenden sechs, zum Teil kombinierten Indikatoren, zu verwenden, um Ausgründungsunternehmen im Hinblick auf ihren Erfolg zu bewerten:

Angewandte Erfolgskriterien:

- Stabiler oder wachsender positiver Cash-Flow oder Gewinn über die letzten 3 Jahre,
- Überlebensdauer über 5 Jahre,
- gleichzeitiges Job- und Umsatzwachstum über die letzten 3 Jahre,
- hoher Marktanteil bei gleichzeitig großem Marktpotenzial,
- stabile Entwicklung bei positivem Trend über die letzten 3 Jahre,
- krisenerprobte Entwicklung bei zuletzt positivem Trend.

Das Untersuchungsteam vergab für jedes Fallstudienunternehmen auf Grund der vorhandenen Kenntnisse über das Unternehmen und den Eindrücken aus den Gesprächen anhand der obigen sechs Kriterien qualitative Noten auf einer 4-stufigen Skala (von ++, +, 0 und -) und bildete daraus eine Gesamtbewertung nach derselben Skala. So ergab sich folgendes Ergebnis der Gesamtbewertungen des Unternehmenserfolges der 20 Fallstudien-Unternehmen.

Tabelle Z11:   Erfolgsbeurteilung der Fallstudien-Unternehmen

schon heute als erfolgreich zu bezeichnende Unternehmen (Note ++)	3
Erfolg versprechendes oder auf viel versprechendem Pfad befindliches Unternehmen (Note +)	10
Erfolg muss sich noch bestätigen, Unternehmen noch nicht erfolgreich, Situation ist noch sehr labil (Note 0)	4
Unternehmen ist schon heute als nicht erfolgreich zu erkennen (Note -)	3

Kritische Erfolgsfaktoren

Für die Gründungs- und Entwicklungsphasen wurden für die einzelnen Schwerpunktgebiete kritisch genannte Erfolgsfaktoren zusammengestellt. Grundlage dafür war eine aus der Literatur gewonnene Hypothesenliste und ein daraus erarbeiteter konsolidierte Erfolgsfaktorenkatalog. Daraus wurde die folgende Liste so genannter "kritischer Erfolgsfaktoren" abgeleitet, die von Gründern im Gründungsprozess oder von der Wirtschaftsförderung aktiv beeinflusst werden können:

Tabelle Z12:   Katalog der kritischen Erfolgsfaktoren

Kategorie	Faktorkategorie/Einflussfaktor	Priorität[32]	relevant in Gründungsphase	relevant in Entwicklungsphase
Finanzierung	Ausreichende Finanzierung, um organisch zu wachsen; Überfinanzierung vermeiden	P1	+	+
	möglichst früh Cash-Flow erzielen, daraus Investitionen finanzieren	P1	+	+
	Mischfinanzierung: Systematische Suche nach allen geeigneten Finanzquellen (Fördermittel, Fremd- und Eigenkapital, Auftragserlöse) und deren Nutzung	P2	+	+
	Kapitalgeber mit Geduld und Durchhaltewille suchen; Sorgfalt und Vorsicht bei der Auswahl	P3	+	+

---

[32] Diese Prioritäten sind als Vorschläge des Untersuchungsteams für steuernde Maßnahmen zu verstehen, wie sie sich aus der subjektiven Gesamtsicht der empirischen Befunde ergeben. Die Prioritäten müssten in späteren Untersuchungen methodisch zuverlässig verifiziert werden.

Zusammenfassung

Kategorie	Faktorkategorie/Einflussfaktor	Priorität	relevant in Gründungsphase	relevant in Entwicklungsphase
Produkteigenschaften, Markt, Strategien	Unbedingt Alleinstellung des Produkts suchen (Spezifität, Einmaligkeit, Patent, Exklusivlizenz, Produktqualität …)	P1	+	+
	Früh Unternehmensziele definieren, eine durchdachte Unternehmensstrategie entwickeln und dokumentieren (Strategien zur Finanzierung, zu Marketing und Vertrieb, zu Personalpolitik, zu Produkt- und Preispolitik etc.)	P1	+	+
	keine Gründung ohne gründliche Markterkundung und -analyse, eigene Marktchancen selbstkritisch studieren, nicht zu kleine Marktnischen wählen, von der Nachfrage großer Unternehmen und Lead Customers nicht auf generelle Marktchancen schließen	P1	+	+
	Kapital sparende Strategien, organisches, stetiges Wachstum anstreben, bei vorsichtiger und flexibler Personalpolitik	P2	+	+
	wiederholte Anpassung v. Geschäftsmodell u. Strategien an Marktbedingungen, Mut zur Strategierevision, Neuaufstellung oder turn around haben	P3	0	+
Rolle der Mutterorganisation, Unterstützungspolitik, Beratung	Robuste, möglichst umsetzungsnahe FuE-Ergebnisse des Mutterinstituts sollten Basis des Gründungsprodukts sein	P1	+	+
	Mutterinstitut bereitet Markt faktisch vor; besitzt entweder systematisch analysierte, oder zumindest rudimentäre oder intuitive Marktkenntnisse	P1	+	0
	Industriekontakte des Mutterinstituts sollten dem Gründer zur Nutzung angeboten werden (evt. Coaching bei Kontaktvermittlung)	P1	+	0
	Einvernehmen mit Mutterinstitut bezüglich künftiger Arbeitsteilung, Wettbewerbsverhalten, Personalrekrutierung, Verwertungsrechte herstellen	P2	+	+
	Vernünftige, klar abgegrenzte Kooperation, Wissens- und Personalaustausch mit Mutterinstitut vereinbaren und praktizieren, solange es beiden Seiten nutzt	P2	+	+
	Systematische und positiv annotierte Behandlung des Gründungsthemas bzw. systematische Gründungsförderung (z.B. durch Stiftungslehrstühle an Universitäten)	P2	+	0
	Gründungsfreundliches Klima am Institut (z.B. durch Begeisterungsfähigkeit, Initiativkraft und Engagement des Institutsleiters/Lehrstuhlinhabers)	P2	+	0
	(Potenziellen) Gründern relevante und qualifizierte externe Beratung, Coaching oder Schulung anbieten	P3	+	0
	Befristete materielle Unterstützung durch MI (Räume, Geräte, bezahlte Stellen, Bereitstellung von Personal …)	P3	+	0

Kategorie	Faktorkategorie/Einflussfaktor	Priorität	relevant in	
			Gründungsphase	Entwicklungsphase
Sozialkapital, Netzwerke, Umfeld, Standort	Standort in kreativem, unternehmerisch dynamischem o. innovativem Umfeld suchen, anfangs in räumlicher Nähe zum Mutterinstitut	P1	+	+
	Gründer sollten ihr mikrosoziales (persönliches) Netzwerk ausbauen und offensiv nutzen	P2	+	+
	Gründer sollte frühzeitig ein Netzwerk von Kontakten zu Kapitalgebern und Wirtschaftsförderern aufbauen und auch nutzen	P2	+	+
	Vorhandensein u. Nutzung eines lokalen/regionalen Netzwerks aktiver und engagierter Unterstützer und Berater	P3	+	+
Humankapital und Motivationsstrukturen	Teamgründung anstreben, dabei auf "richtige" Team- und Gesellschafterstruktur achten ("Chemie muss auf Dauer stimmen"); Teamgröße auf max. 5 beschränken, auf kaufmännische Qualifikationen im Team achten, die über Autodidaktik und Schnellkurse hinaus gehen	P1	+	0
	Leichter Zugang zu spezifisch qualifizierten Fachkräften, möglichst aus ähnlichen professionellen Milieus; räumliche Nähe zum Institut als Personalressource	P1	+	+
	Persönliches Commitment: damit dies deutlich wird, sollten mindestens zwei Gründer im Unternehmen hauptamtlich mitwirken ("echte" Teamgründung)	P1	+	+
	Risikobereitschaft, Leistungsmotivation, Durchsetzungswille, unternehmerisches Profil der Gründer, überzeugt sein von den Chancen der Gründungsidee (durch entsprechende Tests auf ausreichendes Commitment im Vorfeld prüfen)	P2	+	+
	Mindestens ein Gründer sollte vorherige, einschlägige, zeitnahe Branchenkenntnis aufweisen; Gründung durch Markt-Newcomer unbedingt vermeiden	P2	+	0
	Mitarbeiter motivieren und begeistern	P3	+	+

Hemmende Faktoren

Angesichts der Tatsache, dass fast jedes der 20 Unternehmen im Sample, wie fast jedes junges Unternehmen, Schwierigkeiten und Krisen durchleben bzw. überstehen musste, wurden auch hemmende, u.U. Krisen auslösende Einflussfaktoren festgestellt wurden. Sie werden in der folgenden Tabelle zusammenfassend aufgeführt.

Zusammenfassung

Tabelle Z13: Hemmende Faktoren in der gesamten Unternehmensentwicklung (nach Häufigkeit der Beobachtung sortiert)

Hemmende Faktoren	Häufigkeit
fehlende oder ungenügende kaufmännische Kenntnisse der Gründer	11
ungenügendes Eigenkapitalvolumen bzw. Verschlechterung der EK-Quote[33]	9
ungeeignetes Geschäftskonzept oder Falscheinschätzung der Marktentwicklung	9
fehlende o. falsche Vertriebs- und Marketingstrategien, falsche Personalpolitik im Vertrieb oder ungeeignetes Vertriebspersonal	7
fehlende oder unklare Unternehmensziele, unzureichende Unternehmensplanung	6
Zerwürfnisse unter den Mitgründern oder Gesellschaftern oder mit sonstigen Kapitalgebern	6
falsche Einschätzung des Finanzbedarfs	6
Nachentwicklungsbedarf für d. innovative Produkt oder d. innovativen Prozess, Gründungsidee war (doch noch) nicht marktreif	5
fehlende oder falsche Beratung durch das Unterstützungsnetzwerk (inkl. Mutterorganisation, Kammern und Verbänden)	5
fehlende Einbindung im lokalen/regionalen Netzwerk	5
hemmende Bürokratie bei Behörden	5
ablehnendes o. bürokratisches Verhalten der Banken	4
Nichtinanspruchnahme der verfügbaren Finanzquellen (Förderung, VC, Kredite)	3
ungeeignete Lizenzpolitik der Mutterorganisation	3
Insolvenz eines Industriepartners/Industriekunden	3
Einbruch des gesamten Marktes, Branchenkrise	3

Förderpolitische Empfehlungen

Verbesserte strategische Unternehmensplanung und kaufmännische Qualifizierung der Gründer

Vielen akademischen Ausgründungen fehlt von Beginn an eine kaufmännisch durchdachte Unternehmensstrategie, oft fehlen sogar klar definierte Unternehmensziele. Bemerkenswert ist die häufige Nicht-Kenntnis der Situation auf den Zielmärkten. Elementare Schlüsselinformationen wie Marktpotenzial, Wettbewerbssituation, Konkurrenzprodukte, eigener Marktanteil etc. sind den Unternehmen oft nicht bekannt oder werden falsch eingeschätzt, man "wurstelt sich durch", fixiert auf und fasziniert von der eigenen technischen Innovation. Eigentlich ist die Kenntnis dieser Schlüsselinformationen eine zentrale Anforderung an einen Businessplan, der auch einem Förderer vorlie-

---

[33] Vgl. Fußnote 133.

gen sollte. Eine Gründung sollte keine Fördermittel erhalten, wenn der Businessplan qualitativ und quantitativ nicht den Minimalstandard an Unternehmensplanung erfüllt. Dies zu beurteilen setzt allerdings entsprechende Qualifikation und Erfahrung bei der Förderadministration voraus und ein internes oder externes, gut organisiertes System zur Prüfung von Businessplänen. Hierfür kann auch ein **externes Gutachtersystem** sinnvoll eingesetzt werden, das den inhaltlichen Teil von Vorhabenprüfungen oder "due diligences" übernimmt, nämlich Technik- und Marktgutachten oder -analysen. Darüber hinaus ist es von außerordentlichem Nutzen, wenn der Entscheider in der Förderadministration oder der Gutachter den Gründer und sein Geschäftslokal persönlich in Augenschein nehmen kann.

Unternehmenskonzepte und Einzelstrategien müssen entwickelt und der aktuellen Situation ständig angepasst werden. Dies verlangt für unerfahrene Gründer oft ein **Coaching** durch erfahrene Beraterprofis. Das Problem dürfte im Finden der passenden und qualifizierten Berater liegen; das ist eine Kommunikations- und Vermittlungsaufgabe. Angesichts der unüberschaubaren Menge von Fach- und Unternehmensberatern kann hier keine Empfehlung für eine geeignete Vermittlungsdienstleistung gegeben werden; es hilft nur der Appell an die Gründer, ein persönliches, **vertrauensbasiertes Kontaktnetz** (Sozialkapital) aufzubauen, aus dem heraus sie verlässliche Hinweise auf geeignete oder gar bewährte Berater erhalten.

Jene der Gründer, die **Qualifizierungsangebote** ihrer Mutterorganisationen (z.B. im Rahmen von EXIST) oder der öffentlichen Hand genutzt hatten, äußerten sich über diese Schulungen überwiegend sehr positiv. In der Rückschau auf unsere Fallstudien muss man sogar sagen, dass solche Qualifikationsangebote von entscheidender Bedeutung auf die Entwicklung der Unternehmen sein können und sie eigentlich intensiviert werden müssten. Es ist auch zu überlegen, ob sie – bei geförderten Gründungen – nicht sogar verpflichtend gemacht werden sollten. Hierbei ist allerdings auf eine sorgfältige Auswahl der Schulenden und der Inhalte zu achten; dieser Markt ist unübersichtlich, hart umworben und es fehlt eine effiziente Qualitätskontrolle. Möglicherweise bietet hier ein **Zertifizierungsmodell** Abhilfe, das für eine Qualitätsauswahl von Schulungseinrichtungen bzw. Beratern sorgt. Es ist darüber hinaus auch die Option näher zu betrachten, den Wissenschaftler und potenziellen Gründer nicht als Geschäftsführer des neuen Unternehmens, sondern möglicherweise "nur" als FuE-Leiter oder Technische Leiter ("CTO") einzusetzen.[34] . Dieses Modell ist der deutschen Tradition akademischer Spin-Out-Prozesse allerdings eher fremd; Wissenschaftler sehen das Ausgründungsprojekt als "ihr Kind" an, an dem sie den größtmöglichen Einfluss

---

[34] Dieses Modell wird u.a in Japan, UK und den USA praktiziert.

haben wollen. Dennoch sollten deutsche akademische Gründer künftig für diese Option sensibilisiert werden.

Einflussnahme auf die Produktqualität und die Alleinstellungspositionen

Sorgfältige Analysen, Gutachten und Schulungen und gute Unternehmensberatung sollten eigentlich verhindern, dass Gründungen mit ungeeigneten Unternehmenskonzepten geschehen. Wegen der erwähnten bestehenden Defizite ist aber genau dies nicht immer zu vermeiden. Der Förderer kann aber auf Unternehmenskonzepte und Produkteigenschaften schon heute indirekt Einfluss nehmen, indem er Förderanträge auch inhaltlich prüft bzw. sie über neutrale Juroren begutachten lässt. So kann über diesen Auswahlprozess die **Qualität der Unternehmens- und Produktkonzepte** indirekt beeinflusst werden. Zweifel an der Belastbarkeit von Förderentscheidungen sind allerdings angebracht, wenn Förderadministratoren selbst nur nach Aktenlage entscheiden. Hier wäre es hilfreich, die Qualifikation dieser Personen zu verbessern und – wenn keine Expertenjury eingesetzt wird – bei Förderprogrammen kleiner Fallzahlen grundsätzlich **externe Gutachten** einzuholen und die Kosten für die oft aufwändigen Gutachten teilweise zu subventionieren (eventuell auch mit Hilfe des oben erwähnten Gutachtersystems).

Es bestätigte sich auch in dieser Untersuchung wieder die bedeutende Rolle der **gewerblichen Schutzrechte** (IPR) zur Gewinnung einer Alleinstellungsposition. Die in den Fallstudien von den Mutterorganisationen (MO) praktizierte Patent- und Lizenzpolitik erschien allerdings in vielen Fällen wenig zielführend, bürokratisch und starr. Oftmals hätten flexiblere, fantasievollere und schnellere vertragliche Lösungen unnötige Frustrationen und Vertrauensverluste beider Seiten (Gründer und MO) verhindert. Hier zeigt sich Verbesserungsbedarf bei der Schutzrechtsberatung, insbesondere in akademischen Mutterorganisationen oder ihren Instituten, die nicht über die entsprechenden Fachleute verfügen.

Ansatzpunkte bei Ausgründungspolitik der Mutterorganisationen

Es konnte gezeigt werden, dass die Bandbreite der Unterstützung, die die wissenschaftlichen Mutterorganisationen faktisch erbringen, quantitativ und qualitativ sehr groß ist. Für die vorgeschlagenen vier Strategiemuster der Gründungsunterstützung durch die Mutterorganisationen sind die Möglichkeiten einer **stärkeren Verzahnung von Wissenschaft und Wirtschaft** zu prüfen. Eine Lösung, die auf alle gleichermaßen anwendbar wäre, erscheint vor dem Hintergrund spezifischer Stärken, Präferenzen und Ausbaupotenziale aber nicht sinnvoll. Die Stärken des Musters 2 liegen in der "**Anstiftung**", der frühzeitigen Sensibilisierung für das Gründungsthema und der Orientierung auf anwendungsorientierte und marktnahe Themen in der Forschung und Lehre. Vor diesem Hintergrund ergeben sich auch spezifisch andere Ansatzpunkte für den gezielten Ausbau der Gründungsförderung. Bei den Strategiemustern 3 (Unterstützung bei der Qualifizierung und Organisation des Wissenstransfers) und 4 (Maximale Unterstützung und hohe Selektivität), die eher bei außeruniversitären Einrichtungen zu finden sind, liegt der Vorteil im Wesentlichen in der hohen **Spezifität und Selektivität**. Weil die Institute aus dieser Gruppe schon seit Jahren in den jeweiligen Forschungsmärkten tätig sind, können sie die Märkte für die Spin-Offs gewissermaßen präparieren, so wie sie auch die Gründer fachlich gezielter auf ihre unternehmerischen Aufgaben vorbereiten können. Hier können hochspezialisierte, fachlich exzellente Unternehmenseinheiten geschaffen werden, die ab Start schon einen Spitzenplatz einnehmen und einen hohen Marktanteil erringen können.

Je besser dies aber gelingt, desto eher sind die Gründer befähigt, sich vom Mutterinstitut zu **emanzipieren**. Dies wird um so eher geschehen, je mehr das Institut an einem klassischen, vorwettbewerblichen Wissenschaftsbetrieb festhält, was in der Industrie i.d.R. nicht gut ankommt. Spin-Offs solcher Institute bemühten sich darum, sich hinsichtlich Arbeitsstil und Organisation deutlich vom Institut abzugrenzen, sogar physisch aus seinem Dunstkreis abzusetzen. Dem wäre dadurch abzuhelfen, indem die Forschungseinrichtungen und Universitäten zumindest an ihren Schnittstellen zum Markt eine der industriellen Wirklichkeit ähnlichere Arbeits- und Kommunikationsweise, Sprache und Organisation entwickelten und damit die nach wie vor bestehende Kluft und das gegenseitige Missverstehen zwischen Wissenschafts- und Wirtschaft verringerten. Ob und wie schnell sich ein Spin-Off von seiner Mutterorganisation ablöst, ist jedoch keineswegs als eine Erfolgsbedingung zu begreifen. Unsere Fallstudien zeigen, dass sowohl eine schnelle Ablösung, als auch eine anhaltend enge Kooperation mit der Mutterorganisation Erfolgsbeispiele sein können.

Ansatzpunkte bei der Finanzierung

Die empirischen Befunde haben einen signifikanten Unterschied bei der Finanzierung von Gründungen zwischen ost- und westdeutschen Spin-Offs gezeigt. Westdeutsche Gründer akquirieren öfter und mehr privates Kapital für ihre Unternehmen als ostdeutsche Gründer, die nahezu ganz auf Cash-Flow und öffentliche Förderung vertrauen. Die private Finanzierungslücke bei ostdeutschen Spin-Offs ist aber nicht nur auf eine ausgeprägte Skepsis auf Seiten der Gründer gegenüber Beteiligungskapital bzw. auf Seiten der privaten VC-Geber gegenüber staatlicher Unternehmensförderung zurückzuführen. Gründer haben auch ganz objektive Probleme bei der Akquise von privatem Kapital, weil der Markt im Augenblick sehr vorsichtig agiert. Eine Unterstützung von

Spin-Offs durch öffentliche finanzielle Förderung während der Pre-Seed, Seed-, Gründungs- und Aufbauphase erscheint daher als notwendige subsidiäre Konsequenz.

Die öffentliche Förderung sollte aber von einem für das Unternehmen sinnvollen **Finanzierungsmix** abhängig gemacht werden, der sich aus verschiedenen Quellen zusammensetzt ("heilsamen Druck" ausüben). Auf diese Weise sollte versucht werden zu verhindern, dass sich die Unternehmen nur mit öffentlicher Finanzierung zufrieden geben; vielmehr sind sie anzuspornen, auch andere Quellen zu erschließen. Öffentliche Finanzierung sollte vorhandene Potenziale stärken, anstatt Finanzierungslücken komplett zu kompensieren. Der Staat (als Förderer) kann über Förderbedingungen steuern, dass in jeder Unternehmensphase ein Mix aus Fördermitteln, Eigen- und Fremdkapitalfinanzierung sowie Cash-Flow zustande kommt. Unsere Fallstudien zeigen häufig und ganz klar, dass sich die Gründer bei Vorliegen einer aus ihrer Sicht "ausreichenden" Gesamtfinanzierung glaubten, keine weiteren Kapitalquellen mehr erschließen zu müssen. Dadurch bleibt das volle Wachstumspotenzial der Gründungsunternehmen oft unausgeschöpft.

Strikt renditeorientierte private VC-Geber (auch Business Angels) begrüßen es nicht immer, wenn junge Unternehmen ihren Unternehmensaufbau überwiegend mit Fördermitteln finanzieren wollen oder finanziert haben (das gilt insbesondere für FuE-Projektförderung). Sie befürchten dadurch eine zu wenig effiziente, marktorientierte Organisation und Ausrichtung des Unternehmens, Verzögerungen im "time-to-market", mangelndes Kostenbewusstsein oder – im Falle von Projektförderung – eine zu starke Akademisierung der Innovationsaktivitäten. In Konsequenz heißt dies, dass sich bestimmte Formen staatlicher Förderung und Finanzierung durch privates Beteiligungskapital behindern können, was durchaus auch zu einer negativen Selektion am Kapitalmarkt führen kann: Geförderte Unternehmen gelten manchmal als wenig attraktiv.

Banken halten sich seit einigen Jahren bei der **Kreditfinanzierung** von technologieorientierten Unternehmensgründungen zurück. Damit entfällt derzeit fast gänzlich eine Jahrzehnte lang in Deutschland wichtige private Finanzierungsquelle für neue Unternehmen. Gründe hierfür sind u.a. die hohen Kosten zur Prüfung der Vorhaben und zur Betreuung junger Portfoliounternehmen ("due diligence") und die hohen technischen und Marktrisiken, bei gleichzeitig nicht adäquater Renditeerwartung aus dem Investment (ROI). Die Kosten der Prüfung der Vorhaben und die Risiken ließen sich deutlich reduzieren mit einem gut organisierten System zur Erstellung oder Besorgung preisgünstiger **Technik- und/oder Marktgutachten**. Solche gutachterlichen Ergebnisse könnten in den Rating-Systemen der Banken und Rating-Gesellschaften berücksichtigt werden und das Rating eines Unternehmens positiv beeinflussen, so dass die **Kreditbepreisung** für die Unternehmen günstiger ausfallen kann.

Finanzierungsvolumen und Wachstum

Dass eine "ausreichende" Finanzierung in allen Unternehmensphasen erfolgsnotwendig ist, steht nicht in Frage, wohl aber das "richtige" Finanzierungsvolumen. Knappe Finanzierung ist jedoch in unseren Fallstudien eher ein Ergebnis (manchmal falscher) unternehmerischer Bescheidenheit oder kaufmännischer Defizite, denn mangelnder Attraktivität des Businesskonzepts. Knappe Finanzierung behindert zwar klar ein schnelles Wachstum, zwingt das Management aber zu **kaufmännisch vorsichtigen Strategien** und zu **effizientem Ressourceneinsatz**. Das kann durchaus ein Element für eine stetige und nachhaltige Unternehmensentwicklung sein, d.h. dadurch können stabile unternehmerische Einheiten entstehen. Schnell wachsende Unternehmen, möglicherweise die so sehnlichst erwünschten "High-Flyer", "Stars" oder "Gazellen" brauchen eine üppige Finanzierung, die, über das Notwendige für solides Wachstum hinaus, auch noch eine Risikoreserve beinhaltet. Ob das Unternehmen nun schnell oder langsam wachsen soll, ist eine Frage der gewählten Unternehmensziele und Unternehmensstrategien, der Potenziale des Unternehmen sowie des Marktes und sollte nicht die Konsequenz eines bestimmten Finanzierungsangebots sein. Der Staat (als Förderer) kann in verschiedener Weise auf das Finanzierungsvolumen und damit indirekt auf die Wachstumsstrategie Einfluss nehmen.

Besonders bei den westdeutschen Fallstudien wurden überraschend viele Privatinvestoren und VC-Gesellschaften als Kapitalgeber angetroffen; auch strategische Investoren ("corporate venturing" größerer Unternehmen, die aus eigenen Mitteln in kleinere Unternehmen investieren). In den meisten Fällen verhielten diese sich auch aus der Sicht der Gründer fair und geduldig und suchten durchaus nicht den schnellen Ausstieg, wenn sich Schwierigkeiten abzeichneten. Andererseits geraten unerfahrene Unternehmer dennoch leicht in die "Fänge" wenig seriöser oder einfach von ihrem Zielsystem her unpassender Investoren. Dann können desaströse Konstellationen entstehen. Hier wäre mehr Transparenz im Beteiligungsmarkt geeignet, Informationen über gute und schlecht verlaufende Investment-Partnerschaften und ihre Gründe zu verbreiten. Die heute noch vorherrschende Geheimnistuerei, z.T. verbrämt mit dem wenig zeitgemäßen Bankgeheimnis, ist in dieser Hinsicht nicht hilfreich.

Wissenschaftler als dynamische Entrepreneure?

Es stellt sich nach der vorliegenden Untersuchung aber die Frage, ob das populäre Wunschbild eines dynamischen, risikobereiten, weltweit unternehmerisch agierenden und mobilen Entrepreneurs je der Wirklichkeit entsprochen hat und ob dieser Typ des Entrepreneurs überhaupt der Mentalität deutscher Wissenschaftler entspricht. Das Untersuchungsteam stellt daher die These auf, dass die politischen Erwartungen an den wissenschaftlichen Unternehmensgründer (und auch an andere Gründertypen) realistischer formuliert werden sollten und die Förderpolitik ihren tatsächlichen Bedürfnissen angepasst werden sollte.

"Gazelle" oder "Schildkröte"? Welche Dynamik wollen wir?

Es wird in diesem Bericht mehrfach auf die wenig hilfreiche Dichotomie zwischen den rasant wachsenden High-Flyern oder Gazellen (als dem Wunschbild und Idealtypus des Struktur bildenden innovativen neuen Unternehmens) und den herablassend mit "lifestyle companies" disqualifizierten, langsam dem Ziel zustrebenden, stetig wachsenden Start-Ups (von uns "Schildkröten" genannt) hingewiesen, von der sich verabschiedet werden sollte. "Schildkröten" schaffen langlebige und stabile Einheiten und letzten Endes in der Summe auch nennenswerte Beschäftigung und Wertschöpfung, wobei sie kapitalarm wachsen und private und staatliche Ressourcen schonen, während Erstere zu einem hohen Prozentsatz wenige Jahre nach einem dynamischen Wachstum, in dem sie sehr viel privates und öffentliches Geld "verbrannt" haben, wieder vom Markt verschwinden. Sie hinterlassen bei Mitarbeitern, Kapitalgebern, Banken, Gewerkschaften und Politikern einen fatalen Vertrauensschaden. Es ist daher offensichtlich ein strategisches, wie auch ein rechnerisches Abwägen darüber notwendig, welches Verhältnis und welchen Grad von struktureller Dynamik die deutsche Wirtschaft braucht und wollen sollte.

1 Einführung

1.1 Ziele und Aufgabenstellung des Projektes

Akademische Spin-Offs werden für die Zwecke dieser Arbeit zusammenfassend charakterisiert als unmittelbar aus dem Hochschul- oder Forschungsbereich erfolgte wissensbasierte Gründungen neuer Unternehmen durch akademische Mitarbeiter dieser Einrichtungen.[35] Sie beschreiben selbstständig-originäre Gründungen, deren innovativer Charakter das Ergebnis des Transfers von Personen und Know-how aus dem wissenschaftlichen Umfeld ist.[36] Akademische Spin-Offs sind eine Untermenge aller Existenzgründungen und verdienen besondere Aufmerksamkeit, weil sie i.d.R. wissens- oder gar wissenschaftsbasiert[37] sind und von ihnen erwartet wird, dass sie zukunftsträchtige Wirtschaftszweige stärken, schneller wachsen als "normale" Gründungen und daher stärker als diese zum wirtschaftlichen Strukturwandel in Regionen und ganzen Volkswirtschaften beitragen (können).

Im Rahmen dieses Projektes ging es darum aufzuzeigen, inwieweit

- akademische Spin-Offs im betriebswirtschaftlichen Sinne erfolgreich sind,
- welche Faktoren zum Erfolg beitragen und
- welche künftigen Fördermaßnahmen einen Beitrag zum Erfolg von akademischen Ausgründungen leisten können.

Ein zentrales Anliegen der Untersuchung besteht darin, die Sicht der Spin-Offs und deren Gründer und Gründerinnen zu erfassen. Wichtig ist dabei, dass jeweils die Gründungsphase, die nachfolgende Start-Up- und die Expansionsphase dynamisch verfolgt und nicht statische Bilder gezeichnet werden.

Da Gründungsprozesse höchst individuell sind, spielen Art und Organisationsbedingungen der Muttereinrichtung des Gründungsunternehmens und das "familiäre Umfeld" (gewissermaßen das "Elternhaus") eine mit entscheidende Rolle. Daher wurden diese Prozesse sehr differenziert betrachtet und qualitativ nach Typen von Muttereinrichtungen unterschieden.

---

35   Andere Untersuchungen verwenden z.T. davon abweichende Definitionen.

36   Vgl. Szyperski/Nathusius (1999).

37   Als wissenschaftsbasiert betrachten wir hier die Gründungen, die auf Ergebnissen wissenschaftlicher Tätigkeit der Mutterinstitute aufbauen.

1.2 Stand der Erfolgsfaktorenforschung

Wie in allen entwickelten Volkswirtschaften vollzieht sich auch in der deutschen Wirtschaft seit den letzten Jahren ein zunehmender Strukturwandel. Der tertiäre Sektor gewinnt gegenüber industriellen Branchen ein immer größeres Gewicht. Gleichzeitig erfolgt auch innerhalb der Wirtschaftssektoren eine erhebliche Bedeutungsverschiebung hin zu technologieorientierten und wissensbasierten Unternehmen, so dass von wissensintensiven Ökonomien gesprochen werden kann. Mit dieser Entwicklung verbunden, rückt der Produktionsfaktor "Wissen" zunehmend in das Bewusstsein sowohl der Unternehmen als auch der Politik und öffentlichen Administrationen, die wiederholt die Bedeutung von Wissenstransfers aus Universitäten und Forschungseinrichtungen für die internationale Wettbewerbsfähigkeit der eigenen Volkswirtschaft betonen.

Der Transfer von aus öffentlicher Forschung resultierenden Erkenntnissen, Ergebnissen, Methoden oder Know-how in wirtschaftliche Wertschöpfung soll die Kompetenzen der Unternehmen erhöhen, ihre technologische Leistungsfähigkeit steigern und ihre Chancen im internationalen Wirtschaftsgeschehen verbessern. Um eine nennenswerte und aktive Rolle im Wissenstransfer zu spielen, können Universitäten und Forschungszentren eine große Zahl von Transfermechanismen einsetzen. Eine spezifische Alternative im Spektrum dieses Transferinstrumentariums stellen akademische Ausgründungen dar ("Technologietransfer über Köpfe"). Unternehmensausgründungen aus der Wissenschaft bezeichnen einen Weg des Wissens- und Technologietransfers, der sicherstellen kann, dass die in wissenschaftlichen Einrichtungen erarbeiteten Erkenntnisse ohne große Umwege in marktfähige Ideen, Produkte, Dienstleistungen, Technologien, Prozesse oder Organisationsformen münden.

Hochschulen als Gründerschmieden und Forschungseinrichtungen als "Keimzellen" unternehmerischer Tätigkeit scheinen hierzulande aber nach wie vor eher das Wunschbild vieler Politiker zu prägen. Denn trotz der Vielfalt an eingesetzten Förderinstrumenten sind die Erfolge der Gründungsförderung, unter Verweis auf (vermeintliche) amerikanische Vorbilder, bescheiden geblieben. Mithin stellt sich die Frage nach den richtigen Stellschrauben und Faktoren, an denen Fördermaßnahmen ansetzen sollten, und nach den richtigen Maßstäben zur Beurteilung des Erfolgs der Maßnahmen.

Dies erfordert zunächst die Auseinandersetzung mit der Fragestellung, wann ein Unternehmen als erfolgreich zu bezeichnen ist. Hierbei wird deutlich, dass etwa ein abstraktes Erfolgsverständnis, wonach Erfolg als Grad der Zielerreichung hinsichtlich eines bestimmten Kriteriums verstanden wird, vor dem Hintergrund der Komplexität ökonomischen Handelns zu kurz greift. Unternehmen operieren nicht mit eindeutigen Erfolgszielen, sondern müssen ein Konglomerat an heterogenen und teils divergierenden

Zielen der am Unternehmen interessierten gesellschaftlichen Gruppen in Einklang bringen. Je nach Betrachter und seiner Interessenlage fallen die Maßstäbe, nach denen Unternehmenserfolg beurteilt werden soll, somit unterschiedlich aus, wobei keine der jeweiligen Sichtweisen a priori als falsch bezeichnet werden darf. Um dennoch eine Differenzierung der erfolgreichen von erfolglosen Gründungen zu ermöglichen, bedarf es folglich konkreter Maße und Indikatoren, über deren Ausprägung der Erfolg im Sinne eines Mehr oder Weniger festgestellt werden kann.

Erfolgsmaße bzw. -indikatoren müssen dabei grundsätzlich von **Erfolgsfaktoren** unternehmerischer Tätigkeit unterschieden werden. Während erstere das Maß für das Erreichen der mit einer Unternehmensgründung angestrebten Ziele sind[38], beschreiben letztere die Determinanten des Erfolges, die Einflussgrößen auf den Erfolg des Unternehmens.

Verschiedene Versuche der Systematisierung des Unternehmenserfolgs setzen mit ihrem Erfolgsverständnis schon am bloßen Akt der Gründung an, wodurch implizit jedoch jedes neu gegründete Unternehmen als erfolgreich zu bezeichnen wäre. Weit gehende Einigkeit besteht hingegen darin, dass das Überleben bzw. das Fortbestehen einer Unternehmensgründung am Markt über eine gewisse Zeitspanne als "Minimalkriterium" unternehmerischen Erfolgs formuliert werden kann. Neben diesem Bestandskriterium existiert eine Reihe von qualitativen und quantitativen Indikatoren, die zur **Messung des Unternehmenserfolgs** Anwendung finden. Qualitative Indikatoren stellen primär auf die Fragestellung ab, inwieweit mit der Gründung verbundene persönliche Gründerziele (z.B. berufliche Selbstverwirklichung, Umsetzung eigener Ideen, Einkommensverbesserung) als verwirklicht gesehen werden. Die zugrunde liegende subjektive Beurteilung der an der Unternehmensentwicklung maßgeblich beteiligten Personen gewährleistet jedoch nur eine einseitige Erfolgseinschätzung. Wesentlich objektiver sind quantitative Indikatoren, die auf messbaren ökonomischen Kenndaten basieren, wie etwa Gewinn, Umsatz, Cash-Flow oder Beschäftigtenzahl, und sich daher subjektiven Einschätzungen der Beurteilenden entziehen. Die häufig kritisierten konzeptionellen Schwächen einzelner Kennzahlen (z.B. die vielfältigen Möglichkeiten bilanzpolitischer Manipulation der Gewinnkennzahl sowie die Definition des Umsatzes als Bruttogröße, die den erforderlichen Aufwand vernachlässigt und deswegen nur bedingt ökonomischen Erfolg widerspiegelt) machen jedoch deutlich, dass es sich hierbei bestenfalls um Näherungsmaße handeln kann, die tendenziell fehlerbehaftet sein können. Eine auf einzelne oder eine einzige Kennzahl beschränkte Erfolgsbeurteilung hat demnach wenig Aussicht auf Erfolg. Vielmehr sollte der Mehrdimensionalität der Unter-

---

38 Vgl. Tjaden (2003); Burgstahler (2001); Dreier (2001).

nehmensziele mit einem Geflecht von einigen wesentlichen Indikatoren zur Erfolgsmessung Rechnung getragen werden. Ausgehend vom aktuellen Stand der empirischen Gründungsforschung lassen sich Überlebensdauer, Veränderung der Beschäftigtenzahl und Umsatzentwicklung als am häufigsten genutzte Indikatoren und mit aller gebotenen Vorsicht als geeignete Erfolgsmaße identifizieren.[39, 40]

Die Spannweite möglicher Erfolg beeinflussender **Faktoren** ist im Gegensatz zu den Erfolgsmaßen nahezu unerschöpflich. Eine in empirischen Analysen weitestgehend anerkannte Systematisierung erlaubt eine Dreiteilung in Merkmale und Verhaltensweisen der **Gründerperson, Merkmale der Gründung selbst** und Eigenschaften des **Umfeldes der Gründung**. Als entscheidende Einflussparameter auf den Gründungserfolg hat die Forschung die personenbezogenen Faktoren identifiziert, da insbesondere im Fall von Unternehmensgründungen die Person des Gründers als Ideenträger, Planer, Durchführer und Überwacher alle für den Unternehmenserhalt notwendigen Schlüsselfunktionen inne hat. Relevant sind dabei im Wesentlichen psychologische Komponenten, wie Charaktereigenschaften, Motive oder Begabungen, aber auch das Alter und Geschlecht des Gründers, sowie Faktoren, die in der direkten und persönlichen Umgebung, d.h. im mikrosozialen Umfeld des Gründers anzusiedeln sind. Entsprechende wissenschaftliche Beiträge subsumieren hierunter den familiären Hintergrund, das sozialen Beziehungsgeflecht, die Ausbildung und die Berufserfahrung des Gründers, aber auch den Einfluss des bisherigen Arbeitgebers des Gründers, also der Mutterorganisation der akademischen Ausgründung, auf die Bereitschaft zu gründen.

Neben Erfolgsfaktoren im Kontext der Gründerperson werden überdies Charakteristika des Gründungsunternehmens betrachtet, von denen angenommen werden kann, dass sie auf den Unternehmenserfolg nachhaltig Einfluss nehmen. Dabei stehen die gewählte Rechtsform der Gründung, die Gründungsgröße, die Kapitalausstattung des gegründeten Unternehmens, die Art der Gründung und die Geschäftsstrategie im Mittelpunkt der Untersuchung.

Weil unterschiedliche Entwicklungslinien von Unternehmensgründungen sich aber nicht ausschließlich auf die Motivlage, Verhaltensweisen und Merkmale der Gründerperson sowie auf die Spezifität des neuen Unternehmens selbst zurückführen lassen, muss die Betrachtung um eine Reihe von umfeldspezifischen Rahmenbedingungen

---

39 Im Zuge der Untersuchung werden noch weitere Erfolgsmaße vorgeschlagen und eingesetzt (vgl. Abschnitt 6.1).

40 Vgl. Gemünden/Lechler (2003); Jansen/Weber (2003); Kehl (2002); Ostermann/Schulte (2002); Schmidt (2002); Dreier (2001); Werner (2000); Brüderl et al. (1998); Kulicke (1993); Knipers (1990).

erweitert werden, auf die der Unternehmensgründer, angesichts seiner empirisch belegten räumlichen Immobilität bei der Umsetzung seines Vorhabens angewiesen ist. Gründungsrelevante Rahmenbedingungen können konzeptuell auf mehreren Ebenen unterschieden werden, so dass eine Differenzierung hinsichtlich der Gründungsbranche, dem lokalen und regionalen Nahumfeld des Gründungsunternehmens und den gesamtwirtschaftlichen Rahmenbedingungen möglich ist.

Trotz des Ein- und Überblicks über das Spektrum der potenziellen Determinanten der Erfolgs- und Überlebenschancen neugegründeter Unternehmen, den die Dreiteilung in personen-, betriebs- und umfeldbezogene Bestimmungsgründe zweifelsohne zu geben im Stande ist, bleibt in jedem der drei Spektren ein weites Feld von Einzelfaktoren, die weder selektiert noch bezüglich ihrer Bedeutung mehr oder weniger stark gewichtet sind. Im Zentrum der Kritik an dieser eher additiven Zusammenschau steht zudem die fehlende kausale Verknüpfung der Faktoren. Denn schließlich ist die Höhe des Startkapitals oder auch die Qualität der Gründungsidee zu einem großen Teil von den Fähigkeiten und Ambitionen der Person des Unternehmensgründers abhängig. Um darüber hinaus die Mechanismen zu erhellen, über die die Umfeldfaktoren auf den Gründungserfolg einwirken, müsste ferner nachvollzogen werden, wie die jeweiligen Bedingungen von den potenziellen Gründern wahrgenommen werden und sich in deren faktisches Verhalten umsetzen. Im Sinne einer selektiven Übertragung einzelner erfolgsbeeinflussender Faktoren auf den spezifischen Kontext akademischer Ausgründungen und deren Kleidung in überprüfbare Hypothesen, erscheint es in Anlehnung an das Vorgehen in der einschlägigen wissenschaftlichen Literatur somit sinnvoll, auf theoretische Perspektiven zurückzugreifen, die bestimmte Faktoren in den Vordergrund stellen und deren theoretische Synthetisierung ermöglichen. Da nicht auf eine ausgereifte Theorie zur Erklärung des Erfolges und des Wachstums von Unternehmen zurück gegriffen werden kann, soll der Bereich der personenbezogenen Einflussgrößen mit Hilfe der Humankapitaltheorie beleuchtet werden, der Untersuchung des mikrosozialen Umfeldes der Gründerperson soll die Perspektive sozialer Netzwerke zu Grunde gelegt werden. Die selektive Betrachtung einzelner unternehmens- und umfeldbezogener Faktoren ermöglicht schließlich die Inanspruchnahme des organisationsökologischen Ansatzes.[41]

Die ausführliche Literaturanalyse zur Erfolgsfaktorenforschung hat deutlich gemacht, dass es nur wenige Erfolgsindikatoren geben dürfte, die sowohl politischen als auch

---

41 Vgl. Jansen/Weber (2003); Opaschowski (2003); Ostermann/Schulte (2002); Sternberg et al. (2001); Gemünden/Konrad (2000); Schutjens/Wever (2000); Backes-Gellner et al. (1998); Wanzenböck (1998); Woywode (1998); Böhmer/Lück (1994); Roberts (1991); Klandt (1990); Knipers (1990); Müller-Böling/Klandt (1990); Klandt (1984).

unternehmerischen Zielsystemen gerecht werden und eine zielgerichtete Umsetzung staatlicher Förderpolitik ermöglichen könnten. Von der Diskussion des Erfolgsbegriffes ließe sich daher die Forderung ableiten, sich nicht auf einzelne oder einen einzigen Indikator, wie z.B. das Umsatz- oder Beschäftigungswachstum, zu beschränken, sondern zur Erfolgsbeurteilung eher auf ein **Indikatorengeflecht** zurück zugreifen. Auch Unternehmen operieren nicht mit eindeutigen Erfolgszielen, sondern müssen ein Konglomerat an heterogenen und teils divergierenden und sich überdies dynamisch verändernden Zielen[42] der am Unternehmen interessierten gesellschaftlichen Gruppen in Einklang bringen, die sich im Spannungsfeld zwischen Einzelpersonen, Unternehmen, Regionen und Volkswirtschaften bewegen.[43]

1.3 Untersuchungsansatz, Methoden und Fallstudienauswahl

1.3.1 Vorgehensweise

Der Untersuchungsansatz gründet im Wesentlichen auf einer Analyse des Standes der Forschung und sehr **detaillierten Fallstudien** zu den Unternehmen, bestehend aus Dokumentenrecherche und **Tiefeninterviews** sowohl mit den Unternehmensgründern und heutigen Geschäftsführern, als auch mit Personen, die die Gründungsprozesse als Berater oder Mentoren, Geldgeber, Förderer oder Kollegen bzw. Vorgesetzte der Gründer begleitet hatten. Insgesamt wurden 20 Fallstudien mit Spin-Offs durchgeführt, je zehn in neuen und alten Bundesländern.[44]

Mit dem umfassenden Studium der aktuellen wissenschaftlichen Literatur wird zunächst die theoretische Basis für die Untersuchung gelegt. Sie lieferte eine Liste von Hypothesen über mögliche Erfolgsfaktoren bei akademischen Spin-Offs[45] (vgl. oben Kap. 1.2). Auf diesen Ergebnissen aufbauend, wurden das Interviewkonzept für die Fallstudien und vier verschiedene Gesprächsleitfäden[46] entwickelt, dann die Fallstudienkandidaten ausgewählt und angesprochen. Es folgte eine gründliche Recherche

---

42 Auch "flying goals" genannt.

43 Im Anlagenband des Zwischenberichts wurden die wichtigsten gängigen Erfolgsmaße auf ihre Anwendbarkeit für Unternehmensgründungen erörtert (Gewinn, Kapitalrentabilität, Cash-Flow, Umsatz und Umsatzrentabilität, Eigenkapitalquote, Beschäftigung und Beschäftigtenzuwachs und Wettbewerbsposition).

44 Berlin wurde hier den neuen Bundesländern zugeordnet.

45 Siehe Anlage zum Zwischenbericht vom 31.01.2005 an das BMBF.

46 Die einzelnen Gesprächsleitfäden wurden im Zwischenbericht an das BMBF vom Februar 2005 bereits erläutert.

nach Informationen und Daten zu jedem zu untersuchenden Unternehmen (gedruckte Materialien, Internetdarstellungen, Presseartikel, Online-Datenbanken und interne Dokumente der Unternehmen), bevor die Tiefeninterviews im Rahmen der Fallstudien begonnen wurden. Aus den Interviewprotokollen und den vorhandenen Dokumenten wurden Entwicklungsbiografien für jedes Unternehmen formuliert, die die wichtigste Basis für die Ergebnisauswertung werden.[47]

Anhand der Fallstudien wurden einerseits Hinweise auf individuelle Erfolgsfaktoren gewonnen, die zusammen mit den erwähnten, theoriebasierten Hypothesen und den Beobachtungen der Interviewer zu einem Katalog kritischer Erfolgsfaktoren verdichtet wurden.

Es wird noch einmal darauf hingewiesen, dass in dieser Untersuchung **Erfolgsmaße oder -indikatoren** von den **Erfolgsfaktoren** konsequent unterschieden werden. **Erfolgsfaktoren** sind die Einflussgrößen, die eine **positive Wirkung** auf die Unternehmensentwicklung haben. Eindeutig kausale Beziehungen ließen sich – wie auch schon in der Literaturauswertung angedeutet – hierbei jedoch nur in Ausnahmefällen aufzeigen.

Um den Stellenwert und die Spannweite der Ausgründungsaktivitäten jeder der untersuchten wissenschaftlichen Organisationen einschätzen zu können, wurden mit Hilfe deren Geschäftsstellen oder Zentralverwaltungen Ausgründungsstatistiken, Leitlinien ihrer Unterstützungspolitik und Mitarbeiter- und Wissenschaftlerzahlen zusammengetragen, um sie zu normierten und unter den Wissenschaftsorganisationen ansatzweise vergleichbaren Kennziffern zu verarbeiten (vgl. Kap. 2).

1.3.2 Fallauswahl

Die Auswahl der **Fallstudienkandidaten** unterlag mehreren Kriterien:

- Typ der Forschungsorganisation (Mutterorganisation): Helmholz-Gemeinschaft Deutscher Forschungszentren HGF, Fraunhofer-Gesellschaft FhG, Max-Planck-Gesellschaft MPG, Wissenschaftsgemeinschaft Gottfried-Wilhelm-Leibniz WGL[48] und Universitäten.

- Regionale Verteilung: Es sollten Fallstudien in West-, Süd-, Ost- und Norddeutschland, aber auch in Ballungsräumen und eher peripheren oder ländlichen Räumen vertreten sein.

- Technologiefelder: IT/ET, Neue Materialien/Nanosysteme, Maschinenbau, Produktions-, Fertigungstechnik, Opto-Elektronik/Optik, Mikrosystemtechnik, Mikroelektronik, Life Sciences.

---

47 Anonymisierte Kurzfassungen dieser Biografien finden sich in Kap. 3.

48 Früher "Blaue Liste" genannt.

- Gründungszeit: Die Gründungen sollten je etwa hälftig in der Zeit vor und nach dem New-Economy-Burst im Jahre 2000 erfolgt sein.
- Es sollten nur erfolgreiche oder Erfolg versprechende Gründungen angesprochen werden.

Folgende Tabelle gibt eine Übersicht über die Standorte, Gründungsjahre und Mutterinstitutionen oder Mutterinstitute[49] (im Folgenden auch mit MI abgekürzt) der 20 Gründungsunternehmen und ihre Verteilung nach Fachgebieten.

Tabelle 1: Verteilung der Fallstudien nach Standorten, Fachgebieten und Mutterorganisationen

Fachgebiete/ Technologien	Gründungsstandorte, sortiert nach Mutterorganisationen (Gründungsjahr)				
	FhG	MPG	HGF*/ GMD**	Universitäten	WGL
IT/ET	Nürnberg (2000), Erlangen (1997)		Darmstadt (1997), Berlin (1998)	Ilmenau (1999), Saarbrücken (1998), Dresden (2003)	
Neue Materialien/ Nanosysteme	Itzehoe (2001)	Golm (2000)	Stutensee (2002)		
Maschinenbau, Produktions-, Fertigungstechnik				Berlin (1999)	
Opto-Elektronik/Optik	Aachen (2001)				Berlin (2002)
MST, Mikroelektronik		Göttingen (2002)		Berlin (1999)	
Life Sciences	Dresden (2000)	Martinsried/ Hamburg (1993)		Ilmenau (2000), Aachen (1997), Greifswald (2000)	
Summe der Fallstudien	5	3	3	8	1

* Einschließl. HHI vor der Integration in die FhG.
** GMD vor der Fusion mit FhG.

Von den 20 Fallstudienunternehmen erwiesen sich nach der Analyse aus der Sicht des Untersuchungsteams 13 als schon erfolgreich oder Erfolg versprechend (Details siehe Abschnitt 6.1).

---

49 Mutterorganisationen sind hierbei z.B. die Universität, die FhG, die MPG, die Helmholtz- oder Leibniz-Gemeinschaft; Mutterinstitute sind z.B. einzelne Lehrstühle, Fraunhofer- oder Max-Planck-Institute oder Institute der Forschungszentren.

2 Akademische Ausgründungsaktivitäten ausgewählter deutscher und europäischer Wissenschaftsorganisationen

2.1 Ausgründungspolitik der Mutterorganisationen

Die deutschen außeruniversitären Forschungsorganisationen wurden 1996 vom BMBF vermittels der Maßnahme "Förderung von Mitarbeiter-Ausgründungen aus staatlichen Forschungseinrichtungen" (Richtlinie 114-0824-4 vom 20.8.1996) angehalten, geeignete angepasste Leitlinien zur Unterstützung der ausgründungswilligen Mitarbeiter der Forschungseinrichtungen zu entwickeln. Gemäß dieser Richtlinie galten die folgenden Unterstützungsmaßnahmen als Vorlage:

- Maßnahmen im Vorfeld der Gründung:
  - Qualifizierung, Schulung,
  - Beratung,
  - Prüfung des Vorhabens (Gutachten, Machbarkeitsstudien, Marktanalysen u.ä.).
- Transfer-Maßnahmen:
  - Nutzung von Sachmitteln (Räume, Geräte, Lizenzen) zu "marktangemessenen Konditionen",
  - Kooperationen (Aufträge an und unterstützende FuE-Dienstleistungen für die Ausgründung, gemeinsam beantragte FuE-Projekte, Beteiligung an Projekten der Mutterorganisation),
  - personelle Maßnahmen (entgeltliche oder geförderte Personalentsendung, Nebentätigkeitserlaubnis, Beurlaubung, Abfindungen, Wiedereinstellungszusagen).

Diese Maßnahmen stellen Empfehlungen, d.h. Kann-Regeln dar. Die einzelnen Einrichtungen behielten ihre Spielräume zur Ausgestaltung ihrer individuellen Ausgründungspolitik.

Die fünf unterschiedlichen Gruppen von Organisationen setzten diese Richtlinie im Laufe der Jahre mit individuellen Varianten um. In einigen Fällen wurde sie ergänzt um weiter gehende Maßnahmen wie die Vermittlung von Beratungs- und Schulungsleistungen, Unterstützung bei der Erstellung von Businesskonzepten oder -plänen, Einholung von Gutachten, Unterstützung bei der Beantragung von Fördermitteln, befristete Entsendung von Personal der Mutterinstitute in das Gründungsunternehmen, direkte Kapitalbeteiligungen oder Vermittlung von Finanzierungen (durch Banken, Kapitalbeteiligungsgesellschaften, Privatinvestoren, strategische Investoren oder Fördermittelgeber). Tatsächlich wurden die genannten Maßnahmen in sehr variabler Weise von den Gründern genutzt, wobei in den Fallstudien i.d.R. nicht ausgemacht werden konnte, ob ihnen das ganze Spektrum an Maßnahmen auch in jedem Fall aktiv angeboten worden war.

In der Praxis fand das Untersuchungsteam folgende Ausprägungen bei den zulässigen Unterstützungsangeboten der außeruniversitären FuE-Einrichtungen:

Unterstützung im Vorfeld

- Qualifizierung, Schulung, Kurse,
- Beratung,
- inhaltliche Prüfung der Vorhaben, Vermittlung oder Durchführung von Gutachten.

Transfer-Maßnahmen

- Lizenzierung, Einbringung und Anmeldung von Schutzrechten, Know-how-Überlassung,
- Nutzung von Sachmitteln (Labors, Büros, Maschinen, EDV ...),
- Nutzung personeller Kapazitäten,
- FuE-Kooperationen, Entwicklungs- und sonstige Aufträge,
- personelle Maßnahmen (befristete Personalentsendung, (erweiterte) Nebentätigkeitserlaubnis, Beurlaubung, Abfindung, Rückkehrzusagen).

Finanzierungshilfe

- direkte Finanzierungsbeiträge,
- Vermittlung v. Fördermitteln und anderen Finanzquellen.

Es handelt sich gemäß Richtlinie um fakultative Leistungen, die nicht notwendigerweise in allen Fällen mit dem ganzen Spektrum wirklich angeboten bzw. erbracht werden.

2.2 Helmholtz-Gemeinschaft (HGF)

2.2.1 Die HGF-Definition für akademische Ausgründungen

Während die Helmholtz-Zentren bei ihren Meldungen der Ausgründungszahlen an die Geschäftsstelle lange sehr individuelle Definitionen für den Begriff Ausgründung benutzten, gibt die HGF-Ausgründungsinitiative seit 2003 für ihre Ausgründungsstatistik folgende Definition vor:[50]

---

[50] Quelle: Information der Helmholtz-Gemeinschaft an Fraunhofer ISI vom 20.12.2004.

"Unter Ausgründung wird ein neu gegründetes, markt- und gewinnorientiertes Unternehmen verstanden, das durch einen oder mehrere Mitarbeiter des Helmholtz-Zentrums initiiert wurde, in dem zum Zeitpunkt der Gründung mindestens einer dieser Mitarbeiter angestellt ist, das zum Zeitpunkt der Gründung mehrheitlich im Besitz der ausgründenden Mitarbeiter stand und dessen Existenz ohne das im Helmholtz-Zentrums entwickelte wissenschaftliche Know-how nicht möglich wäre. Keine Ausgründung ist hiernach etwa der Abschluss eines bloßen Beratervertrages mit einem ehemaligen Mitarbeiter. ..."

2.2.2 Ausgründungsunterstützung und TT in der HGF

Grundsätzlich orientieren sich die Unterstützungsangebote an der in Abschnitt 2.1 erwähnten Richtlinie des BMBF von 1996, die in erster Linie auf die HGF zugeschnitten war. Der Unterstützungskatalog umfasst also Maßnahmen im Vorfeld der Ausgründung (Qualifizierung der potenziellen Gründer oder Vorhabenprüfung), Transfermaßnahmen, Sachmittel/Kooperationen und personelle Maßnahmen. Die Erbringung der entsprechenden Leistungen obliegt Stellen der einzelnen Helmholtz-Einrichtungen. Zusätzlich ist derzeit noch das spezielle Förderprogramm EEF II (Erleichterung von Existenzgründungen aus Forschungseinrichtungen) in Kraft, das den Gründern über Zuschüsse für das Mutterinstitut indirekt finanzielle Hilfen gewährt (vgl. unten Abschnitt 2.2.2.2).

2.2.2.1 Die Ascenion GmbH

Konkrete Unterstützung erhalten Gründer auch durch die **Ascenion GmbH**, die im August 2001 von vier Helmholtz-Zentren geschaffen wurde,[51] die zu diesem Zweck die "Life-Science-Stiftung zur Förderung der Wissenschaften" gründeten (alleiniger Gesellschafter von Ascenion). Ascenions Aufgaben sind der Transfer von schutzrechtlich abgesicherten Forschungsergebnissen des Life-Science-Bereichs der vier Forschungszentren[52] in die Pharma- und Biotech-Industrie und die zugehörige Verwaltung des Schutzrechte-Portfolios (IP-Asset Management).

Weiter bietet Ascenion den genannten vier Zentren sowie anderen Forschungseinrichtungen[53] Erfindungsakquisition, Erfinderbetreuung, Begleitung bei der Erarbeitung von Patentierungsstrategien und beim Patentierungsprozess, Technologie-Audits und Port-

---

51 Vom GBF in Braunschweig, der GSF in München, dem MDC in Berlin und dem DKFZ in Heidelberg.
52 Im Falle des DKFZ nur bezüglich des nationalen Genomforschungsnetzes.
53 Seit 2004 werden die Dienstleistungen auch einigen wenigen Instituten der Leibniz-Gemeinschaft (WGL) angeboten.

foliopflege, Bewertung von schützbarem Know-how (IP), Analysen von Verwertungsstrategien, Verwertung durch Lizensierung oder Spin-Off, Beteiligungsmanagement, Nachverfolgung von Verträgen bzw. Vertragsverletzungen, Fortbildungsveranstaltungen zu den Themen TT und IP und schließlich Spin-Off-Coaching.

Soll die Verwertung von schutzrechtlich abgesicherten Forschungsergebnissen durch eine Unternehmensgründung erfolgen, muss eine mögliche Gewinnerzielung erkennbar sein, um die Renditeerwartungen von Investoren zu befriedigen, denn die Anteile an den Ausgründungen sollen prioritär am VC-Markt platziert werden. Die Schutzrechte werden in das zu gründende Unternehmen eingebracht. Im Gegenzug erhält und betreut die Ascenion für den Schutzrechtsinhaber (d.h. i.d.R. das Forschungszentrum) eine Beteiligung an dieser Ausgründung.

Die Leistungen der Ascenion beim Spin-Off-Coaching umfassen u.a. die Betreuung und Unterstützung ausgründungswilliger Wissenschaftler, die aktive Beteiligung bei der Erstellung von Businessplänen, bei der Vermittlung von Venture Capital (im Weiteren mit VC abgekürzt), auch in weiteren Finanzierungsrunden, Verwertung und Vermittlung von Schutzrechten sowie das IP-Management. Ziel ist dabei, einen möglichst großen Beitrag für ein gutes wirtschaftliches Umfeld der Ausgründung zu leisten.

2.2.2.2 Finanzielle Unterstützung von Ausgründungen

Nach der Reorganisation der Helmholtz-Gemeinschaft wurde in der Bonner Geschäftsstelle die so genannte HGF-Ausgründungsinitiative angesiedelt. Sie kann auf das Förderprogramm EEF II zur Erleichterung von Existenzgründungen aus Forschungseinrichtungen zurückgreifen, das den Forschungszentren der HGF zusätzliche Mittel aus dem Impuls- und Vernetzungsfonds zur Finanzierung von Personal in der Gründungsphase bereitstellt. Über EEF II können die Zentren für Gründungsvorhaben Zuschüsse zu den Personalkosten sowie Zuschüsse für sonstige Kosten für Unterstützungsmaßnahmen des Zentrums erhalten. Die Gesamthöhe der Förderung ist auf 100.000 € pro Projekt und die Förderdauer auf zwölf Monate beschränkt.[54]

Darüber hinaus können einzelne Forschungszentren mit bereits ausgegründeten Unternehmen FuE-Aufträge erteilen oder so genannte TT-Projekt-Verträge abschließen, die gemeinsamen Forschungsinteressen dienen. In TT-Projekten teilen sich sowohl das Zentrum wie das Unternehmen die Kosten.

---

54 Quelle: HGF: Merkblatt zur Förderung im Rahmen der Fördermaßnahme EEF II aus dem Impuls- und Vernetzungsfonds.

Indirekt erfolgt durch die Helmholtz-Einrichtungen eine finanzielle Unterstützung der Gründer bzw. der Gründungsunternehmen durch Überlassung von Räumen (Büros und Labors) und Hilfspersonal der Institute zu "angemessenen" Konditionen, durch fallspezifisch gestaltete Kooperationen mit dem Mutterinstitut oder durch Absicherung der persönlichen Risiken des Gründers durch (Teilzeit-)Arbeitsverträge oder zeitlich befristete Rückkehrgarantien.

Gesellschaftsrechtliche Beteiligungen durch die Forschungszentren sind grundsätzlich möglich. "Sie kommen jedoch nur dann in Betracht, wenn "klassische" Transfermethoden wie Lizenzverträge, Forschungskooperationen mit Unternehmen oder die Beteiligung von privaten bzw. öffentlich-rechtlichen Venture-Capital- (VC-) Gesellschaften nicht greifen und Technologien nur über neue gegründete Unternehmen in den Markt eingeführt werden können. ...".[55]

Im Übrigen unterstützt die o.g. Ascenion GmbH die Ausgründungen einiger Helmholtz-Zentren im Life-Science Bereich durch Vermittlung von Risikokapitalgebern.

2.2.3 Ausgründungsstatistik

Die Ausgründungsinitiative der Helmholtz-Gemeinschaft (HGF) organisiert u.a. auch die regelmäßigen Abfragen nach den Spin-Off-Zahlen in den Zentren, die in die jährlichen Innovationsberichte der HGF für das BMBF eingehen.

Gemäß Zahlen vom Dezember 2004 entstanden – weitgehend noch ohne einheitliche Definition – in den Jahren 1995 bis 2003 aus den Helmholtz-Zentren 209 Ausgründungen (1995: 15, 1998: 26, 2000: 30).[56] Seit 2002 ist der Output pro Jahr sehr niedrig: 2002: 6 und 2003: 8. Der Schnitt in der Zeit von 1995 bis 2003 liegt hingegen bei 20 p.a.[57]

---

55 Siehe BMBF – Z33: Leitlinien zur Beteiligung von Forschungseinrichtungen an Unternehmensgründungen vom 1.10.2001.

56 Einschließlich 80 GMD Ausgründungen von 1995 bis 2000. 2001 wurde die GMD mit der FhG fusioniert.

57 Quellen: Helmholtz-Ausgründungsinitiative vom 20.12.2004; Helmholtz-Gemeinschaft (2001): Unternehmensgründungen aus den Zentren der Helmholtz-Gemeinschaft und www.helmholtz.de (08.09.2004).

2.3 Fraunhofer-Gesellschaft (FhG)

2.3.1 FhG-Definition für akademische Ausgründungen

Die Fraunhofer-Zentrale erhebt bei den Instituten regelmäßig Ausgründungszahlen. Berücksichtigt werden in ihrer Ausgründungsstatistik seit 2001 nur "Unternehmensgründungen, die "institutsnah" sind, d.h. an denen mindestens ein Mitarbeiter (auch studentischer Mitarbeiter) eines Instituts eine maßgebliche Rolle spielt (als Gründer und Mitgesellschafter oder als leitender Mitarbeiter ohne Kapitalbeteiligung) und deren Businessmodell auf Ergebnissen der wissenschaftlichen Arbeit des Instituts basiert und einen nennenswerten Geschäftsbetrieb zum Ziel hat".[58]

Freiberufliche Tätigkeiten und Einzelfirmen zählen nicht als Ausgründungen in diesem Sinn. Zu 98% handelt es sich bei den FhG-Ausgründungen tatsächlich auch um Kapitalgesellschaften; der Rest sind GbR und OHG.

2.3.2 Ausgründungsunterstützung und TT in der FhG

2.3.2.1 Die Fraunhofer-Venture-Gruppe

Seit 1999 ist die Fraunhofer-Venture-Gruppe für die Unterstützung der potenziellen und tatsächlichen Ausgründungen aus Fraunhofer-Einrichtungen zuständig. Die Gruppe hat keine eigene Rechtsperson, sondern ist eine Abteilung der Fraunhofer-Zentrale. Ihre im Außenraum wirksamen Kernaufgaben lassen sich in folgenden vier Kategorien zusammenfassen:

- Konkrete Unterstützung (Beratung und Coaching der Gründer, Optimierung des Businessplans, Begleitung des Gründungsprozesses etc.),
- Technologie-Screening (inkl. Marktbeobachtung, Screening der Fördermöglichkeiten etc.),
- Portfolio-Management (Ausgründungs- und Beteiligungsmanagement, Wahrnehmung des Gesellschafterrechte),
- Marketing und PR (Networking, Workshops für Gründer und Kapitalgeber, Organisation einer Kommunikationsplattform für potenzielle Gründer etc.).

---

[58] Die von den Instituten der Fraunhofer Zentrale gemeldeten Ausgründungszahlen entsprachen in der Vergangenheit nicht immer konsequent der in diesem Abschnitt gegebenen Definition der FhG. So meldeten die Institute in den Jahren 1999 bis 2001 auch Unternehmensgründungen als Spin-Offs, die keinen direkten technologischen oder wissenschaftlichen Bezug zum Institut hatten. Daneben definiert die FhG zum Zwecke korrekter Geschäftsbeziehungen noch andere, so genannte "FhG-nahe Unternehmen", die keine Ausgründungen sind, so z.B. (sonstige) Beteiligungsunternehmen der FhG und Unternehmen, an denen FhG-Mitarbeiter bzw. deren Familienangehörige privat beteiligt oder in leitender Stellung tätig sind. (Vgl. Vorstandsrundschreiben 3C/R/2002/1 vom 23.4.2002).

2.3.2.2 Finanzielle Unterstützung von Ausgründungen

Die FhG beteiligt sich nicht an allen ihren Ausgründungen, sondern vor allem, wenn Schutzrechte bzw. Know-how der FhG die wesentliche Geschäftsgrundlage des Start-Up ausmachen und ein entsprechendes Entwicklungspotenzial zu erwarten ist oder wenn eine Beteiligung forschungspolitisch für die FhG von Bedeutung ist. In solchen Fällen wird die Stammeinlage in bar geleistet, während das Agio in der Regel entweder in Form von Sacheinlagen (Maschinen, Infrastruktur, Lizenzen oder, gelegentlich, Patente) eingesetzt wird. Der geplante Fraunhofer-Seed-Fonds soll nicht von der Fraunhofer-Gesellschaft selbst verwaltet werden, so dass die Venture-Gruppe keinen direkten Einfluss auf die Investitionsentscheidung in ein bestimmtes Unternehmen hat. Aus zuwendungs- und satzungsrechtlichen Gründen kann die FhG selbst nur in sehr geringem Umfang Finanzmittel für Start-Ups bereitstellen. In Fällen, bei denen die FhG eine Minderheits-Beteiligung (max. 25%) eingeht, koordiniert die Venture-Gruppe aber in Abhängigkeit von Art und Höhe des Finanzbedarfs mit den Gründern die Kontaktaufnahme mit entsprechenden Kapitalgebern aus ihrem Netzwerk. Indirekt erfolgt durch die FhG eine materielle Unterstützung durch Überlassung von Räumen (Büros und Labors), Anlagen, Infrastruktur und Hilfspersonal der Institute. Durch eine fallspezifisch ausgestaltete Kooperation mit dem Mutterinstitut oder durch Abmilderung von persönlichen Risiken der Gründer durch Teilzeitverträge oder zeitlich befristete Rückkehrgarantien kann die FhG ebenso zum Erfolg der Ausgründungen, gerade in der frühen Unternehmensphase, einen entscheidenden Beitrag leisten.[59]

2.3.3 Ausgründungsstatistik

Aus Fraunhofer-Instituten sind in der Zeit vor 1999 ca. 170 Gründungen unterschiedlichen Typs erfolgt. Erst seit 1999 gibt es mit der Fraunhofer-Venture-Gruppe eine für Ausgründungen zuständige Stelle. Für die Zeit von 1999 bis Ende 2004 meldet die Venture-Gruppe 207 FhG-Spin-Offs[60] (d.h. ca. 42 p.a.), von denen 82 von der Fraunhofer-Venture-Gruppe betreut wurden. An 35 Gründungen hatte sich die FhG beteiligt, d.h. sie nimmt eine Mitgesellschafter-Rolle ein.

---

59 Im Juli 2005, nach Ende der Projektlaufzeit der vorliegenden Studie trat ein FhG-internes Förderprogramm in Kraft, das sich an dem früheren BMBF-Programm EEF (Erleichterung von Existenzgründungen) orientiert: das Programm "FFE" (Fraunhofer fördert Existenzgründungen), in dem die FhG und das jeweilige Mutterinstitut jeweils hälftig aus **eigenen Mitteln** insgesamt bis zu 150.000 € für Personal- und Sachmittel als Gründungsunterstützung gewährt werden dürfen (vgl. www.venturecommunity.fhg.de; 6.9.2005).

60 Hierzu zählen auch Unternehmensgründungen, die nicht mit einem unmittelbaren Personaltransfer verbunden sind, sondern zunächst "nur" Forschungsergebnisse(n) des jeweiligen Fraunhofer-Instituts verwenden oder gar darauf basieren. Solche Fälle sind im engeren Sinne keine "Ausgründungen".

2.4 Max-Planck-Gesellschaft (MPG) und Garching Innovation GmbH

2.4.1 Definition von Ausgründungen bei der MPG

Die Max-Planck-Gesellschaft (MPG) definiert eine Firmenausgründung aus einem Max-Planck-Institut als eine "...durch gezielte Lizenzvergabe geschaffene neue Rechtsperson, an welcher der oder die Erfinder (Mitarbeiter der MPG) finanziell beteiligt sind."[61] Hier sind also das Vorliegen einer MPG-internen Erfindung und eine Kapitalbeteiligung des Erfinders vorausgesetzt und nicht notwendigerweise eine tätige Mitarbeit des Erfinders im Gründungsunternehmen. Garching Innovation GmbH, die Technologietransfer-Organisation der MPG (im Folgenden auch mit GI abgekürzt) unterscheidet Ausgründungen wie folgt:

- Ein **Verwertungs-Spin-Off** definiert sich durch Abschluss eines Lizenz-, Know-how- oder Optionsvertrags zum Gründungszeitpunkt mit GI für eine Technologie der MPG.

- Bei einem **Wissenschaftler-Spin-Off** bringt sich zum Gründungszeitpunkt mindestens ein MPI-Mitarbeiter als Gründer, Mitarbeiter oder Berater in die neue Firma ein, ohne dass Technologie-Verträge mit GI bestehen.

- In ein **Erfahrungs-Spin-Off** fließen als wesentliche Basis einer Firmengründung die Erfahrungen und Know-how von ehemaligen MPI-Mitarbeitern ein.

2.4.2 Ausgründungsunterstützung und TT in der MPG

Im Gegensatz zu anderen FuE-Einrichtungen erlaubt die MPG Gründern nicht, neben ihrer geschäftsführenden Tätigkeit im Unternehmen gleichzeitig MPG-Mitarbeiter zu sein. Sonstige Mitarbeit (z.B. Beratung oder Gremientätigkeit) im Unternehmen auf Basis von Nebentätigkeiten für MPG-Mitarbeiter ist einzeln zu genehmigen. Auch zeitlich befristete Abordnungen von MPG-Mitarbeitern an die Ausgründungen oder die Einräumung von Rückkehrrechten bedürfen einer Genehmigung des Kollegiums der Institute. Ressourcen der Institute dürfen – nach Genehmigung durch den jeweiligen geschäftsführenden Direktor – nur zu marktüblichen Entgelten genutzt werden, wobei darauf geachtet wird, dass leitende Wissenschaftler nicht in eigener Angelegenheit kommerziell tätig werden. Die Institute können mit den Ausgründungen Kooperationsverträge auf einem klar definierten und abgegrenzten Sachgebiet abschließen, wobei in allen Bereichen eine klare Trennung zwischen Institut und Spin-Off verlangt wird.

---

61 Vgl. Max-Planck-Gesellschaft (o.J.): Leitlinien für den Wissens- und Technologietransfer (TT-Leitlinien).

Die MPG gründete 1970 die "Garching Instrumente GmbH", die 1993 in **"Garching Innovation GmbH"** (GI) umbenannt wurde. Diese 100%ige Tochter der MPG war eine der ersten Technologietransfereinrichtungen in Deutschland. Die Ziele von GI bestehen in der Patentierung von schutzrechtsfähigen Erfindungen aus den Max-Planck-Instituten sowie deren Vermarktung an Industriepartner und damit die Überführung in eine industrielle Anwendung. Die GI erzielt etwa die Hälfte ihres Lizenzumsatzes im Ausland. Sie schließt Verträge im eigenen Namen auf Rechnung der MPG ab.

Seit Anfang der 1990er Jahre unterstützt sie verstärkt auch die Ausgründungen der MPG. Die Ausgründungen werden jeweils von einem Team aus einem Ausgründungsberater (Diplom-Kaufmann) und einem Patent- und Lizenzmanager (Naturwissenschaftler) mit Unterstützung eines Analysten beraten und begleitet. Die Unterstützungsleistungen werden besonders umfangreich und intensiv in solchen Fällen erbracht, in denen die MPG langfristige finanzielle Rückflüsse aus den Spin-Offs erwartet, vor allem in Form von Lizenz- oder Beteiligungserträgen.

Konkret umfassen die Unterstützungsleistungen folgende Punkte:

- Beratung und Unterstützung bei Konzeption der Neugründung, Erstellung des Geschäfts- und Finanzplans sowie des Finanzierungskonzepts und der Rekrutierung von geeignetem Management,
- Vermittlung von Kontakten zu verschiedenen Kapitalgebern (Venture-Capital-Gesellschaften, Business Angels, strategischen Investoren sowie Banken),
- Beschaffung von Information zu Förderprogrammen,
- Unterstützung bei Verhandlungen,
- Lizenzvergabe an MPG-Patenten, Beratung zu patentrechtlichen Fragen,
- Beratung zu und Vermittlung von Industriekooperationen,
- Vermittlung erfahrener Partner zur Rechts-, Steuer-, Personal- und M&A-Beratung,
- Coaching des Management , Krisenmanagement, Strategieberatung,
- Wahrnehmung von Beirats- und Aufsichtsratsmandaten.

2.4.3 Ausgründungsstatistik

1990 bis Anfang 2004 wurden 65 Ausgründungen aus der MPG verzeichnet (d.h. im Durchschnitt 5 p.a.), wovon 44 von Garching Innovation unterstützt wurden. 38 erhielten VC-Finanzierung. Ende 2004 befanden sich etwa 16 Ausgründungsprojekte in unterschiedlichen Stadien in Betreuung.

2.5 Leibniz-Gemeinschaft (WGL)

2.5.1 Definition von Ausgründungen bei der Leibniz-Gemeinschaft

Die Leibniz-Gemeinschaft versteht unter Ausgründungen sowohl Verwertungs-Spin-Offs als auch Kompetenz-Spin-Offs – also die Unternehmensgründungen, deren Geschäftsidee in einem mittel- oder unmittelbaren Zusammenhang mit Forschungstätigkeit bzw. -resultaten der Einrichtungen steht und an deren Entstehung MitarbeiterInnen der Einrichtungen beteiligt sind. Dabei orientiert sich die Leibniz-Gemeinschaft an den Definitionen des BMBF.[62]

2.5.2 Ausgründungsunterstützung und TT in der Leibniz-Gemeinschaft

Für die Institute der Leibniz-Gemeinschaft wurden keine verbindlichen Richtlinien zur Unterstützung von Ausgründungen verabschiedet. Es gibt jedoch eine Empfehlung der Leibniz-Gemeinschaft an die Institute, die sich an der in Abschnitt 2.1 erwähnten Richtlinie des BMBF orientiert. Sie umfasst Beratung und Qualifizierung (Kontaktvermittlung, Förderberatung, Vermittlung von Kapitalgebern, Marktstudien, Seminare etc.) und Unterstützungsleistungen wie personelle Maßnahmen (Nebentätigkeitserlaubnis, Teilzeitbeschäftigung, Beurlaubung und Rückkehrmöglichkeit, Abfindungen, Personalentsendungen) und infrastrukturelle Maßnahmen (befristete Nutzung von Ressourcen und Dienstleistungen) und so genannte unternehmensbezogene Leistungen (Forschungskooperationen, Nutzungsrechte an FuE-Ergebnissen, Lizenzvergabe etc.).

Als neuer Service der Leibniz-Gemeinschaft wurde 2004 die Beratungsstelle **Leibniz X – Science2Market** eingerichtet, die bis Ende 2006 zu 100% vom BMBF gefördert wird.[63] Sie soll viel versprechende Forschungsergebnisse aufspüren, mit den jeweiligen Wissenschaftlern zu einem tragfähigen Geschäftsmodell weiterentwickeln und die Vorhaben im Idealfall bis zur Unternehmensgründung und erfolgreichen Markteinführung begleiten. Mit dem auf wissenschaftliche Ausgründungen spezialisierten Service verfolgt Leibniz X einen ähnlichen Ansatz wie die FhG bzw. die MPG. So hilft Leibniz X bei der Konkretisierung der Gründungsidee, der Erstellung des Unternehmenskonzeptes, der Suche nach Finanzierungspartnern, der Wahl eines geeigneten Standortes sowie der Überwindung bürokratischer Hürden. Bislang wagten nur jährlich 1,2% aller

---

[62] Bundesministerium für Bildung und Forschung (Hrsg.) (2002): Zur technologischen Leistungsfähigkeit Deutschlands 2001. Bonn.

[63] Quellen: BMBF (2004): Bundesforschungsbericht 2004; www.wgl.de; www.inside.izbm.de.

Wissenschaftler innerhalb der Leibniz-Gemeinschaft den Sprung in die Selbstständigkeit. Leibniz X möchte seinen Ansatz sukzessive in alle 84 Institute tragen und Gründungsinteresse in den Forschungseinrichtungen wecken. Obwohl es in der Leibniz-Gemeinschaft bereits zahlreiche Institute gibt, die Ausgründungen junger WissenschaftlerInnen sehr engagiert unterstützen[64], will man die Quote in den nächsten Jahren kontinuierlich erhöhen.[65]

2.5.3 Ausgründungsstatistik

Entsprechend einer Befragung, die die Leibniz-Gemeinschaft im Jahre 2004 bei allen Instituten durchführte, wurden von 1992 bis 2004 aus 26 Leibniz-Instituten insgesamt mindestens 98 wissensbasierte Unternehmen ausgegründet (im Schnitt mehr als 8 p.a.), mit schwankenden Jahreswerten. Es gab einige Ausgründungswellen z.B. in den Jahren 2000 und 2001, in denen 15 bzw. 16 Unternehmen gegründet wurden. Alle Unternehmen existieren heute noch. Im Herbst 2004 betreute das Leibniz X-Team etwa zehn konkrete Projekte.

2.6 Centre National de la Recherche Scientifique (CNRS) und DAE bzw. SPV (Frankreich)

2.6.1 Vorbemerkungen

Das Untersuchungsteam entschloss sich, in diesen Vergleich der Ausgründungsaktivitäten großer Forschungsorganisationen auch einige ausgewählte ausländische Einrichtungen einzubeziehen, um die deutschen Zahlen in ihrer relativen Bedeutung werten zu können. Hierzu wurden zwei französische Organisationen und eine niederländische betrachtet.

Das "Centre National de la Recherche Scientifique", das Nationale Zentrum für wissenschaftliche Forschung, 1939 gegründet, ist eine staatliche Behörde mit wissenschaftlicher und technologischer Mission und steht unter der Zuständigkeit des Ministeriums für Forschung. Sie ist das Kernstück der französischen Grundlagenforschung. Ihre Forschungsprogramme decken Physik und Mathematik, Nuklear und Teilchenphysik, Weltraumwissenschaften, Ingenieurwissenschaften, Chemie, Lebenswissenschaften, Geistes- und Sozialwissenschaft und Informations- und Kommunikationstechnologien ab.

---

64 Z.B. das Ferdinand-Braun-Institut (FBH).
65 Quellen: Strompen, J. (2004): Leibniz X (17.9.04); www.inside.izbm.de.

CNRS's Forschung findet, gemeinsam mit Universitäten und Forschungseinrichtungen, in ca. 1.330 Labors statt. Zudem unterhält CNRS zwei eigene Forschungszentren auf dem Gebiet Nuklearphysik und verfügt über 19 Regionalvertretungen sowie über zehn Auslandsvertretungen, u.a. in Bonn. CNRS arbeitet im Rahmen von 3.800 Kooperationsverträgen mit mehr als 1.000 Unternehmen zusammen, ebenso mit sämtliche Forschungseinrichtungen in Frankreich und mit den meistens Hochschulen sowie den Grandes Ecoles. Im internationalen Kontext laufen zahlreiche Kooperationsprogramme sowohl im technischen als auch im wissenschaftlichen Bereich, wie z.B. mit der Max-Planck-Gesellschaft (MPG) oder der Deutschen Forschungsgemeinschaft (DFG).

Das Jahresbudget betrug 2004 etwa 2,2 Mrd. €. Etwa 26.000 Mitarbeiter, sind in CNRS beschäftigt davon 11.600 Forscher (2004).[66]

2.6.2 Ausgründungsunterstützung und TT in der CNRS

CNRS betreibt seit dem neuen Gesetz für Innovation und Forschung von 1999 das Direktorat für Industrielle Beziehungen ("Délégation aux Entreprises", DAE), das die Ausgründungsaktivitäten aus dem CNRS befördern soll. Seine Aufgaben sind:

- CNRS-Forscher für die Ausgründungsoption sensibilisieren,
- Identifikation und Bewertung von CNRS-Forschungsergebnissen, die sich u.U. in Form von Unternehmensgründungen verwerten ließen,
- Coaching der gründungsbereiten Wissenschaftler,
- Schulung und Fortbildung von CNRS-Mitarbeitern.

DAE wird hierbei vor Ort unterstützt durch regionale Vertretungen seines SPV-Dienstes ("Service du Partenariat et de la Valorisation"). SPV setzt die Politik der DAE um und ist somit die Schnittstelle der Unternehmen mit den Forschungszentren und Laboratorien und berät diese in Fragen der Partnerschaften mit der Industrie, in Vertragsfragen, beim Projektdesign, bei Schutzrechtsangelegenheiten und Rechteverwertung. Seine Aufgaben sind im Einzelnen:

- Beratung ausgründungswilliger Wissenschaftler der CNRS,
- Hilfe bei Kostenkalkulationen,
- Bereitstellung von Standardverträgen,
- Beratung der Laboratorien,
- Aushandlung von Verträgen zur Forschungszusammenarbeit,
- IP-Management und Patentanmeldungen für die Laboratorien, um die Technologien den Künftigen Unternehmen in Form von Lizenzen übertragen zu können.

---

66 Ebenda.

Unterstützt wird die TT-Politik des CNRS durch sieben große regionale Inkubatoren in den Regionen Grenoble-Alpes, Île-de-France, Aquitaine, Lyon, Poitou-Charentes, Languedoc-Rousillion und Midi-Pyrénées.

1992 wurde von CNRS und der nationalen Förderagentur ANVAR die "France Innovation Scientifique et Transfert" (FIST)[67] ins Leben gerufen. FIST ist eine Transfergesellschaft für innovative Technologien im Bereich der Lebens- und Ingenieurwissenschaften. Hauptaufgabenbereiche sind:

- Evaluation und Auswahl innovativer Projekte,
- Entwurf und Durchführung einer Patentsicherungsstrategie und deren Nachfolgeprodukten,
- Direkte und online-Vermittlung von Kooperationspartnern in der Wirtschaft,
- Mittlerfunktion bei Verhandlungen bezüglich Finanzierung und Technologietransfer-Vereinbarungen,
- Beratung bei Unternehmensgründungen.

2.6.3 Ausgründungsstatistik

Zwischen 1999 (das Jahr des Inkrafttretens des neuen Innovationsgesetzes) und 2003 sind 149 Spin-Offs aus dem CNRS und seinen Forschungspartnern (Hochschulen und anderen FuE-Einrichtungen) im Rahmen der gemeinsamen Tätigkeiten entstanden (ca. 37 p.a.).[68] Etwa 90% davon sollen noch im Markt sein.[69]

2.7 Institut National de Recherche en Informatique et Automatique (INRIA) und INRIA-Transfert (Frankreich)

INRIA ("Institut National de Recherche en Informatique et Automatique", früher IRIA), gegründet 1967, ist eine staatliche FuE-Einrichtung unter der gemeinsamen Trägerschaft der Ministerien für Bildung, Forschung und Technologie bzw. für Wirtschaft, Finanzen und Industrie. Etwa 3.200 Mitarbeiter arbeiten in sechs Einrichtungen ausschließlich im Bereich Informationstechnik und Automatisierung. Die Standorte sind in Rocquencourt, Rennes, Sophia-Antipolis, Nancy, Grenoble und Sacaly-Lille-Bordeaux. Das Gesamtbudget betrug 2004 etwa 167 Mio. €.[70]

---

67   Vgl. www.fist.fr.
68   Quelle: www.cnras.fr; http:\\hydre.auteul.cnrs-dir.fr.
69   Quelle: http://hydre.auteuil.cnrs-dir.fr/dae/faitsetchiffres2003/08_cretaion_entreprises.html (14.09.2004).
70   Quelle: www.inria.fr/inria/enbref.en.html (4.2.05).

2.7.1 Definition der INRIA zu Spin-Offs

INRIA Transfert definiert Spin-Offs aus ihrem Umfeld wie folgt:

Eine akademische Ausgründung ist

- "entweder ein Unternehmen, das gegründet wurde, um FuE-Ergebnisse zu vermarkten, die aus der Arbeit einer oder mehrerer INRIA-Forschungsgruppen entstanden ist. Diese Kommerzialisierung setzt eine (gegenseitige) Lizenzvereinbarung voraus
- oder ein Unternehmen, das von einer oder mehreren Personen gegründet wurde, die mindestens ein Jahr bei INRIA tätig war(en) und weitgehend Wissen aus dieser Tätigkeit in dem Unternehmen einsetzen möchte(n)."[71]

2.7.2 TT und Ausgründungsunterstützung in der INRIA

INRIA-Transfert ist eine 100% Tochter von INRIA; sie wurde 1998 als Modelleinrichtung für die Inkubation innovativer IT-Unternehmen gegründet und mit 13 Mio. € Kapital ausgestattet.[72] INRIA-Transfert soll den Aufbau von IT-Start-Ups befördern und Ausgründungsvorhaben von INRIA-Wissenschaftlern durch Begleitung, Qualifizierung, Bewertung und Finanzierung unterstützen.

INRIA gründete 1998 mit industriellen Partnern die "I-Source Gestion", mit INRIA-Transfert als Hauptgesellschafter. I-Source war damals die erste und ist heute die führende französische Risikokapitalgesellschaft, die sich auf Early-Stage-Finanzierung im Bereich Informations- und Kommunikationstechnik spezialisiert hat.

2.7.3 Ausgründungsstatistik

Das erste Spin-Off aus INRIA entstand 1994; bis 2003 entstanden über 66 Ausgründungen mit Unterstützung durch INRIA mit einem kumulierten Umsatz von über 195 Mio. € und ca. 1.700 Mitarbeitern. Von den 66 Gründungen bestanden 2004 noch 39 unter eigenem Namen, und 27 wurden von anderen Unternehmen übernommen oder hatten ihren Betrieb eingestellt. Im Jahre 2000 konnten noch zwölf Ausgründungen gezählt werden, in 2001 vier, in 2002 nur noch drei und in 2003 gab es wieder einen Zuwachs auf acht.[73]

---

[71] Quelle: Auskunft direkt von INRIA Transfert, Februar 2005.
[72] Quelle: www.inria-transfert.fr/english/identity/identity_inria_transfert.html.
[73] Quelle: www.inria.fr.

2.8 TNO und TNO Management B.V. (TMB) (Niederlande)

Die "Organisatie voor Toegepast Natuurwetenschappelijk Onderzoek" (Organisation für angewandte naturwissenschaftliche Forschung, TNO) betreibt wie die FhG angewandte Auftragsforschung und ist die größte Forschungsinstitution der Niederlande. Sie wurde 1930 gegründet, ist unabhängig, aber öffentlich-rechtlich verfasst. Der öffentlich-rechtliche Teil der TNO bestand bis 2004 aus 15 inländischen Spezialinstituten, acht Business Centres und 14 in- und ausländischen Wissenszentren. Zusammen mit Universitäten und z.T auch mit Unternehmen werden in ausgewählten Wissensgebieten ca. 30 Wissenszentren (Innovationszentren) betrieben.

Die Institute bildeten bis 2004 zusammen mit dem 100%-Tochterunternehmen TNO Management B.V. (s.u.) und den von diesem gehaltenen 64 Tochter- und Beteiligungsunternehmen die so genannte TNO-Gruppe. Der Umsatz der TNO betrug (ohne Gruppenunternehmen) im Jahr 2003 etwa 496 Mio. €, die Beschäftigung im Jahresschnitt knapp 4.600 Mitarbeiter. Die TNO-Gruppe erhielt für das Jahr 2003 eine staatliche Finanzierung von etwa 189 Mio. € vom Ministerium für Bildung, Kultur und Wissenschaften (OCW) und ein zweckgebundenes Budget von einigen anderen Ministerien, die zusammen etwa 35% des Umsatzes ausmachen. Die übrigen 65% stammen aus in- und ausländischen Verträgen, sowohl mit öffentlichen (16%) als auch mit privaten Einrichtungen (49%).[74]

Seit 2005 ist die TNO neu organisiert. Die TNO-Einrichtungen sind nun fünf Kernbereichen zugeordnet:
- TNO Lebensqualität,
- TNO Verteidigung und Sicherheit,
- TNO Wissenschaft und Industrie,
- TNO (gestaltete) Umwelt und Geowissenschaften,
- TNO Informations- und Kommunikationstechnologien.

2.8.1 Definition von Spin-Offs durch TNO

Die Verwertungstochter TMG der TNO (s.u.) zählt solche Unternehmen zu "ihren" Technologie-Ausgründungen, die auf irgendeinem Know-how einer TNO-Forschungseinheit beruhen, selbst wenn dieses nicht (mehr) zum Kerngeschäft des entstandenen Spin-Off zählen sollte. An all diesen hält die TNO über die TMB einen Kapitalanteil.

---

74 Quellen: www.tno.nl; www.internationalreports.net; www.tno.nl/tno/wie-we_zijn/organisatie (4.5.05).

2.8.2 Ausgründungsunterstützung und TT in der TNO

Die TNO hat die Aufgabe, ihre Forschungsresultate und ihr technologischen Wissen kommerziell zu verwerten. TNO hielt 2003 ca. 580 Patente oder Patentanmeldungen und erzielte im Vorjahr 5,4 Mio. € Lizenzerlöse.[75]

Die satzungsgemäße Struktur der TNO wird ergänzt durch das TNO Tochterunternehmen **TNO Management B.V. (TMB)**, das sich selbst zu den TNO-Ausgründungen zählt. **TMB** ist verantwortlich für TT, Ausgründungsunterstützung, IPR-Verwertung und Portfolio-Management. Sie verwertet TNO-Know-how durch Verkauf bzw. Lizenzierung an die Industrie, aber auch durch Schaffung von Ausgründungen, oft ganzer Abteilungen aus TNO-Instituten. Gelegentlich kauft TMB von "außen" sogar ein Unternehmen auf, wenn es das Profil eines TMB-Portfoliounternehmen oder eines Instituts sinnvoll ergänzt.[76] Neuerdings betreibt TMB auch ein Inkubator-Programm, das potenziellen Ausgründungen diverse Unterstützungen leistet, ohne jedoch spezielle räumliche Kapazitäten anbieten zu können (die Gründungen können bis zu 3 Jahre Räume in den Instituten mieten).

TMB ist der Initiator und die Holding aller "TNO-Ventures" (Spin-Offs), die seit Bestehen der TMB, d.h. seit 1987 entstanden sind. So besitzt TNO unter dem Dach der TMB heute ein breit gefächertes und wachsendes Unternehmensportfolio. Die Mittel für derartige Transaktionen und Investments in Unternehmen stellt die TNO bereit; es handelt sich aber nicht um einen Beteiligungsfonds.

Im Jahr 2003 erzielte die TMB-Gruppe einen Umsatz von 60,5 Mio. € und ein Ergebnis von fünf Mio. Euro, im Wesentlichen bestimmt durch den erfolgreichen Verkauf einer Beteiligung.[77] Die TMB erzielt seit Jahren positive Ergebnisse und trägt so zum Deckungsbeitrag der ganzen TNO-Gruppe bei. Die Rendite auf Unternehmensbeteiligungen und sonstige Investments (ROI) betrug, über die Dekade 1990 bis 2000 berechnet, immerhin 10% p.a.[78]

2.8.3 Ausgründungsstatistik

Letztlich generierte die gesamte TNO-Organisation im Zeitraum 1987 bis 2004 etwa 66 Ausgründungen, im Schnitt dieser Jahre also etwa 3,9 p.a.; im Jahre 2003 lag die Zahl

---

[75] Vgl. www.tno.nl/en/about_us/annual_review/annual_review_2002/board_of_management.
[76] Vgl. www.tno.nl/nieuws/tno_magazine/archief/2001/augustus_2001/tw4_12_13.html.
[77] Quelle: www.tno.nl/en/about_us/annual_review/annual_review_2003/key_figures
[78] Ebenda.

bei sechs. Unter diesen Ausgründungen, an denen die TMB sämtlich einen Anteil zwischen einem und 100% hält, befinden sich auch einige Dienstleistungsunternehmen, die kein wissenschafts- oder technologiebasiertes Geschäft betreiben, so z.B. Beratungen, Immobilienholdings, Vertriebsniederlassungen etc. Auch einige der erwähnten Wissenszentren zählen hierzu, soweit sie privatwirtschaftliche Rechtsform besitzen.

2.9 Ausgründungsstatistik im Vergleich

Die im voran gegangenen Kapitel aufgezeigten Daten werden in der folgenden Übersicht zusammengefasst.

Tabelle 2: Spektrum der Ausgründungsaktivitäten deutscher und ausgewählter europäischer Forschungsorganisationen (Stand Ende 2004)

Organisation	Institute/ Standorte	Mitarbeiter (MA)	Forschungsgebiete	Gesamtbudget	Anzahl der Gründungen
Helmholtz Gemeinschaft (HGF)	15 Forschungszentren	24.000 MA; ca. 10.000 akademisches Personal	• Energie, Erde und Umwelt • Gesundheit • Schlüsseltechnologien • Struktur der Materie • Verkehr und Weltraum	Budget 2004: 2,2 Mrd. €; davon ca. 1,5 Mrd. € GruFi von Bund u. Sitzländern im Verhältnis 9:1; ca. 0,7 Mrd. € Drittmittel	1995-2003 ca. 209 Spin-Offs (Ø 23 p.a.);[79] derzeit 6-8 p.a.[80]
FhG (einschl. GMD u. HHI)[81]	80 FuE-Einrichtungen, davon 58 Institute an über 40 Standorten	Ca.12.700 MA (inkl. Zentrale); 4.441 angestellte Wissenschaftler (ohne Zentrale und ohne PST)[82]	• Kommunikation • Energie • Mikroelektronik • Produktion • Verkehr • Umwelt	Finanzvolumen 2003: 1.050 Mio. €, davon ca. 900 Mio. nur Vertragsforschung[83]	vor 1999 ca. 170 Spin-Offs (ohne GMD); 209 Spin-Offs seit 1999, davon 82 betreut;[84] (Ø 42 p.a.), 35 FhG-Beteiligungen.
MPG	77-80 eigene Institute, Forschungsstellen u. Laboratorien	12.260 MA; ca. 4.200 Wissenschaftler, sowie ca. 9.600 Gastwissenschaftler, Sti-	• Biologisch- medizinische Forschung • chemisch- physikalische Forschung • geisteswissenschaftliche Forschung	Budget 2004: 1,3 Mrd. €; 95% finanzieren Bund und Länder je zur Hälfte	1990-2003 65 Ausgründungen (Ø 5 p.a.), davon 44 von Garching Innovation unterstützt, 38 mit VC-Finanzierung; bisher 21 Betei-

---

79 Einschließlich GMD bis 2000 und HHI bis 2001.

80 Die bis 2002 verwendeten Definitionen für Spin-Offs sind nicht bekannt. Quelle der Informationen: Helmholtz-Geschäftsstelle vom 20.12.2004. Die Helmholtz-Gemeinschaft zählt Freiberufler, Einzelfirmen, Nebentätigkeiten oder nicht forschungsbasierte Gründungen nicht zu den akademischen Spin-Offs

81 GMD ist seit 2001 und HHI (Heinrich-Hertz-Institut, Berlin) ist seit 2002 Teil der FhG.

82 Quelle. FhG-Zentrale.

83 Quelle: Fraunhofer Finanzbericht 2003.

84 Seit 2001 inkl. GMD und seit 2002 inkl. HHI. Diese Zahlen schließen auch alle nicht von der Fh-VG betreuten oder ohne Kenntnis der Zentrale erfolgten, sowie etwaige nicht wissensbasierte Gründungen ein.

Organisa-tion	Institute/ Standorte	Mitarbeiter (MA)	Forschungsgebiete	Gesamtbudget	Anzahl der Gründungen
		pendiaten, Doktoranden, Post-Docs u.ä.			ligungen von MPG/GI, davon noch 16 aktiv; z.Zt. 16 Projekte in Betreuung.
Leibniz Gemeinschaft (WGL)	80 rechtlich und wirtschaftlich selbstständige Einrichtungen; davon 18 reine Serviceeinrichtungen	12.360 MA; 5.280 Wissenschaftler, davon ca. 870 in den 18 Serviceeinrichtungen	• Raum- u. Wirtschaftswissenschaften • Sozialwissenschaften • Natur, Ingenieur- Umweltwissenschaften • Serviceeinrichtungen für die Forschung • Museen mit Forschungsabteilung	Gesamtbudget: 959 Mio. €; je zu 50% durch Bund u. Länder	1992-2003 über 92 Spin-Offs (Ø >8 p.a.);[85] 10 Ausgründungsvorhaben wurden im Herbst 2004 durch Leibniz X betreut
CNRS (Frankreich)	18 Einrichtungen	ca. 26.000 MA; ca. 11.600 Wissenschaftler	• Kern- und praktische Physik • Physikalische Wissenschaften und Mathematik • Kommunikation und Information • Wissenschaft und Technologie • Technikwissenschaften • Chemische Wissenschaften • Wissenschaften des Universums	Budget 2004: 2,2 Mrd. €	149 Ausgründungen zwischen 1999 und 2002 (Ø ca. 37 p.a.),[86] aber einschließlich der assoziierten Hochschulen und FuE-Einrichtungen
INRIA (Frankreich)	6 Forschungseinheiten	3.250 MA[87]; ca. 1.900 Forschungspersonal	• Netzwerke u. Systeme • Softwareengineering und Operationsrechung • Interaktion Mensch Maschine, Bilder, Daten, Kenntnisse • Simulation/Optimierung komplexer Systeme	167 Mio. €	1994 bis 2003 wurden 66 Unternehmen ausgegründet (Ø ca. 3 p.a.); 39 firmieren noch unter eigenem Namen
TNO (NL)	15 Institute, 8 Business Centres, 14 Wissenzentren[88]	4.600 MA, davon ca. 3.450 (75%) Wissenschaftler[89]	• Lebensqualität • Verteidigung und gesellschaftliche Sicherheit • technisch avancierte Produkte • Prozesse und Systeme • Dauerhafte Lösungen für Raumordnung und Umwelt	Umsatz 2003: 496 Mio. €	seit 1987 etwa 66 Ventures ausgegründet, (Ø 3,9 p.a.), davon noch ca. 43 in Betrieb; im Schnitt derzeit 6 Ausgründungen jährlich

---

85   Die WGL zählt zu den Ausgründungen alle Verwertungs- und Kompetenz-Spin-Offs.

86   Definition der gezählten Spin-Offs nicht bekannt.

87   Im Jahr 2003, einschließlich nicht feste Mitarbeiter und Gäste aus anderen Organisationen.

88   Privatwirtschaftliche Tochter- und Beteiligungsunternehmen ergänzen die TNO-Organisation zur TNO-Gruppe.

89   Grobe Schätzung der TNO-Personalabteilung.

Beim Versuch, diese Zahlen zu vergleichen, ist zu berücksichtigen, dass ihnen unterschiedliche Spin-Off-Definitionen zugrunde liegen, die wir zudem nicht in allen Fällen in Erfahrung bringen konnten. Der erste Eindruck ist, dass die FhG unter allen aufgeführten Forschungsorganisationen absolut die höchsten Ausgründungszahlen zu vermelden hat, obwohl bei anderen Organisationen der Betrachtungszeitraum sehr viel länger ist (bis zu sechsmal länger). Dieser Eindruck wird nur teilweise relativiert, wenn man die unterschiedliche Größe der Organisationen berücksichtigt. Allerdings muss beachtet werden, dass die betrachteten Forschungsorganisationen von einander stark abweichende Aufgaben im Forschungssystem erfüllen und sich deshalb wertende Vergleiche auf der Basis von Ausgründungsstatistiken verbieten.

Um diese Zahlen überhaupt vergleichbar zu machen, müssen sie auf einheitliche und sinnvolle Bezugsgrößen normiert werden. Die Datenlage und die Budgetrestriktionen in diesem Projekt ließen nur eine Normierung nach "Jahresausstoß" von Spin-Offs[90] und pro akademische Mitarbeiter[91] zu. Das Ergebnis ist der Tabelle 3 zu entnehmen.

Die Zuverlässigkeit dieser Zahlen leidet unter den Ungenauigkeiten der Datengrundlage. Es besteht die Möglichkeit, dass die angefragten Forschungsorganisationen nur die von den jeweiligen TT-Agenturen betreuten Gründungen oder nur die Spin-Offs genannt haben, bei denen eine Beteiligung der Mutterorganisation besteht. Ferner müssten für einen zuverlässigeren Vergleich die Effekte berücksichtigt werden, die durch unterschiedliche Konjunkturphasen (New-Economy-Boom der späten 1990er Jahre versus Krisenjahre nach 2001; "Phaseneffekt") oder durch das unterschiedliche fachliche Portfolio der Forschungsorganisationen (z.B. Geistes- und Sozial- vs. Ingenieurwissenschaften oder Grundlagen- vs. angewandter Vertragsforschung; "Portfolioeffekt") ausgelöst werden. Diese Einschränkung beachtend, deutet sich aber an, dass unter den deutschen Einrichtungen hinsichtlich "Output" pro 1000 akademische Mitarbeitern die FhG einen guten Spitzenplatz in der Liste der untersuchten Forschungsorganisationen hält, gefolgt von der HGF. Der hohe Wert der CNRS erklärt sich – neben den genannten Unklarheiten der Begriffsdefinition - sowohl aus der Tatsache, dass hier Ausgründungen aus den mit CNRS kooperierenden Universitätslabore mitgezählt werden,[92] als möglicherweise auch aus dem spezifischen französischen Unterstützungskonzept, das über erhebliche öffentlichen Mittel verfügt. INRIA, mit der (früheren) GMD

---

90 Hierbei wurde der jeweils längste Zeitraum zu Grunde gelegt, für den Ausgründungszahlen zur Verfügung standen; zumindest aber die letzten drei bis vier Jahre.

91 Hierbei wurde die letzte verfügbare Mitarbeiterzahl als Nenner genommen.

92 Durch die Mitzählung der Universitäten erhöht sich auch die Zahl der Wissenschaftler und damit die Referenzbasis; die Zahl der beteiligten Universitätswissenschaftler ist jedoch nicht bekannt.

vergleichbar, erreicht einen deutlich niedrigeren Wert ähnlich dem der TNO[93], die wie die FhG Vertrags- bzw. Auftragsforschung betreibt. Die eher der Grundlagenforschung zugewandte Max-Planck-Gesellschaft und die durch viele nichttechnische bzw. geisteswissenschaftliche Institute geprägte Leibniz-Gemeinschaft erreichen dennoch ähnliche Werte wie die anwendungsorientierte TNO.

Tabelle 3: Vergleich der jährlichen Ausgründungsquoten europäischer und deutscher Forschungsorganisationen

FuE-Einrichtung	Anmerkungen	durchschnittliche Ausgründungszahl pro Jahr	Durchschnittliche jährliche Ausgründungszahl pro 1000 akademische Mitarbeiter
FhG (inkl. GMD u. HHI)[94]	alle Gründungen[95]	42 p.a.	9,4[96]
	nur betreute und wissensbasierte Gründungen	16 p.a.	3,7[97]
HGF		23 p.a.	ca. 2,3
MPG	nur auf eigene wiss. Mitarbeiter bezogen	5 p.a.	ca. 1,2
Leibniz-Gemeinschaft WGL[98]	inkl. Serviceeinrichtungen	8 p.a.	ca. 1,5
	ohne Serviceeinrichtungen		ca. 1,8
CNRS (Frankreich)	einschließlich der Spin-Offs aus den assoziierten Universitätslaboren	37 p.a.	ca. 3,2
INRIA (Frankreich)		3 p.a.	ca. 1,6
TNO (NL)	nur Gründungen mit TNO-Beteiligung	3,9 - 6 p.a.	1,1 - 1,7

---

[93] Die Zahlen sind wegen der nicht geklärten Zahl "anrechenbarer" Wissenschaftler noch nicht wirklich belastbar.

[94] GMD zählt seit 2001 und HHI seit 2002 zur FhG.

[95] Inklusive nicht forschungsbasierte Dienstleister.

[96] Bezogen auf die angestellten Wissenschaftler in den Fraunhofer-Instituten, ohne Zentrale und ohne PST.

[97] Wie Fußnote 96.

[98] 37% der Einrichtungen der Leibniz-Gemeinschaft sind durch geistes-, sozial- und wirtschaftswissenschaftliche Fachgebiete geprägt, die traditionell wenig ausgründungsnah sind.

3 Kurzbiografien der Gründungsunternehmen

3.1 Vorbemerkungen

Die Beobachtungen und Schlussfolgerungen in diesem Bericht sind von einem Außenstehenden erst dann wirklich nachzuvollziehen, wenn der Entstehungs- und Entwicklungsverlauf der Unternehmen wenigsten in anonymer Kurzform geschildert wird. Im Folgenden sind daher die Kurzbiografien der Unternehmen in der anonymen Form wiedergegeben, wie sie die Unternehmer freigegeben haben. Die untersuchten Gründungsunternehmen konnten aus Gründen der Vertraulichkeitswahrung nicht alle einer anonymen Darstellung ihrer Entwicklungsbiografien in diesem Bericht zustimmen, so dass hier nur 16 Kurzbiografien wiedergegeben sind.

Es ist an dieser Stelle wichtig zu betonen, dass die befragten Unternehmer ihre Unternehmen sämtlich als erfolgreich sahen oder glaubten, sich – u.U. nach anfänglichen oder zwischenzeitlichen Problemen – auf einem Erfolg versprechenden Weg zu befinden. Die Auswertung aller verfügbaren Informationen und Daten durch das Studienteam und dessen persönliche Einschätzung und nicht zuletzt die Anwendung anderer Erfolgsmaßstäbe als die der Unternehmer zeigte dann allerdings, dass diese Einschätzung in mindestens sieben Fällen relativiert werden musste. Aus Gründen der Vertraulichkeit wurde dies in den folgenden Kurzbiografien nicht ausgewiesen.

3.2 Gründung im Bereich Mess-, Prüf- und Informations- und Funktechnik

Beschreibung

Das Unternehmen wurde 1997 aus einem Fraunhofer-Institut ausgegründet. Unternehmenszweck ist heute die Vermarktung von selbst entwickelten und gefertigten Produkten aus dem Bereichen Mess-, Prüf- und Informationstechnik sowie Funktechnik und digitaler Rundfunk.

2003 betrug der Umsatz des Unternehmens vier Mio. Euro. 2004 beschäftigte es 38 Mitarbeiter bei einem Umsatz von 5,4 Mio. €.

Gründer und Entstehungsgeschichte

Die Gründer sind der Institutsleiter des Mutterinstituts (Gründer A) und ein Mitarbeiter (Gründer B, Elektroingenieur), der Interesse an selbstständiger Tätigkeit geäußert hatte.

1995 hatte man bereits begonnen, Business-Pläne zu erstellen, aber erst Ende 1997 erfolgte die formale Gründung mit Aufnahme des Geschäftsbetriebes. In der Anfangszeit (1997-2001) bestanden noch sehr enge Bindungen zum Mutterinstitut; diese wurden aber bis auf bestimmte Dienstleistungen für das Institut weitgehend abgebaut. Die Entwicklungskooperation bleibt nach wie vor bestehen.

Die FhG-Zentrale unterstützte die Unternehmensgründung als ein Pilotbeispiel für das damalige Konzept der "Innovationszentren" als marktwirtschaftliche Ergänzung der Fraunhofer-Institute sehr aktiv. Als das Unternehmen gegründet wurde, gab es die Fraunhofer-Venture-Gruppe, die heute die Betreuung und Beratung der potenziellen FhG-Ausgründer übernimmt, noch nicht. Die Venture-Gruppe trat erst bei der Begleitung einer Kapitalerhöhung 2004 des Unternehmens in Erscheinung.

Finanzierung

Das Unternehmen wurde im Juni 1997 zunächst von den beiden Gründern errichtet. Nach Abschluss des umfangreichen Genehmigungsverfahrens erfolgte im November 1997 eine Kapitalerhöhung, die zu einer 49%igen Beteiligung der FhG sowie der Beteiligung einer großen deutschen Geschäftsbank führten. Danach wurde der Geschäftsbetrieb aufgenommen. Gründungsförderung aus besonderen Förderprogrammen wurde nicht in Anspruch genommen. 2004 erfolgte eine Kapitalerhöhung, um den Einstieg einer Beteiligungsgesellschaft zu ermöglichen. Die Beteiligung der FhG sank dabei auf knapp über 30%.

Aus heutiger Sicht der Geschäftsleitung wurde der Finanzierungsbedarf sowie der aufwendige Prozess zur Beschaffung adäquater Finanzierung bei der Gründung unterschätzt. Mit zunehmender Ablösung des Unternehmens vom Mutterinstitut mussten somit entsprechende Korrekturmaßnahmen eingeleitet werden. Fremdkapital wird von Geschäftsbanken und einer Sparkasse gegeben. Das laufende Geschäft wird im Wesentlichen aus drei Quellen finanziert: Auftragserlöse, Anzahlungen von Kunden und Bankkredite.

Unternehmensentwicklung

Das Unternehmen wuchs von 1998 bis 2001 in enger Zusammenarbeit mit dem Mutterinstitut bis auf einen Umsatz von über sechs Mio. Euro. Dabei war das Geschäftsfeld "digitaler Rundfunk" dominant.

Ab 2002 wurden die Geschäftsfelder Verkehrstechnik und spezielle Kommunikationssysteme erschlossen sowie der Bereich Messtechnik mit einem neuen Produkt modernisiert und wesentlich erweitert. Damit wurde dem notwendigen Ziel Rechnung getragen, sich breiter zu diversifizieren. Die neuen Geschäftsbereiche sollten die Grundlage für weiteres Wachstum bilden und der Reduzierung von Abhängigkeiten, der Erhöhung des Bekanntheitsgrades und der Verbesserung der Marktposition dienen.

2003 kam es aufgrund der allgemein schwierigen Marktlage und der Diversifizierung zu einem deutlichen Umsatz- und Ertragsrückgang. Die Diversifizierung erforderte zukunftsgerichtete Investitionen in Entwicklungsleistungen, Personal, zusätzliche Mietflächen etc. Das Outsourcing der Entwicklungstätigkeit wurde im Vergleich zu früheren Jahren reduziert, primär um die damit verbundenen Kosten zu senken, aber auch um eigenes Know-how zu schützen. Bei der Auswahl dieser neuen Geschäftsbereiche wurde Wert darauf gelegt, dass diese mit einer längerfristig planbaren Auslastung der Fertigung verbunden sind. Derzeit sind die Marktaussichten sehr günstig. Der Kundenstamm hat sich wesentlich erweitert.

Erfolgsfaktoren

Alleinstellungsmerkmale des Unternehmens sind u.a. die Kombination von verschiedenen Technologien und Fachdisziplinen, die es bei anderen Mittelständlern so in der Regel nicht gibt. Das Unternehmen beherrscht den Stand der Technik und reagiert schneller als der Wettbewerb. Es hat sich im Bereich des digitalen Rundfunks sowie Funktechnik einen guten Ruf erarbeitet. Seine Produkte kommen weltweit zum Einsatz.

Als Erfolgsfaktoren für die in Summa günstige Entwicklung des Unternehmens werden genannt: einmalige Know-how-Konstellation; Motivation und Loyalität der Mitarbeiter; das Know-how und der gute Ruf des Mutterinstituts; Nähe zum Institut; Mutterinstitut als Personalressource; günstiger und attraktiver Standort; Initialauftrag des Mutterinstituts.

Folgende Einflussfaktoren erwiesen sich als hemmend: Unstimmigkeiten mit dem Mutterinstitut über die Abgrenzung der jeweiligen Geschäfte und gegenseitigen Ziele erschwerten es, auf beiden Seiten ein noch besseres Ergebnis zu erzielen.

3.3 Gründung im Bereich Lasertechnik

Beschreibung

Das Unternehmen ist Ausgründung aus einem Fraunhofer-Institut und Anbieter von High-End-Laserstrahlquellen. Das aktuelle Produkt- und Dienstleistungsangebot der Firma wird von der SLAB-Laser-Familie und dem Anwendungsfeld Laserschneiden und -gravieren insbesondere für Glas, Keramik und Metall repräsentiert. Das Leistungsspektrum des Unternehmens umfasst die Entwicklung, Produktion und den Vertrieb von Festkörperlasern, Diodenlasern und peripherer Komponenten sowie die Beratung zum Einsatz solcher Quellen.

2004 erzielte das Unternehmen mit zehn Mitarbeitern einen Umsatz von ca. zwei Mio. Euro.

Gründer und Entstehungsgeschichte

Der Gründer dieses Unternehmens ist Physiker. Er war über 16 Jahre lang Mitarbeiter eines Fraunhofer-Instituts, zuletzt Abteilungsleiter im Bereich Festkörperlaser.

Es gab Ende 1990er Jahre in Deutschland gute Entwicklungen bei Festkörperlaser. U. a. sah der Gründer großes Potenzial insbesondere für SLAB-Laser. Die wissenschaftlichen Forschungsergebnisse im Institut waren entscheidender Impuls für die Gründung des Unternehmens. SLAB-Laser waren einzigartig und die Idee, wie dies funktioniert und wie es eingesetzt werden kann, stammt vom Gründer. Ende 2000/Anfang 2001 schrieb er den Business-Plan. Im Juni 2001 wurde der Gesellschaftervertrag abgeschlossen. Mitgesellschafter war und ist das Unternehmen A aus Aachen. Der Gesellschaftsvertrag wurde im April 2002 geändert, weil die FhG mit einer Bareinlage beitrat.

Finanzierung

Die Startfinanzierung erfolgte aus Eigenmitteln des Gründers, einer Einlage der Firma A und der FhG. Es wurden bei der Gründung keine Fördermittel für Start-Ups in Anspruch genommen. Nach Gründung wurden Fördermitteln vom BMBF im Rahmen von Entwicklungsprojekten beantragt und erhalten. Der Gründer wollte kein Risiko eingehen, deswegen hat er bis heute auch keine Venture-Capital-Finanzierung eingebunden, auch kein Fremdkapital. Die Strategie war, langsam und aus eigener Kraft zu wachsen. Dass diese Finanzplanung realistisch war, zeigt sich im bisherigen Geschäftsverlauf; es gab keine Liquiditätsprobleme. Die Projektförderung vom BMBF hat die Entwicklung des Geschäftes positiv unterstützt.

Unternehmensentwicklung

Das Unternehmen begann mit geringstmöglicher Personalkapazität (der Gründer und eine weitere Kraft) und in gemieteten Räumen im Institut. Im ersten und zweiten Jahr hat sich das Geschäft langsamer als geplant entwickelt, weil ein wichtiger Kunde in Schwierigkeiten kam. Im Jahr 2002 wurde aber trotz des Ausfalls dieses Kunden der Break-Even-Punkt erreicht.

Das Unternehmen hat in 2004 einen Großauftrag von einer amerikanischen Firma erhalten, weil deren Problem nur bei ihm auf einem hohen technischen Niveau gelöst werden konnte.

Momentan sind die meisten Geräte "custom-made", was einen entsprechend hohen Betreuungs- und Bearbeitungsaufwand darstellt. Das Unternehmen wird auch weiterhin kunden- und einsatzspezifische Laser-Maschinen herstellen, aber darüber hinaus bietet sie auch standardisierte Modelle, die vielseitig einsetzbar sind.

Für Deutschland, Europa und USA existieren Patente des Produktes. Der Gründer ist der Erfinder und besitzt eine Lizenz auf das Patent. Die Patente selbst hält das Institut bzw. die FhG.

Erfolgsfaktoren

Aus Sicht des Unternehmers waren folgende Faktoren für die bisherige, vom Gründer positiv beurteilte Unternehmensentwicklung entscheidend: die Einzigartigkeit des Produkts; die Möglichkeit Büro- und Laborfläche plus Laboreinrichtungen des Instituts in der Anfangsphase zu nutzen; das exklusive Wissen bezüglich SLAB-Lasern.

Folgende Faktoren scheinen ursächlich für die eher langsame (wenn auch vom Gründer so geplante) Entwicklung: weitgehende Vermeidung von finanziellen und technischen Risiken; Vermeiden von Darlehensaufnahme; keine Aufnahme von VC; Fehlen einer offensiven Marketing- bzw. Vertriebsstrategie; Wegbleiben eines wichtigen Kunden in der Aufbauphase.

3.4 Gründung im Bereich Pharma/Life Sciences

Beschreibung

Das Unternehmen wurde 1993 gegründet. Es ist teilweise eine Ausgründung eines Max-Planck-Instituts und einer Universität[99]. Das Unternehmen entwickelt u.a. biotechnologische Verfahren für die pharmazeutische Forschung und Entwicklung. In Zusammenarbeit mit dem Institut entstanden Apparaturen zur maschinellen Analyse chemischer und biologischer Substanzen, darunter eine Maschine, mit der sich eine große Zahl chemischer und biologischer Substanzen in kurzer Zeit auf biologische Wirksamkeiten analysieren lässt. Das von dem Unternehmen entwickelte Verfahren gilt als einzigartig und ermöglicht es heute, täglich mehr als 100.000 Tests pro Gerät

---

99 Eigentlich ist das Unternehmen die Ausgründung einer Ausgründung einer Universität

durchzuführen. Für die Pharmaindustrie sind die resultierenden Ergebnisse ein wichtiger Faktor der Verkürzung der Entwicklungszeiten bis zur Markteinführung neuer Medikamente.

2003 realisierten die 640 Mitarbeiter des Unternehmens einen Umsatz von 77 Mio. €.

Gründer und Entstehungsgeschichte

Die Gründer des Unternehmens sind: Gründer A (Biochemiker, Mitgründer eines früheren Spin-Offs der Universität), Gründer B (ehemals CFO der früheren Ausgründung der Universität), Gründer C bis E und die Max-Planck-Gesellschaft. Es fanden sich Wissenschaftler aus drei Generationen zusammen, die sich aus früheren Tätigkeiten kannten bzw. die z. T. Doktorväter füreinander waren.

Vier der Gründer hatten schon einschlägige Gründungserfahrungen mit der früheren Ausgründung der Universität. Der Erfolg dieser Ausgründung hat zu weiteren Ausgründungen beigetragen ("Ausgründungen aus der Ausgründung"), darunter das hier betrachtete Unternehmen. Das Institut bot Unterstützung durch Bereitstellung von Räumen und Infrastruktur bzw. Labors und durch Beratung durch ihre TT-Agentur.

Finanzierung

Nach der Gründungsfinanzierung durch privates VC wurden zusätzlich öffentliche Fördermittel eingeworben. Die öffentliche Förderung kam als Add-on für das Gründungsprojekt hinzu, um einzelne Aspekte der Unternehmensstrategie zu verstärken.

Für die Erstellung des ersten Business-Plans wurde keine externe Hilfe in Anspruch genommen, weil Gründer A entsprechende Erfahrungen bereits aus seiner ersten Ausgründung aus der Universität hatte. Der Wert des Unternehmens, der sich aus den eingebrachten Patenten, dem Know-how der Gründer und den Marktaussichten berechnete, wurde damals auf zehn bis zwölf Mio. DM geschätzt. Diese Summe sollte von fremden Kapitalgebern akquiriert werden. Die Suche erwies sich aber sowohl in USA als auch in Deutschland als sehr schwierig. Erst nach etwa einem Jahr wurden zwei Privatfinanziers gefunden, die bereit waren, das Projekt zu finanzieren.

Unternehmensentwicklung

Grundlage der Gründung waren acht Patente, die auf den Forschungsergebnissen des Institutsleiters des Max-Planck Mutterinstituts und der ersten Ausgründung basierten. Es wurde im Vorfeld vereinbart, dass die erste Ausgründung und das Institut mit dem

Leiter des Instituts jeweils 50% der Schutzrechte besitzen sollten, um sie in die neu zu gründende Firma einzubringen.

Als sich herausstellte, dass eine bestimmte Technologie, wie sie von der MI übernommen wurde, nicht so funktionierte wie erwartet, wurde der Business-Plan komplett umgestellt. Mit eigenem Geld, Investorengeld und zusätzlichen 60 Mio. DM von Pharmafirmen wurde schließlich die Technologie als Kernstück einer marktfähigen Maschine zur Wirkstofftestung entwickelt. Der ganze Planungs- und Entwicklungsprozess für diese Maschine dauerte insgesamt acht Jahre.

Das Unternehmen ging im Jahr 1999 als AG an die Börse (Neuer Markt) und fusionierte 2000 mit einer englischen Firma. Der Umsatz des neuen Unternehmens erreichte 2003 rund 77 Mio. € und überwand damit erstmals die Gewinnschwelle mit einem Überschuss von 4,1 Mio. €.

Erfolgsfaktoren

Für die erfolgreiche Gründung und für die weitere Entwicklung des Unternehmens haben folgende Faktoren eine wichtige Rolle gespielt: Risikobereitschaft, Durchhaltewillen und Selbstbewusstsein der Gründer; vertrauensvolle Abstimmung mit den Investoren, der langjährige Zusammenhalt im Team; der Besitz von Patenten und die fortdauernde Möglichkeit, die von dem Leiter des Instituts geleistete Arbeit in Patente einzubinden; genug Zeit, um Produkte gemeinsam mit dem Kunden zur Marktreife zu entwickeln; die Strategie "think big"; das Vertrauen und die Risikobereitschaft von Investoren und Fördermittelgebern; Technologieführerschaft bei demonstrierbaren Produktvorteilen; Flexibilität bei der Produktentwicklung und die richtige Produktstrategie (es wurde nicht die beste Technik entwickelt, sondern das am besten am Markt platzierbare Produkt).

3.5 Gründung im Bereich Medizintechnik

Beschreibung

Das Unternehmen ist eine Ausgründung aus einem Institut eines Helmholtz-Zentrums. Es wurde 2002 von zwei Mitarbeitern des Instituts gegründet. Es befasst sich mit der Entwicklung von innovativen medizintechnischen Produkten, insbesondere mit der Entwicklung von Implantaten für die Therapie von Venenkrankheiten.

Die Gründer und Entstehungsgeschichte

Die Gründer kannten sich von der gemeinsamen Arbeit im Mutterinstitut.[100] Die Erfindungen, die die Grundlage der Gründung waren, hatten die beiden Gründer selbst gemacht. Obwohl die Erfindungen und Entwicklungen, die am Institut mit Nickel-Titan-Kombinationen gemacht wurden, ein aktuelles Thema waren, konnten die Auftragsarbeiten am Institut immer nur bis zum Prototypen durchgeführt werden.

Die Unmöglichkeit, ein eigenes Produkt zu produzieren und der Gedanke, Dritten das Geschäft überlassen zu müssen, waren die ausschlaggebenden Faktoren für die Entscheidung zur Selbstständigkeit.

Gründungsfinanzierung

Die Ausgründung wurde in der Absicht durchgeführt, in den ersten drei Jahren aus den vorhandenen Ideen, Patenten und Prototypen zwei Produkte zur Marktreife zu entwickeln. Die ersten drei Jahre sollten finanziert werden über ein "Technologietransfer-Projekt". Die Konstruktion sah so aus, dass das Mutterinstitut 500.000 € und das Unternehmen 500.000 € in dieses Projekt einbringen. Das Mutterinstitut sollte dann seine Einlagen durch Lizenzerlöse über die Jahre zurückbekommen. Der Anteil am Projekt, den das Unternehmen einbringen sollte, sollte über Investoren akquiriert werden. Zusätzlich standen Personalmittel für den Gründer B von ca. 70.000 € für ein Jahr aus dem EEF-Fonds der HGF zu Verfügung, damit er die Firma aufbauen konnte.

Da die Patente nicht Eigentum der Gründer, sondern des Instituts sind, wurde dem Unternehmen eine exklusive Lizenz angeboten. Das Unternehmen hatte zunächst Probleme, Investoren zu finden, denn diese halten exklusive Lizenzen nicht für werthaltig genug.[101]

Unternehmensentwicklung

Nachdem inzwischen die zwei Entwicklungen mit dem größten Marktpotenzial identifiziert sind, müssen nun die Genehmigungsverfahren angegangen werden, bevor ein Markteintritt möglich ist. Aus finanziellen Gründen wurde entschieden, sich nur auf eines der beiden projektierten innovativen Produkte zu konzentrieren, nämlich jenem für die Venentherapie. Ein weiterer Grund für die Entscheidung für dieses Produkt war dessen Marktpotenzial: In Deutschland gibt es ca. eine Million Menschen, die als Folge

---

100 Gründer B war Doktorand von Gründer A.

101 Nach Abschluss der Fallstudie wurde mit dem Helmholtz-Zentrum eine Vereinbarung getroffen, die auch den Investor befriedigte.

von chronischen Venenkrankheiten leiden und denen mit dieser Therapie geholfen werden kann.

Potenzielle Kunden und Partner sind Krankenhäuser und Rehabilitationszentren. Momentan arbeitet das Unternehmen vorwiegend mit einen Krankenhausarzt als klinischem Partner zusammen. Mit ihm wollen die Gründer das Produkt in den Markt bringen.

In den fünf Jahren seit der Gründung der Firma haben die Gründer mehrere Gründer- und Innovationspreise erhalten. Bei einer entsprechenden Verleihungsfeier trafen die Gründer einen Investor, der bereit war, zwei Mio. Euro in das Unternehmen zu investieren, sofern das Unternehmen von der Mutterorganisation die Patente überlassen bekommt.

Erfolgs- und Hemmnisfaktoren

Die wichtigsten Erfolgsfaktoren für die Gründungsphase waren: hohe Motivation der Gründer; der Wunsch, selber aus der eigenen Erfindung zu profitieren; die Möglichkeit mit einem Transfer-Projekt die Finanzierung zu erleichtern.

Für die weitere Entwicklung des Unternehmens spielten die folgenden Faktoren eine positive Rolle: die Einzigartigkeit der Erfindungen bzw. die Innovation der Erfindung; das technische Know-how der Gründer und deren Marktkenntnisse.

Für schwierige Phasen der Unternehmensbiografie waren der Zusammenbruch der ursprünglich geplanten Finanzierungsform verantwortlich, ferner die Tatsache, dass die Patente zunächst nicht in die Firma eingebracht werden konnten sowie der Umstand, dass "ohnehin alles anders kommt, als geplant".

3.6 Gründung im Bereich Sicherheitssoftware

Beschreibung

Das Unternehmen ist eine Ausgründung einer Universität mit dem Zweck, innovative Forschungsergebnisse auf dem Gebiet der Echtzeitsysteme in die Praxis umzusetzen und anwendbar zu machen. Es entwickelt Software für Echtzeitsysteme wie sie z.B. im Airbag eingesetzt wird, Sicherheitssysteme (Worst Case Execution Time WCET) sowie Visualisierungssoftware und beschäftigt derzeit 19 Mitarbeiter.

Gründer und Entstehungsgeschichte

Das Unternehmen wurde von Gründer A 1998 und weiteren fünf Mitarbeitern der Universität gegründet. Alle Gründer sind derzeit noch in der Firma beschäftigt.

Die Produkte waren anfangs nicht marktreif, sie befanden sich im Alpha-Stadium. Neben der Produktentwicklung hat das Unternehmen in seinem ersten Jahr im Rahmen von Beratungen erfolgreich an verschiedenen Projekten im Bereich hoch optimierender Übersetzersysteme teilgenommen.

Das Unternehmen besitzt Schutzrechte, die Gründer A im Rahmen von EU und DFG-Projekten erworben und als Mitgründer in die Firma eingebracht hatte. Diese Rechte waren für die Unternehmensgründung sehr wichtig. Den Businessplan erstellte einer der Gründer mit Hilfe der Mitgesellschafter; der Plan wird jedoch nicht mehr fortgeschrieben.

Finanzierung

Die Startfinanzierung erfolgte neben den Einlagen der Gründer über geförderte Gründungsberatung, vom Land gefördertes Wagniskapital und sonstige Fördermittel. Die Kapitalbeschaffung bei der Gründung war nicht sehr problematisch. Heute tragen Umsatzerlöse die Finanzierung. Allerdings kam und kommt es öfters zu Schwankungen beim Forderungseingang auf Grund schlechter Zahlungsdisziplin der Kunden. Die Geschäftsleitung ist gegenüber Venture Capital eher skeptisch eingestellt, entsprechende Finanzierungsarten wurden nicht in Anspruch genommen.

Unternehmensentwicklung

Nennenswerte Umsatzerlöse wurden ab 2000 generiert. In diesem Jahr schaffte man auch schon den Break-Even-Punkt. Aus dem Businessplan konnte bisher die angestrebte Wettbewerbsposition für 2000/2001 realisiert werden; auch die Umsatzziele und der Personalplan wurden erreicht.

Das Unternehmen ist stark spezialisiert, steht aus diesem Grund quasi alleine auf dem Markt und muss nicht viel Konkurrenz fürchten. Die Firma schützt sich nicht durch Patente, der Geschäftsführer vertritt die Meinung, dass der Programmieraufwand für eventuelle "Nachmacher" viel zu hoch sei. Ein strategisches Unternehmensziel ist es, Standardanbieter von WCET-Tools in Europa zu werden. Ein anderes Unternehmensziel ist stetiges Wachstum im Allgemeinen. Das Unternehmen geht Unternehmenskooperationen ein, z.B. im Bereich High-tech und EDV-Systeme. Bevorzugte Kooperationspartner kommen aus der Region, meist sind es Kollegen aus der Universität. Die Kooperationen werden für die Weiterentwicklung und Marktschließung benötigt.

Erfolgs- und hemmende Faktoren

Alle Mitarbeiter blieben bisher dem Unternehmen treu (geringe Fluktuation). Auch ist bisher kein Kunde abgesprungen. Die Qualität der Tools wirkt als Referenz; die Wertschätzung der Kunden ist gut; das führt zu guter Mundpropaganda, bei überschaubarer Kundenstruktur. Konkurrenz fehlt weitgehend wegen der starken Produktspezifitäten. Die Nähe zur Universität ist sehr vorteilhaft; dort kann man Personal rekrutieren. Auch das universitätsnahe Gründerzentrum und dessen Leistungsangebote waren hilfreich. Bei Finanzierung, Buchhaltung und gründungsspezifischen Fragen wurde die Hilfe von externen Beratern in Anspruch genommen.

Nachteilig ist die Abwesenheit von Großkunden in der Region, sie sind eher in anderen Regionen zu finden. Das Zahlungsverhalten der Kunden ist unzuverlässig und verursacht temporäre Liquiditätsprobleme.

3.7 Gründung im Bereich Chemische Verfahrenstechnik/ Life Science

Beschreibung

Das Unternehmen wurde Ende 1997 als Spin-Off einer Universität gegründet. Kernkonzept des Unternehmens ist die Entwicklung und Produktion magnetischer Polymerpartikel (Magnetbeads) die z.B. zur Trennung komplexer Stoffgemische in der Molekularbiologie, Biochemie und Diagnostik eingesetzt werden. Das Besondere am Produktangebot des Unternehmens ist, dass es, basierend auf standardisierten, d.h. universell einsetzbare Grund-Partikeln, ein Komplettsystem aus anwendungsfertigen Kits und entsprechender Hochleistungsautomation für die Probenvorbereitung anbieten kann.

Das Unternehmen beschäftigt derzeit 14 Mitarbeiter und hat 2004 einen Umsatz von 1,4 Mio. € realisiert.

Die Gründer und die Entstehungsgeschichte

Das Unternehmen wurde von zwei Chemikern (Gründer A und B) gegründet. Nach seiner Promotion 1995 an der Universität suchte Gründer A eine Arbeitstelle; er gab Anzeigen auf und erhielt viele Angebote, darunter auch ein Angebot eines frei praktizierenden Wissenschaftlers, Gründer B. Dieser wollte zur Vermarktung seiner Erfindung der Magnet-Partikel-Separation ein Unternehmen gründen und suchte einen

Gründungspartner. Gründer A erarbeitete einen Businessplan und 1997 wurde das Unternehmen gegründet. Die Basis des Geschäftskonzepts war das Verfahrenspatent des Gründers B.

Die Universität war nur durch die Bereitschaft, ein Gründungsförderungsprogramm des Landes zu nutzen, an der Gründungsvorbereitung beteiligt. Im Rahmen dieses Programms konnten die Gründer einige Monate die Infrastruktur der Hochschule für die Gründungsvorbereitungen nutzen. Gründer A wurde darüber hinaus vom Land für diese Zeit bezahlt.

Finanzierung

Die Startfinanzierung erfolgte über Eigenmittel der Gründer und dem Wagniskapital einer kleinen regionalen Kapitalbeteiligungsgesellschaft, deren Investoren mittelständische Unternehmer aus der Region waren. Auch in späteren Finanzierungsrunden waren regionale Mittelständler, organisiert in einer Gesellschaft, die wichtigsten Investoren. Die Anfangsbeteiligungen wurden durch eine Landesgarantie abgesichert.

Den Bedarf an Fremdkapital deckt das Unternehmen heute durch Bankkredite ab.

Unternehmensentwicklung

Das Geschäftskonzept ließ sich zunächst nicht wie geplant umsetzen; die Magnetpartikel mussten kundenspezifisch und damit teuer produziert werden und es kamen keine Skaleneffekte zustande. Das Unternehmen kam 1999 in eine Liquiditätskrise und stand kurz vor der Insolvenz. Mit Hilfe des Kontaktnetzes des Gründers wurde dieses Problem gelöst (Gewinnung neuer Investoren).

Erst in 2002-2003 entstand eine wirksame Vertriebsstrategie. Auch das Geschäftsmodell wurde geändert: statt kundenspezifische wurden nun standardisierte, universell einsetzbare Magnetpartikel produziert. Das Unternehmen ließ eine Maschine entwickeln, in der das Stofftrennungsverfahren automatisiert ablaufen kann. So können heute große Losgrößen an Partikeln verkauft werden, mit denen große Margen erzielt werden. Das Unternehmen ist hierbei derzeit ohne Konkurrenz. Mit diesen Maßnahmen wurden und werden deutliche Erfolge bei der Markterschließung erzielt. Seitdem hat sich der Umsatz erhöht und stabilisiert. Der Break-Even-Punkt wurde für 2005 erwartet.

Erfolgsfaktoren

Die wichtigsten Erfolgsfaktoren für die Gründungsphase waren gute Beratung durch Berater der kommunalen Wirtschaftsförderung, das Engagement eines Bürgermeisters, attraktive Lokalitäten in einem Technologiezentrum und ausreichendes externes Eigenkapital.

Für die weitere Entwicklung des Unternehmens spielten die folgenden Faktoren eine positive Rolle: das alleinstellende Patent des Mitgründers; Motivation, Fähigkeiten und Durchsetzungswille des Gründers A; die anhaltende Investitionsbereitschaft regionaler Privatinvestoren; die Qualität und die Einzigartigkeit des Produktes bzw. des modifizierten Geschäftmodells.

Für schwierige Phasen der Unternehmensbiografie waren u.a. folgende Einflüsse verantwortlich: Verzögerungen bei der Folge-Finanzierung; ungeeignetes Vertriebspersonal.

3.8 Gründung im Bereich Pharma/Life Science

Beschreibung

Das Unternehmen GmbH wurde im Juli 2000 als GmbH aus einer ostdeutschen Universität ausgegründet. Es entwickelt und vermarktet Wirkstoffe zur Bekämpfung von Infektionskrankheiten, die auf der Grundlage eines von der Universität angemeldeten Patents entstanden. Die Wirkstoffe dienen vor allem der Bekämpfung multiresistenter Erreger. Das Untenehmen prüft gleichzeitig die Eignung der entwickelten Wirkstoffe und ihrer Derivate als Arznei. 2001 hat das Unternehmen Büros im Biotechnikum der Uni bezogen. Es beschäftigt im Jahre 2004 zehn Mitarbeiter und erzielte einen Umsatz von ca. 640 k€.

Gründer und Entstehungsgeschichte

Die Gründer waren eine Professorin und drei promovierte Wissenschaftler der Universität. Ein privater VC-Fonds beteiligte sich und unterstützte den Gründungsprozess und den Aufbau des Unternehmens beratend.

Die Professorin hatte das Arbeitsteam an einer Universität organisiert und alle "Mitglieder zum Mitmachen begeistert". Basis für die Ausgründung waren ihre Forschungen, die zu einem vermarktungsfähigen Produkt führten. Die anderen Mitglieder brachten jeweils komplementäre Kompetenzen in das Unternehmen ein und runden das Profil ab. Das Beteiligungsangebot des Venture Fonds hatte letztlich den Ausschlag für die Gründung gegeben.

Finanzierung

Das Stammkapital von etwa 25.000 € wird von vier Gesellschaftern zu je 25% gehalten. Ein Patentdarlehen des Landes wurde zwischenzeitlich getilgt. Bis Ende 2002 verfügte das Unternehmen über eine Wagnisfinanzierung durch den Venture Fonds von 1,5 Mio. €. Gegenwärtig erhält das Unternehmen bis Ende 2005 Fördermittel vom BMBF und bis 2006 stehen Gesellschafterdarlehen zur Verfügung. Ab 2007 plant das Unternehmen, diese Darlehen aus dem operativen Cash-Flow zurück zu zahlen.

Unternehmensentwicklung

Der Markt für das Unternehmen gilt als relativ sicher und er wächst stetig. In den wenigen Jahren seines Bestehens hat sich das Unternehmen rasch vergrößert. Die enge Zusammenarbeit zwischen Universität und Unternehmen ist für beide von Vorteil: Die Universität akquiriert über das Unternehmen Forschungsaufträge aus der Industrie und das Unternehmen kann mit den Patenten, Laboren und der Kompetenz des Instituts seine Aufträge abwickeln. Der Break-Even-Punkt ist für Ende 2006 geplant. Bis in 2006 will das Spin-Off so autark sein, dass sämtliche Produktionsaufgaben unter eigener Regie bewältigt werden können.

Mit der Biokombinatorik verfügt das Unternehmen zur Herstellung neuer Medikamente ein Alleinstellungsmerkmal. Ziel ist es, Wirkstoff- und Verfahrenspatente zu verkaufen und dafür Lizenzen zu vergeben sowie FuE-Kooperationen mit Pharma-Unternehmen aufzubauen. Durch das Auftreten von Resistenzen ist der Bedarf an neuen Antibiotika enorm hoch. Der genaue Marktanteil lässt sich aber noch nicht beziffern.

Erfolgsfaktoren

Als gründungsentscheidend werden die wissenschaftlichen Forschungsarbeiten der Universität und die bestehenden Kontakte zu Kunden gesehen. Die Forschungsergebnisse und die Marktkontakte ließen eine Unternehmensgründung realistisch erscheinen. In der Gründungsphase war die Unterstützung durch die Universität entscheidend. Ohne die Mitarbeiter der Universität und ihre Kompetenz in der Forschung sowie ihre Verbindung zum Wagniskapitalmarkt hätte die Gründung kaum Aussicht auf Erfolg gehabt, denn die Barrieren für den Markteintritt sind zu hoch für kleine Unternehmen. Eine große Erleichterung war, dass die Gründer, mit den Gehältern der Universität im Rücken, den Gründungprozess voran treiben konnten. Eine große Hilfe war auch die Möglichkeit zur Nutzung der Infrastruktur der Universität für das neue Unternehmen sowie die Inanspruchnahme staatlicher Fördermittel (vom Bund und vom Land). Die enge Zusammenarbeit mit der Universität ermöglicht eine Unternehmensressourcen schonende, organische Wachstumsstrategie. Damit kann ein Kostenvorteil gegenüber Mitbewerbern, erreicht werden, die über diese Möglichkeiten nicht verfügen.

3.9 Gründung im Bereich Messtechnik/Sensorik

Beschreibung

Das Unternehmen wurde im Jahr 1999 aus einer ostdeutschen Technischen Universität (TU) ausgegründet und arbeitet auf dem Gebiet der Messtechnik im Nanometerbereich, vor allem für die Halbleitertechnik. Die Firma bietet spezifische Module für Sensorsysteme und Messgeräte an. Sie arbeitet in den Bereichen Automotive, Embedded Linux, Visualisierung und Vernetzung. Sie verfügt über drei Patente. Auf dem Gebiet der Messung bei extremen Temperaturen hält sich das Unternehmen für weltweit führend.

Derzeit hat das Unternehmen acht Mitarbeiter und es realisiert einen Umsatz von ca. 0,5 Mio. €.

Gründer und Entstehungsgeschichte

Die entscheidenden Grundlagen für die Gründung wurden von einem Professor der TU (Gründer) gelegt. Weil seine Arbeiten bei Industrieunternehmen auf großes Interesse stießen, kam die Idee auf, ein Unternehmen zu gründen. Der Gründer war zum Zeitpunkt der Gründung des Unternehmens 61 Jahre alt. Er verfügte über umfassende Erfahrungen aus seiner früheren Industrietätigkeit und seinen Aufgaben an der TU. Von 1999 bis Anfang 2004 war er – neben seiner Lehrtätigkeit an der TU – bei dem Spin-Off als zweiter Geschäftsführer tätig. Anfang 2004 hat sich das Unternehmen von dem bis dahin ersten Geschäftsführer getrennt (der von außen angeworben worden war) und der Gründer übernahm die alleinige Geschäftsführung.

Sowohl das günstige wissenschaftliche Umfeld und der Standort in der TU als auch die Nachfrage der Unternehmen aus der Region hatten die Gründung erleichtert. Die Ausgründung wurde zunächst in den Räumen der TU aktiv und konnte dort zu sehr günstigen Konditionen Anlagen, Räume und Mitarbeiter nutzen. Das Wachstum der Firma und vor allem die günstige Übernahme aller notwendigen Anlagen von der TU hat schon im ersten Jahr nach der Gründung einen Umzug in das nahe gelegene Gründerzentrum (GZ) notwendig gemacht. Die Standortwahl folgt der Logik der engen Kooperation mit der TU: Forschung, Entwicklung und Produktion sind eng miteinander verzahnt und machen eine laufende Abstimmung und gemeinsame Planung notwendig.

Finanzierung

Der Gründer hält 30% der Unternehmensanteile. Sein Sohn trat später bei und hält heute die restlichen 70% der Anteile. Die Finanzierung erfolgt ausschließlich über die Einlagen dieser beiden Gesellschafter. Die Gründung wurde ohne externes Kapital vollzogen. Es wurden bisher auch keine Kredite aufgenommen. Eine "Durststrecke" im zweiten Jahr wurde in Form von Gehaltskürzungen von allen Mitarbeitern getragen.

Unternehmensentwicklung

Die enge Verbindung zum Markt ist der Garant dafür, dass die entwickelten Leistungen des Institutes der TU auch tatsächlich wirtschaftlich verwertbar sind. Der Markt für die Produkte des Unternehmens gilt daher als relativ sicher und er wächst stetig. Die Umsatzentwicklung konnte von 2000 bis 2004 verdoppelt werden und seit 2003 werden Gewinne erwirtschaftet. Im ersten Jahr seiner Existenz hatte das Unternehmen v.a. Kunden betreut und mit ihnen die Spezifikationen für die erwünschten Sensor- und Messtechniken abgestimmt. Die Forschung und Produktion fand in der TU statt.

Im Zuge der Hochschulerweiterung wurden an der TU neue Anlagen angeschafft. Die bisherigen Anlagen konnten dadurch von dem Unternehmen kostenfrei übernommen werden, was auch die Standortverlagerung ins GZ befördert hat.

Erfolgsfaktoren

Für die Gründung waren entscheidend die Forschungsarbeiten der TU und die Nutzung deren bestehenden Kundenkontakte. Die Forschungsergebnisse und die Marktkontakte ließen eine Unternehmensgründung Erfolg versprechend erscheinen. In der Gründungsphase war die Unterstützung durch die TU besonders wichtig. Durch ihr Engagement konnten die hohen Markteintrittsbarrieren gesenkt werden. Die Gründung wurde außerdem durch die Nutzung der Anlagen und Ausrüstungen der TU erleichtert. Auch staatliche Fördermittel (von Bund und Land) werden genutzt.

Für die Profilierung der Angebote war die Zusammenarbeit mit einem Großkunden aus der Region wichtig. Die Unabhängigkeit der FuE ließ sich durch die hohe Eigenkapitalquote aufrecht erhalten. Aber ohne das selbstlose Engagement der Mitarbeiter hätte eine Liquiditätskrise nicht überwunden werden können.

3.10 Gründung im Bereich Medizinmesstechnik

Beschreibung

Das Unternehmen wurde 2000 aus einer ostdeutschen TU von zwei Professoren und einem Mitarbeiter der TU gegründet und arbeitet auf dem Gebiet der Medizinmesstechnik zur Biosignalanalyse. Mit diesem Schwerpunkt hat das Unternehmen Neuland betreten, auf dem es bislang weltweit konkurrenzlos agiert. Die Vermarktung der Leistungen ist aber noch problematisch, weil sie in der medizinischen Fachwelt umstritten sind. Die Firma hat ihren Sitz in einem Applikationszentrum auf dem TU-Campus. Derzeit beschäftigt das Unternehmen zehn Mitarbeiter und erzielt einen Umsatz von 0,3 Mio. €.

Gründer und Entstehungsgeschichte

Zwei ehemalige Professoren von einem biomedizintechnischen Institut für der TU hatten die Analysetechnik entwickelt und mit drei Patenten geschützt. Diese beiden Gründer sind heute nicht mehr im Unternehmen. Die Geschäftsführung liegt jetzt in den Händen des dritten Gründers und einer von außen rekrutierten Person, die Verbindungen zur Industrie und zur Technologiestiftung des Landes einbrachte.

Ende der 90er Jahre war die Entwicklungsarbeiten an der TU soweit voran gekommen, dass die Wissenschaftler Vermarktungsmöglichkeiten suchten. Die Verbindung mit der medizintechnischen Industrie, deren Interesse an einer Vermarktung der Analysetechnik und die Unterstützung der Technologiestiftung und der TU ließen eine Ausgründung und ein schnelles Wachstum viel versprechend erscheinen.

Finanzierung

Die beiden Geschäftsführer halten zusammen 50% der Unternehmensanteile. 43% gehören der Technologiestiftung und 7% einem weiteren Mitarbeiter. Die Gründung wurde ohne externes Kapital vollzogen. Die TU zahlte zu Beginn weiterhin die Gehälter der beiden Professoren und überließ Räume und Ausstattung dem Unternehmen für Forschungsarbeiten. Seit 2003 gibt es Bedarf für Außenfinanzierung; über die Technologiestiftung wurde eine stille Beteiligung vermittelt, die die Finanzierung bis etwa 2005 sichert. Eine Anschlussfinanzierung fehlt aber noch. Derzeit befindet sich das Unternehmen jedoch wegen eines Absatzeinbruchs in einer ernsten Finanzkrise. Wenn 2005 keine Finanzierung gefunden werden kann, muss das Unternehmen Insolvenz anmelden.

Unternehmensentwicklung

Nach guten Umsätzen im Gründungsjahr 2000 von rd. einer Mio. Euro ging der Umsatz bis zum Jahr 2004 auf knapp 300.000 € zurück. Die Mitarbeiterzahl stieg dagegen im gleichen Zeitraum von fünf auf zehn Personen an.

Die anfänglich günstigen Vermarktungsaussichten haben sich unternehmensgefährdend verschlechtert und zu einer ernsten Krise geführt.

Die Strategie des Unternehmens ist es, auf dem eingeschlagenen Forschungs- und Entwicklungspfad auf dem Gebiet der Biosignalanalyse zu bleiben. Die Geschäftführung, die Mitarbeiter, die TU und des Landes sind von der Produktidee überzeugt. Die Markterschließung – vor allem in Kliniken – ist jetzt das Hauptziel. Dazu soll die Marketingarbeit ausgebaut werden. Unterstützungszusagen gibt es dazu von einem renommierten medizintechnischen Unternehmen aus der Region. Erste Kontakte dazu wurden bereits zu Interessente auf dem US-amerikanischen Markt hergestellt. In diesem Zusammenhang wird aber eingeräumt, dass man sich bei der Markterschließung bisher "im Zeitfaktor und bei den Kosten für Marketing für ein solch neues Produkt verkalkuliert hat".

Erfolgsfaktoren

Entscheidende Faktoren für die bisher gute Entwicklung des Unternehmens waren die wissenschaftlichen Vorarbeiten der TU, die ein innovatives Produkt hervor brachten. Die Verbindungen zur Industrie und die von dieser in Aussicht gestellten Vermarktungsmöglichkeiten gaben den ausschlaggebenden Impuls zur Ausgründung. Wichtige Erfolgsfaktoren für die Gründer sind bisher die eigene Motivation und die Motivation der Mitarbeiter sowie die Überzeugung von der Marktfähigkeit der Produktidee. Hinzu kommt das kreative und wissenschaftliche Umfeld der TU. Auch die Kliniken der Region, die Entwicklungen nachfragten, und der Standort der GmbH in Räumlichkeiten an der TU haben die Gründung voran gebracht.

In der Gründungsphase war die Unterstützung durch die TU besonders wichtig. Ohne deren Mitarbeiter und ihre Kompetenz in der Forschung sowie ihre materielle und finanzielle Unterstützung wäre die Gründung und die bisherige Entwicklung kaum möglich gewesen, denn die Barrieren für den Markteintritt sind auf diesen Gebieten außerordentlich hoch. Eine große Hilfe war auch der schnelle Zugang zu staatlichen Fördermitteln des Bundes und, vor allem, des Landes.

Für die aktuell akute Liquiditätskrise sind Fehler bei der Einschätzung des zeitlichen, finanziellen und materiellen Aufwandes bis zur Markteinführung verantwortlich. Auch die fachlichen Vorbehalte des Marktes gegen die innovative Messtechnik wurden unterschätzt. Die skeptisch abwartende Haltung potenzieller Financiers kann für das Unternehmen bedrohlich werden.

3.11 Gründung im Bereich Messtechnik/Halbleitertechnik

Beschreibung

Das Unternehmen wurde im Oktober 1999 in Ostdeutschland als Ausgründung einer Technischen Universität (TU) als GmbH gegründet. Es entwickelt und vermarktet fünf Produktgruppen von Messtechnik im Nanometerbereich für die Halbleiterindustrie. Grundlage dafür sind Patente, die die Gründer während ihrer Tätigkeit an der TU angemeldet hatten. Gründung und Aufbau des Unternehmens fand in der Mutterorganisation statt. Heute verfügt es über 14 Mitarbeiter und erwirtschaftet einen Umsatz von ca. 1,5 Mio. €.

Gründer und Entstehungsgeschichte

Die Gründer waren drei Mitarbeiter der TU, die nach ihren Patentanmeldungen schnell erkannten, dass die Ergebnisse gut vermarktet werden könnten. Der Gründungsinitiator, ein promovierter Physiker mit einer Ausbildung in der DDR und wissenschaftlicher Tätigkeit in Westdeutschland und in den USA, wollte aus familiären Gründen seine wissenschaftliche Karriere aufgeben und in Ostdeutschland bleiben. Er ist jetzt alleiniger Geschäftsführer des Unternehmens und hält 67% der Anteile. Von 1999 bis 2001 war er gleichzeitig noch an der TU angestellt. Dort konnten seine Mitarbeiter Räume und Ausstattung nutzen, wo sie vorher an der Entwicklung von Messsystemen für Dünnschichtprozesse gearbeitet hatten. Dadurch hat das günstige wissenschaftliche Umfeld der GmbH den Gründungsprozess und den Einstieg in die unternehmerische Tätigkeit erleichtert. 2001 konnten ganz in der Nähe der TU Räume angemietet und das Unternehmen vollständig auf eigene Füße gestellt werden.

Finanzierung

Das Stammkapital wird von vier Gesellschaftern gehalten. Anfänglich wurde ein Patentdarlehen in Höhe von 25.000 € aus Mitteln des Patent- und Lizenzfonds des Sitzlandes genutzt. Dieses Darlehen wurde zwischenzeitlich getilgt. Der Geschäftsführer war, ist und bleibt bestrebt, das Unternehmen ohne Fremdkapitalfinanzierung weiterzuführen.

Der Break-Even-Punkt wurde bereits 2001 erreicht. Seit dem wird das laufende Geschäft vor allem aus dem Cash-Flow finanziert. Das Unternehmen plant, auch alle finanziellen Aufwendungen wie Investitionen in diesem und in den kommenden Jahren aus dem operativen Cash-Flow zu finanzieren. Zwischenzeitliche Kontakte mit Banken, insbesondere mit einer großen deutschen Geschäftsbank, haben für das Unternehmen eher existenzgefährdende Wirkungen gehabt.

Fördermittel bildeten eine gute Finanzierungshilfe. Es wurden in den ersten drei Jahren nach der Gründung Fördermittel vom Arbeitsamt genutzt. Vom Bund wurden Fördermittel für FuE-Kooperationsprojekte über sechs Jahre in Anspruch genommen. Probleme gab es dabei mit der Gegenfinanzierung des Eigenanteils durch die Hausbank ("sehr bürokratisches und skeptisches Verhalten").

Unternehmensentwicklung

Von Anfang an firmierte die GmbH als von der TU unabhängiges Unternehmen und trat dementsprechend auch auf den Markt auf. Anfänglich war die TU Hauptkunde. Mitte 2002 kam ein Großunternehmen als Kunde hinzu. Der Markt für Produkte des Unternehmens gilt nunmehr als relativ sicher. Er wächst sogar stetig. In den Jahren des Bestehens hat sich das Unternehmen rasch vergrößert. Die Mitarbeiterzahl konnte von drei im Gründungsjahr auf gegenwärtig 14 entwickelt werden. Das Umsatzvolumen stieg im gleichen Zeitraum von 0,1 Mio. € auf 1,5 Mio. € pro Jahr. Rund 60% des Umsatzes werden in Deutschland realisiert. Die anderen 40% werden über Exporte vor allem nach Korea, Japan und in die USA erwirtschaftet. Bis in 2006 will das Spin-Off so autark sein, dass sämtliche Produktionsarbeiten unter eigener Regie bewältigt werden können und eine Ausweitung der unternehmensinternen FuE möglich ist.

Erfolgsfaktoren

Die eigenen wissenschaftlichen Forschungsergebnisse und die Marktkontakte waren ausschlaggebend für die erfolgreiche Entwicklung des Unternehmens. Hinzu kommen das Engagement der Mitarbeiter und deren Qualifikation. Die Fluktuation ist gering; bisher ist erst ein qualifizierter Mitarbeiter auf eigenen Wunsch ausgeschieden.

In der Gründungsphase war die Unterstützung durch die TU – in Form von Nutzung von Räumen und Anlagen – sehr hilfreich, obwohl es zu der damaligen Zeit an der TU noch keine Technologietransferstelle gab. Die Unterstützung war eine sehr persönliche Initiative des damaligen Leiters der Arbeitsgruppe der TU, in der die drei Gründer tätig waren. Ohne eine solche oder ähnliche Unterstützung im Rücken wäre die Gründungsphase alleine und ohne Eigenkapital kaum zu bewältigen gewesen.

Wichtig war die Inanspruchnahme staatlicher Fördermittel vom Bund und vom Land. Auch der Standort ist ein wichtiger Erfolgsfaktor, denn eine räumliche Nähe zu Forschungseinrichtungen ermöglicht eine enge Kooperation und Verzahnung in FuE und erlaubt gleichzeitig, qualifizierte Mitarbeiter zu rekrutieren. Die Nähe zu anderen neugegründeten Firmen und etablierten Forschungseinrichtungen bildet zusätzlich einen sehr wichtigen Erfahrungshintergrund für eine Neugründung. Die ständigen persönlichen Kontakte mit anderen Unternehmern am Standort bringen Anregungen für gemeinsame Lösungen und führen zu wissenschaftliche und wirtschaftliche Synergien.

3.12 Gründung im Bereich Datenfunksysteme

Beschreibung

Das Unternehmen wurde im September 2003 als GmbH eines Stiftungslehrstuhls an einer ostdeutschen Universität gegründet. Es entwirft, produziert und vertreibt Geräte und Dienstleistungen, die es Mobilfunkherstellern ermöglichen, ihre Produkte wesentlich schneller und kostengünstiger auf den Markt zu bringen. Grundlage hierfür ist ein neuartiges Konzept für den Entwurf zukünftiger Datenfunksysteme, das das Unternehmen zum Patent angemeldet hatte.

Gründer und Entstehungsgeschichte

Das Unternehmen besteht aus einem achtköpfigen Gründerteam, allesamt wissenschaftliche Mitarbeiter am Lehrstuhl für Nachrichtentechnik des Mutterinstituts (MI), einschließlich des Leiters des Stiftungslehrstuhls; davon haben zwei die Geschäftsführung inne. Die Übrigen sind Gesellschafter und, bis auf den Lehrstuhlinhaber, auch tätige Mitarbeiter. Die Initiative zur Gründung des Unternehmens ging vom Lehrstuhlinhaber aus, der heute noch eine beratende Funktion einnimmt. Er hat seine Mitarbeiter von der Idee zur Selbstständigkeit überzeugt. Erst danach machte sich ein Teil der heutigen Gesellschafter auf die Suche nach einer konkreten Geschäftsidee, mit der die Gründung umgesetzt werden sollte. Im Gründungsprozess unterstützt wurde das Team im Rahmen des EXIST-Programms und von den anderen Ausgründungen am Campus, die ebenfalls auf Initiative des Lehrstuhlinhabers entstanden waren.

Finanzierung

Im ersten Jahr der Gründung konnten alle Mitarbeiter und sämtliche genutzten Anlagen über die MI abgerechnet werden. Eigene Anschaffungen wurden mit den Umsatzerlösen hauptsächlich aus dem Consultingbereich finanziert. Ab 2005 muss sich das Unternehmen um eine weitere Finanzierung bemühen. Die Akquisition von VC scheiterte jedoch und die Chancen auf eine künftige Einwerbung von Beteiligungskapital stehen, so die Gründer, nicht gut. Die Finanzierung der noch ausstehenden Entwicklungen soll nun über das Projektgeschäft, d.h. hauptsächlich über Consultingleistungen bewältigt werden. Die ursprünglichen Ziele für die Entwicklung weiterer Produkte mussten deswegen reduziert und an die aktuelle Liquiditätssituation des Unternehmens angepasst werden.

Unternehmensentwicklung

Mit ihren Produkten und Dienstleistungen zielt das Spin-Off auf Unternehmen der Halbleiterbranche bzw. auf Mobilfunk-Infrastrukturhersteller und Forschungseinrichtungen im Bereich von digitalen Funksystemen. Dieser Bereich ist von einem harten Wettbewerb geprägt. Die Vereinfachung und Beschleunigung des Innovationsprozesses ist daher ein zentrales Ziel der Unternehmen. Des Unternehmens Systemlösung für das Rapid Prototyping von Funksystemen soll die Spanne von der Entwicklung bis zum Markteintritt einer Innovation verkürzen und das Entwicklungsrisiko der Kunden minimieren. Mit dem gezielten Feedback des Lead Customers (Alcatel) soll das Prototypsystem bis 2005 zur Serienreife weiterentwickelt werden. Der Aufbau eines Vertriebssystems wurde bereits in diesem Jahr begonnen und wird weiter fortgesetzt. Für das nächste System ist ein Entwicklungszeitraum von vier Jahren veranschlagt. Eine Reihe von Patenten soll bis zum Jahr 2007 dafür sorgen, dass eine ganze Produktfamilie entsteht und zur Marktreife gebracht werden kann.

Die ersten Erlöse wurden bereits in 2004 erzielt. Der Break-Even-Punkt ist allerdings erst für das Jahr 2007 geplant.

Erfolgsfaktoren

Eine wichtige Voraussetzung für die bisherige positive Entwicklung des Unternehmens hatte der Lehrstuhlinhaber mit seinem Engagement geschaffen. Der Unternehmergeist und das Gründungsklima am Institut wirkten "ansteckend" und inspirierend. Für Gründer gibt es zahlreiche Unterstützung und Förderung, die v.a. schnell und unbürokratisch organisiert ist.

Erfolgreiche Geschäftskonzepte haben aber auch mit der Marktnähe von Entwicklungen zu tun. Am Institut sei dies durch die zahlreichen Unternehmenskontakte des Lehrstuhlinhabers gegeben. Diplomarbeiten und Promotionen entstehen i.d.R. mit Marktrelevanz, d.h. sind mit dem Bedarf der Industrie abgestimmt.

3.13 Gründung im Bereich Textilmaschinen

Beschreibung

Das Unternehmen wurde 1999 als Spin-Off einer Technischen Universität in Ostdeutschland gegründet. Die Firma plant und konstruiert Komponenten, Systeme und Anlagen, die i.d.R. manuelle Arbeitsgänge in Produktionsprozessen ersetzen, in denen textile Stoffe verwendet werden. Sie hat derzeit 16 Mitarbeiter.

Gründer und Entstehungsgeschichte

Der Gründer ist promovierter Maschinenbauingenieur und studierte an der Mutterorganisation (MO) Informationstechnik im Maschinenwesen. Ein spezielles System zur Handhabung von technischen Textilien wurde während der Zeit an der MI entwickelt und war die Grundlage für die Gründung. Der Gründer besitzt auch das Patent an diesem System. 1997 gründete er ein Ingenieurbüro parallel zu seiner Tätigkeit an der Universität. Das Unternehmenskonzept wurde 1997 durch den Deutschen Gründerfonds prämiiert und bestand im selben Jahr den Vergleich im ersten StartUp-Wettbewerb in Berlin. Die abschließende Entwicklung wurde ab 2000 im Rahmen des Programms FUTOUR gefördert.

Finanzierung

Auf dem Höhepunkt des New-Economy-Hypes arbeitete der Gründer noch in dem Institut der MO und finanzierte sich und seine Entwicklung über Gehalt und Infrastruktur des Instituts und über FUTOUR- und EKH-Mittel. Erst 2002 bemühte er sich um Bankkredite und bekam schließlich von der Förderbank des Landes Kredite bewilligt. Auch bei VC-Gebern wurde er zusammen mit seinem damaligen Unternehmensberater vorstellig, allerdings damals schon ohne Erfolg. Es gibt daher kein Beteiligungskapital im Unternehmen. Es wird dennoch in den kommenden Jahren auf eine externe Finanzierung (Förderung und Kredite) angewiesen sein.

Unternehmensentwicklung

Bedingt durch nicht zufrieden stellenden Absatz hat das Unternehmen in den vergangenen vier Jahren versucht, neue Geschäftsfelder aufzubauen. Es handelt sich dabei um Engineering, Handhabungstechnik und CRYO-Technologie. Besonders der Engineering-Bereich wird von den Kunden stark angefragt. Insbesondere Materialuntersuchungen als Dienstleistung, als auch der Aufbau von Sondermaschinen sind Schwerpunkte der Anfragen von Kunden unterschiedlicher Branchen. Aktuell macht das Unternehmen v.a. Projektgeschäfte, während das Produktgeschäft auf niedrigem Niveau stagniert.

Sofern es nicht mit seinen Produktentwicklungen auf dem Markt Fuß fassen kann, ist die Existenz des Unternehmens in einem kritischen Stadium: 2004 konnte ein Insolvenzantrag nur deswegen abgewendet werden, weil die Förderbank einen Forderungsverzicht ausgesprochen hatte.

Erfolgsfaktoren

Das Unternehmen kann aufgrund der prekären Situation nicht als Erfolgsgeschichte angesehen werden. Die Produktentwicklungen sind zwar marktreif, aber die Umsätze mit diesen Produkten fehlen.

Auf das Absatzdefizit bei den ersten Entwicklungen reagierte das Unternehmen mit einer Verbreiterung des Produkt- und Serviceangebotes und mit dem Versuch, neue Geschäftsfelder und Branchen als Kunden zu erschließen. Aber ob die schwierige Situation mit Projektgeschäft überwunden werden kann, ist fraglich.

Das FUTOUR-Programm war sehr wichtig, um einen großen Teil der Durststrecke von der Produktentwicklung bis zur Markteinführung zu überbrücken. Diese Form der Unterstützung war aus der Perspektive des Gründers ein wichtiger Überlebensfaktor.

3.14 Gründung im Bereich Nanotechnik

Beschreibung

Das Unternehmen ist eine AG. Es wurde 2000 aus einem Max-Plank-Institut (MPI) ausgegründet und zog 2002 nach Berlin. Das Unternehmen entwickelt Druck-Delivery-Systeme bzw. Kapseln auf nanotechnologischer Basis, die in der Medizin, in der Kosmetikindustrie und für den Einsatz von Wasch- und Reinigungsmitteln sowie für Klebstoffe genutzt werden. Das Unternehmen ist Zwischenproduktverkäufer an Pharmazentren (Nanokapseln), FuE-Dienstleister und Know-how-Verkäufer. 2004 erwirtschaftete das Unternehmen mit 16 Mitarbeitern einen Umsatz von ca. 600 k€.

Gründer und Entstehungsgeschichte

An der Gründung der das Unternehmen waren zwei habilitierte, zwei promovierte und ein weiterer Mitarbeiter des Mutterinstituts beteiligt: Eine Kapitalbeteiligungsgesellschaft des Landes, die Max-Planck-Gesellschaft (Mutterorganisation MO) und ein öffentlicher Seed Capital Fund wurden Mitgesellschafter. Zur Zeit beteiligen sich noch zwei der Gründer an der Führung der Firma.

Der entscheidende Impuls zur Gründung kam von der MO, die die jetzigen Gesellschafter zusammengebracht hat. Technologische Grundlage bildete die Methode eines Gründers zur Herstellung der Kapseln. Sie war schon weit genug vorangebracht und konnte vermarktet werden.

Der eine der heutigen Geschäftsführer und Mitgründer wurde 1999 vom MPI speziell für die Aufgabe angestellt, die Vermarktung dieser FuE-Ergebnisse vorzubereiten. Die MO stellte den Gründern über einen Lizenzvertrag acht Patente zur Verfügung und finanzierte anfänglich teilweise die Mitarbeiter des Unternehmens.

Finanzierung

Das Grundkapital von 25.000 € wurde in der Gründungsphase durch Mittel aus einem Innovationspreis, aus BTU-Beteiligungsförderung und aus FUTOUR aufgestockt. Der Seed Capital Fund und die Kapitalbeteiligungsgesellschaft des Landes stellten in den Jahren 2000 bis 2002 stille Beteiligungen bereit. Weitere Finanzierungsquellen konnten bisher nicht erschlossen werden. Insbesondere Versuche, über Banken Finanzierungen zu erreichen, scheiterten.

Unternehmensentwicklung

Das Unternehmen setzt seine Leistungen an Kunden aus bestehenden Kontakten der Gesellschafter und des MPI ab. Eine Marketingstrategie wurde zwar erarbeitet, hat aber noch nicht zu einer Ausweitung des Kundenstamms geführt. 75% der Stammkunden kommen aus Deutschland und 25% aus den USA. Weil der Markt für diese Leistungen neu ist und das Unternehmen ihn als Pionier bislang konkurrenzlos erschließt, kann das Unternehmen mit den Stammkunden und deren steigender Nachfrage wachsen. Der Break-Even-Punkt wurde 2004 bereits erreicht.

Das Unternehmen verfolgt eine angepasste Personalpolitik: Bei der Gründung wurden zehn Mitarbeiter eingestellt, zwei Jahre später erhöhte sich die Zahl der Mitarbeiter auf 15 und gegenwärtig ist sie 16. Das Unternehmen plant, die Zahl der Mitarbeiter bis 2007 zu verdoppeln.

Erfolgsfaktoren

Für die Gründung war ausschlaggebend, dass ein vom MPI weitgehend marktreif entwickeltes Produkt wirtschaftlich verwertet werden konnte. Für die wissenschaftliche

Innovation gab es eine steigende Nachfrage aus der Industrie und das Unternehmen bekam über die Stammkunden des MPI einen schnellen Zugang zum Markt. Das MPI hat damit zwei wichtige Grundlagen für den Erfolg des Unternehmens gelegt, nämlich das Produkt und die Vorarbeit auf dem zugehörigen Markt.

Darüber hinaus waren in der Gründungsphase der Zugang zu Forschungsarbeiten des MPI wichtig, seine personelle und finanzielle Unterstützung, die Ansiedlung am Innovationsstandort mit vielen gleichen kleinen gleichartigen Firmen, die sich gegenseitig unterstützen, die Qualifikation der Mitarbeiter, Einstellungszuschüsse des Arbeitsamtes und die Unterstützung durch Land und Bund (FUTOUR).

Für die weitere Entwicklung des Unternehmens ist von Vorteil, dass Investitionen in die eigenen produktiven Ressourcen immer erst dann erfolgen, wenn der Umsatz dies ermöglicht (pay-as-you-grow-Strategie), weil die MI dem Unternehmen mit ihren FuE-Ressourcen aufwändige Vorleistungen erspart. Ein weiterer Erfolgsfaktor für die Entwicklungsphase war/ist die fortgesetzte staatliche Förderung wichtig, insbesondere durch FUTOUR.

3.15 Gründung im Bereich Software für Audio- und Videotechnik

Beschreibung

Das Unternehmen ist ein Spin-Off eines HGF-Zentrums für Nachrichtentechnik (MI) in Berlin. Es wurde 1998 als GmbH gegründet und hat seinen Sitz in der unmittelbaren Nachbarschaft. Das Unternehmen fertigt Hard- und Software-Lösungen für digitale Audio und Video-Anwendungen. Die Software wird auf der Grundlage eines offenen MPEG-Standards entwickelt. Das Unternehmen hatte 2004 18 Mitarbeiter.

Gründer und Entstehungsgeschichte

Der Gründer ist Dipl.-Ing. für Elektrotechnik und arbeitete für das Institut an der Entwicklung eines Chips für HDTV in einem EU-finanzierten Projekt zusammen mit Fujitsu/Siemens. Durch diese Zusammenarbeit mit Fujitsu/Siemens ist klar geworden, dass für solche Anwendungen in der Zukunft eine enorme Nachfrage und entsprechende wirtschaftliche Verwertungsmöglichkeiten entstehen würden. Als vom selben Industriekunden der Auftrag kam, für den Prototypen die notwendige Systemumgebung herzustellen, schienen die Bedingungen für eine Ausgründung ideal: Mit dem Kunden als Entwicklungspartner und auf der Grundlage des Anschluss-Auftrages konnte das Unternehmen die ersten zwei bis drei Jahre seiner Start- und Aufbauphase finanzieren.

Finanzierung

Die Finanzierung setzte sich zusammen aus den Einlagen der zu Beginn noch drei Gründer und den Umsatzerlösen aus den Aufträgen für den Industriekunden. Als der Vertrag mit Fujitsu/Siemens 2000/2001 auslief, war eine neue Finanzierung noch nicht realisiert. Dann veränderten sich aber die Verhältnisse auf dem Kapitalmarkt durch den Zusammenbruch der New Economy völlig. Die Suche nach Beteiligungskapital dauerte über ein Jahr und führte nach vielen Absagen erst zum Erfolg, als Gespräche mit der Landesförderbank und einer öffentlichen Seed-Capital-Gesellschaft aufgenommen wurden. Später konnte sogar noch ein strategischer Investor aus München für das Unternehmen gewonnen werden.

Unternehmensentwicklung

Das Unternehmen startete mit sechs Mitarbeitern, die vom Mutterinstitut übernommen wurden. Während der Zusammenarbeit mit Fujitsu/Siemens wuchs das Unternehmen um mehr als das Doppelte auf 14 Mitarbeiter. Heute beschäftigt das Unternehmen 18 Mitarbeiter. Für 2005 ist ein weiteres Beschäftigungswachstum auf 24 Mitarbeiter vorgesehen.

Die Kunden des Unternehmens sind große und global agierende Multimedia-Konzerne, die Audio- und Video-Anwendungen für die Post-Produktion und Filmprojektion herstellen und die Produkte z.T. als OEM in ihre Systeme integrieren. Zum Vertrieb seiner Produkte arbeitet das Unternehmen mit einem Netzwerk internationaler Unternehmen mit Standorten in Israel, den USA, Japan und China zusammen. Nur der Massenmarkt für HDTV steckt noch in den Anfängen. Zu den aktuellen Unternehmenszielen zählt daher der Aufbau des Vertriebs für die HDTV-Anwendung.

Erfolgsfaktoren

Für die Gründungsphase des Unternehmens waren folgende Erfolgsfaktoren ausschlaggebend: Die frühzeitige Generierung von Wissen innerhalb des Mutterinstituts auf einem zukunftsorientierten Technologiefeld, die dort stattfindende kundenorientierte Entwicklung von Soft- und Hardware-Komponenten, die befristeten Arbeitsverhältnisse und der daraus entstandene Druck zur Suche nach anschließenden Erwerbs- und Einkommensmöglichkeiten, die spezifisch qualifizierten Mitarbeiter des Instituts und der dadurch mögliche Wissens- und Personaltransfer, die Möglichkeit zur Weiterarbeit mit dem Industriekunden, die Startfinanzierung durch den Industriekunden, die wissenschaftliche Begleitung und Beratung des Spin-Off durch ehemalige Kollegen und Vorgesetzte aus dem Institut.

Für die weitere Entwicklung des Unternehmens spielten folgende Faktoren eine Rolle: Die Qualität der Produkte und ihre alleinstellenden Merkmale auf einem technologischen Nischenmarkt und das gute Timing von Entwicklung und Markteinführung, der engagierte Einsatz der Mitarbeiter für das Unternehmen, die Finanzierung durch Institute des Landes.

3.16 Gründung im Bereich Lasertechnik

Beschreibung

Das Unternehmen ist eine GmbH und wurde 2002 gegründet. Die Kompetenz des Unternehmens liegt in der Entwicklung eines innovativen Verfahrens zu Herstellung von Distributed Feedback Lasern (DFB), ein Lasertyp, der sich durch hohe Präzision und Wellenlängenstabilität auszeichnet und in der Branche als "Königsklasse" gilt. Das Verfahren des Unternehmens zur Herstellung solcher Hochleistungslaser ist einfacher und preisgünstiger im Vergleich zu den anderen Methoden. Das Unternehmen hat heute 15 Mitarbeiter.

Gründer und Entstehungsgeschichte

Das Unternehmen ist eine Ausgründung eines WGL-Instituts (MI) in Ostdeutschland. Beide haben ihren Standort in unmittelbarer Nachbarschaft. Die Ausgründung erfolgte, weil der Kundenbedarf an entsprechenden Lasern nicht mehr vom Institut gedeckt werden konnte, andere Unternehmen die Produktion für das Institut aber nicht übernehmen wollten. Die beiden Gründer haben jahrelange Erfahrungen mit namhaften Herstellern der Mikroelektronikindustrie.

Grundlage der Gründung ist ein Patent des MI. Das Institut hat diese Entwicklung sehr stark an den Bedürfnissen der Industrie ausgerichtet. Der Markt für das Unternehmen gilt daher als relativ sicher und er wächst stetig. In den wenigen Jahren ihres Bestehens hat sich das Unternehmen rasch vergrößert. Weil das Produkt kundenspezifisch angefertigt wird und Skalenerträge damit ausgeschlossen sind, ist die Unternehmensidee nur durch eine enge Kooperation mit der MI tragfähig. Diese hält die gesamte Forschungs- und Entwicklungsinfrastruktur für das Spin-Off bereit (Labore, Ausstattung, Know-how und Produktionskapazitäten), die das Unternehmen nicht eigens anzuschaffen braucht. Das Institut wiederum profitiert von den Forschungsaufträgen, die das Unternehmen akquiriert.

Finanzierung

Das Unternehmen finanziert sich ausschließlich über private Einlagen der Gesellschafter, öffentliche Förderung und eigene Umsätze. In der Gründungsphase wurde das Unternehmen mit FUTOUR- und EEF-Mitteln und Mitteln aus der Gemeinschaftsaufgabe des Bundes und der Länder (GA) gefördert.

Unternehmensentwicklung

Im ersten Jahr seiner Existenz hat das Unternehmen v.a. Kunden des Instituts betreut und mit ihnen die Spezifikationen für die erwünschten Laser-Produkte abgestimmt. Das Institut war zunächst zuständig für die Forschung und Produktion. In der Aufbau- und Wachstumsphase versucht das Unternehmen den Eigenanteil an der Forschung und Entwicklung stetig zu vergrößern. Die Produktion im Institut gilt als Vorstufe zur Serienfertigung. Entwicklung und Produktion sind eng miteinander verzahnt. Im Zuge der Unternehmensentwicklung ist auch der Bedarf an eigenen Mitarbeitern und Anlagen gestiegen. Deswegen musste das Unternehmen in 2003 eigene Räume im nahe gelegenen Gründerzentrum anmieten.

Erfolgsfaktoren

Die wichtigsten Erfolgsfaktoren **für die Gründungsphase** waren die Unterstützung der MI und deren wissenschaftlich-technischen Vorarbeiten, deren Kontakte zu Industriekunden und die Möglichkeit, aus ihr spezifisch qualifizierte Mitarbeiter zu rekrutieren. Auch die staatliche Förderung war von zentraler Bedeutung.

Erfolgsfaktoren, die **für die weitere Entwicklung** des Unternehmens wichtig waren, sind die langjährigen Branchenerfahrungen beider Gründer und die daraus entstandenen professionellen Kontakte, die günstigen und nahen Räume im Gründerzentrum auf dem Campus, die Förderung durch FUTOUR und EEF sowie die andauernd enge Zusammenarbeit mit dem Institut, die eine "pay-as-you-grow-Strategie" ermöglicht. Damit hat das Unternehmen einen Kostenvorteil gegenüber Mitbewerbern, die ihrerseits erhebliche Vorleistungen in die FuE-Infrastruktur erbringen müssen.

3.17 Gründung im Bereich Pharma/Life Science

Beschreibung

Das Unternehmen mit Standort in Sachsen wurde 2000 als GmbH gegründet. Es ist eine Ausgründung aus einem westdeutschen Fraunhofer-Institut (MI). Es arbeitet an der Entwicklung von Arzneimitteln zur Verhinderung von Chemoresistenz in der Krebstherapie. Die Technologie des Unternehmens beeinflusst die Entwicklung bestimmter Gene in den Zellen in einer für den Patienten günstigen Weise und ist bislang ohne Konkurrenz. Das Businessmodell basiert auf Lizenzgeschäft. Heute beschäftigt das Unternehmen acht Mitarbeiter.

Gründer

Der Gründer ist habilitierter Naturwissenschaftler und war fast 60 Jahre alt, als er das Unternehmen gründete. Seit 1988 ist er Universitätsprofessor. Parallel dazu war er von 1982–2000 Abteilungsleiter im Fraunhofer-Institut und von 1982-1994 stellvertretender Direktor des Instituts.

Entstehungsgeschichte

Seit Mitte 1984 forschte der Gründer im Mutterinstitut nach einer Substanz, die verhindern soll, dass Krebszellen während der Chemotherapie unempfindlich werden. Ende der 90er Jahre war die Entwicklung so weit vorangetrieben, dass die Substanz in die klinische Prüfung gehen konnte. Ein australisches Unternehmen sollte daraus ein marktfähiges Produkt machen. Dass der Vertrag der Mutterorganisation mit diesem Unternehmen dann aber doch nicht zustande kam, war der entscheidende Impuls zum Schritt in die Selbstständigkeit.

Interne Konflikte im Institut führten dazu, dass der Gründer für seine Forschungen keine Unterstützung erhielt und statt dessen mit einen persönlichen Kontaktnetzwerk aus Bekannten und Unterstützern (z.B. aus verschiedenen Kliniken) zusammenarbeitete, die für ihn Tests durchführten. Hilfreicher als das Mutterinstitut war die FhG-Zentrale in München: Sie vermittelte einen Unternehmensberater, der bei der Erstellung des Businessplans und bei der Suche nach VC half. Diese verlief allerdings zunächst nicht erfolgreich; weder in Deutschland, noch Europa oder den USA fanden sich Partner, die in die Pläne des Gründers investieren wollten. Erst die kommunale Wirtschaftsförderung einer sächsischen Großstadt konnte ihm bei der Sächsischen Landesbank (SLB) Beteiligungskapital vermitteln. Mit dem 2004 abgeschlossenen Lizenzvertrag für den Vertrieb des Medikaments mit einem australischen Unternehmen ist auch das Weiterbestehen des Unternehmens gewährleistet.

Finanzierung

Der Gründer ist Hauptgesellschafter mit etwas mehr als 50% Anteil; die weiteren Gesellschafter sind der Sächsische Beteiligungsfonds (SBF), die Sachsen LB V. C., die Sachsen LB Corporate Finance Holding, die FhG und der australische Kooperationspartner. Die Finanzierung erfolgte im Wesentlichen aus dem Stamm- und dem Beteiligungskapital. Umsatzerlöse werden noch nicht erzielt; die Strategie besteht aktuell darin, Lizenzen insbesondere an japanische Unternehmen zu verkaufen und das Unternehmen damit zu finanzieren.

Unternehmensentwicklung

Das Unternehmen konnte den entwickelten Wirkstoff durch die Phase 1 und den ersten klinischen Test bringen. Erreicht wurde auch, dass die lebensverlängernde Wirkung der Substanz empirisch nachgewiesen werden konnte. Das Unternehmen hat sich seit seiner Gründung stetig vergrößert. Heute beschäftigt es acht Mitarbeiter. Aktuell arbeitet das Unternehmen daran, Lizenzen für Japan zu vergeben und sucht nach entsprechenden Partnern. Außerdem soll die Entwicklung der nachfolgenden Substanzen vorangebracht und weitere Medikamente hergestellt werden.

Zur Strategie gehört auch, sich in die von der regionalen Wirtschaftspolitik initiierten professionellen Netzwerke einzubringen. Insbesondere das BioMed-Netzwerk ist für die Firma wichtig, weil darüber nützliche Kontakte zu Kliniken, Ärzten und anderen Wissenschaftlern geknüpft werden können.

Erfolgsfaktoren

Zentrale Erfolgsfaktoren sind aus der Sicht des Gründers eine klare Vorstellung vom Produkt und sein Entwicklungs-Know-how, eine gute Standortwahl, die erhaltenen Hilfen zur kaufmännischen und betriebswirtschaftlichen Gründungsvorbereitung und Durchsetzungsvermögen gegenüber allzu kurzfristigen Gewinnerwartungen der Geldgeber; der Gründer sah sich schon des öfteren gezwungen, Entscheidungen gegen die Gesellschafter durchzusetzen.

4 Unternehmensgründungen aus dem Forschungszentrum Rossendorf

Zur Ergänzung der für diese Studie durchgeführten 20 Fallstudien, die keine Ausgründung aus ostdeutschen Forschungszentren einschlossen, wurde eine Sekundärauswertung einer Untersuchung über Ausgründungsaktivitäten des Forschungszentrums Rossendorf (FZR) bei Dresden (Mitglied der Wissenschaftsgemeinschaft Gottfried-Wilhelm-Leibniz) vorgenommen, die das Fraunhofer ISI im Jahre 2001 für das Landratsamt Kamenz durchgeführt hatte. Da diese Untersuchung detaillierter war, als sie in den einzelnen Fallstudien der hier vorgestellten Studie für das BMBF sein kann, sind einige Ergebnisse möglicherweise beispielhaft für andere große Forschungszentren, weshalb hier etwas ausführlicher darauf eingegangen wird.

Als Ergebnis der Umstrukturierung der ehemaligen Forschungsreaktoranlage der DDR entstand 1992 das Forschungszentrum Rossendorf (FZR). Den wissenschaftlichen Kern des FZR bildeten zum Untersuchungszeitpunkt 2001 sechs Institute, zwei Zentrale Abteilungen[102] und verschiedene fachübergreifende Projektgruppen. Die Forschungsschwerpunkte Struktur der Materie, Life Science sowie Umwelt und Sicherheit beschreiben ein breites Spektrum von theoretischen, mehr grundlagenorientierten bis hin zu experimentellen und schließlich auch industrie- bzw. produktnahen Projekten.

4.1 Ausgründungspotenzial im FZR

Ausgründungspotenziale bestehen, wenn auch in unterschiedlichem Grad, im Prinzip in allen Forschung betreibenden Organisationseinheiten des FZR. Einzig die Spezifität und Historie der Forschungsgebiete bringt es mit sich, dass unter den Bedingungen aufwendiger apparativer Ausstattungen und eines hohen Anteils an Grundlagenforschung die Potenziale für technologieorientierte Ausgründungen begrenzt und die FuE-Beschäftigten mit dem Gedanken einer eigenen unternehmerischen Tätigkeit noch wenig vertraut sind. Gründungsrelevant sind im Gegensatz dazu aber vor allem jene Technologiegebiete des FZR, die neben einer relativ geringen Kapitalintensität weitere Diffusionsmöglichkeiten aufweisen und deren Produkte und Verfahren mit Hilfe unterstützender und ergänzender Dienstleistungen eindeutige Alleinstellungsmerkmale erzielen können.

---

[102] Dabei handelte es sich um Institute für Ionenstrahlphysik und Materialforschung, für Bioorganische und Radiopharmazeutische Chemie, für Kern- und Hadronenphysik, für Sicherheitsforschung, für Radiochemie sowie um das Institut Hochfeld-Magnetlabor Dresden, ergänzt um die Zentralabteilungen Forschungstechnik und Strahlungsquelle ELBE.

Zum Zustandekommen von Gründungen bedarf es neben dem grundsätzlichen Potenzial des Fachgebiets auch der Gründungswilligkeit und -fähigkeit von Mitarbeitern, ihrer Motivation, unternehmerisch tätig zu sein und einer für Gründungen aufgeschlossene Atmosphäre. Entsprechend den Einzelaussagen befragter Mitarbeiter war zum Zeitpunkt der Befragung durch Fraunhofer ISI im Jahr 2001 die Bereitschaft und Fähigkeit, eine eigene unternehmerische Tätigkeit aufzunehmen, am FZR noch wenig entwickelt. Dabei ist zu berücksichtigen, dass viele der damals noch tätigen erfahrenen Wissenschaftler des FZR noch in der DDR-Zeit sozialisiert wurden und unternehmerisches Denken vielen von ihnen fremd war. Dennoch hatten einige unter ihnen nach der Wende den Sprung in die Selbstständigkeit gewagt. Hinzu kommt, dass die Mitarbeiter des FZR in der Mehrheit naturwissenschaftlich qualifiziert sind und waren, so dass kaufmännische Kenntnisse oder Unternehmenserfahrungen weitgehend fehlten. Aber insbesondere bei den jüngeren Wissenschaftlern bestand Interesse an industrie- bzw. marktnahen Projekten. Das traf vor allem dort zu, wo der Anteil der Drittmittelforschung hoch war, zahlreiche Stellen befristet und Doktoranden in den Forschungsprozess eingebunden waren.

In Anbetracht der Spezifität und hohen Erkenntnisorientierung der Forschungsarbeiten im FZR und der daraus resultierenden engen wissenschaftlichen und industriellen Märkte für Produkte und Verfahren, wurde der Option Selbstständigkeit größtenteils aber eher geringe Aussicht auf Erfolg eingeräumt. Weiterhin bedürfen Ausgründungen eines Umfeldes, in dem angehende Unternehmer Beratung und Betreuung erhalten, Zugang zu Netzwerken finden und sich durch Kooperation mit anderen Unternehmen und mit dem FZR Synergien für FuE, Fertigung und Vertrieb erschließen.

Inwieweit schließlich ein gründungsfreundliches Klima in den Instituten des FZR herrschte, war abhängig von den Erwartungen, die die Institutsleitungen an die Spin-Offs knüpften. Daher befürchteten einige Institutsleiter konkret den personellen Aderlass durch Weggang gründungswilliger Wissensträger, der die Leistungsfähigkeit der Institute beeinträchtigen könnte. Dem stünde jedoch die Chance entgegen, dass sich durch die neuen Kontakte des Ausgründers zugleich die Kontaktnetze des FZR erweitern.

Zusammenfassend zeigte sich, dass der Standort Rossendorf für Gründer nicht problemfrei war. Zwar haben die Institutsleiter des FZR, die häufig auch Ordinarien der TU Dresden sind, mit der wissenschaftlich sehr eng kooperiert wird, Zugang zu dortigen Forschungsergebnissen und erschließen sich darüber Studenten, Diplomanden sowie Doktoranden. Gleichzeitig resultieren aus der Randlage Rossendorfs aber Nachteile im Rekrutierungswettbewerb mit der TU um die leistungsfähigsten Mitarbeiter. Zudem ist der engere Standort Rossendorf weder als Zielmarkt für FuE-intensive Produkte und

Verfahren geeignet, noch existiert ein unmittelbares industrielles Umfeld, indem sich für die Forschungseinrichtung und für junge Unternehmen industrielle Kooperationspartner gewinnen ließen. Ein gewichtiger Vorteil für den Standort ist indes die Existenz des benachbarten Technologiezentrums, das Dienst- und Beratungsleistungen anbietet, Laboratorien zur Verfügung stellt und den Gründern somit günstige Startbedingungen ermöglicht. Zum Gründungsumfeld gehören ferner Kapitalgeber in Form von öffentlichen und privaten Darlehens- und Beteiligungsgebern, Wirtschaftsfördereinrichtungen, Berater, die Industrie- und Handelskammer und Technologieagenturen. Außerdem sind neben Kunden für FuE, Fertigung und Vertrieb Kooperationspartner in der Region notwendig. Dies alles finden Gründer in konzentrierter Form eher im breiteren wissenschaftlichen und industriellen Hinterland im Raum Dresden.

4.2 Unterstützungsleistungen des FZR

Im Bewusstsein, dass die Verkleinerung des Zentrums nach der Wende dramatische Auswirkungen auf die Existenz vieler bisheriger Mitarbeiter haben würde, wurde seitens der Zentrumsleitung die Option der Ausgründung bewusst als eine berufliche Alternative aufgebaut. Maßnahmen zur Gründungsförderung umfassen etwa die Unterstützung des Vorhabens im Vorfeld (Vermittlung von Beratungs- und Schulungsveranstaltungen, Unterstützung bei der Aufstellung von Unternehmenskonzepten, Gutachteneinholung), Transfer-Maßnahmen (Überlassung von FuE-Aufträgen, Abschluss von Nutzungs- und Lizenzverträgen, Einbeziehung in Verbundprojekte, Nutzungsüberlassung von Räumen und Geräten, Genehmigung einer entsprechenden Nebentätigkeit, zeitlich befristete Entsendung von Mitarbeitern in das ausgegründete Unternehmen oder Beurlaubung) sowie Finanzierungshilfen (Unterstützung bei der Erarbeitung von Förderanträgen, direkte Finanzierungsbeiträge der Institute, Kontaktvermittlung zu Kapitalgebern).[103]

Lobend erwähnt wurden von den befragten Ausgründern kaufmännische Seminare, die den Gründern über das benachbarte Technologiezentrum oder die FZR-Zentrale vermittelt bzw. organisiert wurden. Sie vermittelten neben wichtigem praktischen Wissen auch wertvolle persönliche Kontakte, die z.T. später in geschäftlicher Beziehung genutzt werden konnten.

---

[103] Vgl. "Leitlinie zur Förderung technologieorientierter Unternehmensausgründungen durch FZR-Mitarbeiter" (1999).

4.3 Ausgründungen aus dem FZR bis zum Jahr 2001

Je nach Marktnähe des Forschungsthemas sowie in Abhängigkeit von der Gründungswilligkeit und -fähigkeit der Mitarbeiter und von der Eignung der Standortcharakteristika konnten die Institute im FZR bis zum Untersuchungszeitpunkt (2001) in unterschiedlichem Umfang Erfahrungen mit Unternehmensgründungen aus ihren Wissenschaftsbereichen sammeln.

In einigen Fällen überließen die Mutterinstitute ihren gründungswilligen Mitarbeitern Patente bzw. Lizenzen, die die Basis der Unternehmensgründungen lieferten. Allerdings konnten 2001 nur weniger der Spin-Offs (noch) als erfolgreich bezeichnet werden. Vielmehr befanden sich einige Unternehmen in instabilen bis kritischen Situationen. Dafür zeichnete zum einen mangelndes Marketing verantwortlich, weshalb vorhandene Alleinstellungsmerkmale der Produkte kaum an potenzielle Kunden kommuniziert werden konnten. Zum anderen resultierten aus Unstimmigkeiten zwischen den Investoren und Unternehmensgründern hinsichtlich der Wachstumsziele finanzielle Engpässe, die die Entwicklung des Spin-Off gefährdeten.

Die Gründungsmotive der Wissenschaftler waren in den vorgefundenen Fällen recht unterschiedlich. Deutlich zu differenzieren sind dabei die Positionen der älteren von denen der jüngeren Wissenschaftler. So sahen sich Erstere vornehmlich aufgrund drohender Arbeitslosigkeit[104] zum Schritt in die unternehmerische Selbstständigkeit gezwungen und strebten mit ihren Unternehmen ein stetiges, risikoarmes Wachstum an, z.B. ohne Aufnahme von Fremdkapital. Im Gegensatz dazu gründeten jüngere Wissenschaftler mit der Absicht, etwas Neues ausprobieren zu wollen oder um ein lukratives Forschungsthema aufgreifen zu können, dessen Umsetzung im Institut aufgrund starrer Organisationsstrukturen und Hierarchien nicht möglich gewesen wäre.

---

[104] Das ursprüngliche Nuklearforschungszentrum der DDR wurde nach der Wende von den dort beschäftigten mehreren tausend Mitarbeitern radikal verkleinert auf heute 550 Mitarbeiter. Das bedeutete für jeden langgedienten Mitarbeiter eine reale Bedrohung, seinen Arbeitsplatz zu verlieren.

5 Relevante empirische Faktoren für den Gründungserfolg

5.1 Methodische Anmerkungen

Die Frage nach relevanten Erfolgsfaktoren kann offenbar je nach theoretischem und methodischem Zugang sehr unterschiedlich beantwortet werden. Die Literaturanalyse hat ein umfangreiches Set an Erfolgsfaktoren zu Tage gefördert, das zwar sehr differenziert ist, aus dem sich aber kaum Schwerpunkte für politische Strategien entwickeln lassen (vgl. Abschnitt 1.2). Deswegen wurde die Literaturanalyse durch einen eigenständigen qualitativen Zugang zum Feld ergänzt. Die Interviews in den selbst durchgeführten Fallstudien erbrachten subjektive Einschätzungen der Gesprächspartner über die Erfolgsfaktoren im individuellen Fall (vgl. die Kurzbiografien). Bei dieser Quelle hat sich gezeigt, dass die Befragten sehr unterschiedliche Sichtweisen auf "ihre" Erfolgsfaktoren haben. Einige der Gesprächspartner haben diese Frage auch sehr emotional und somit sehr subjektiv unter einem gegenwärtigen Eindruck beantwortet. Als dritte Quelle ergaben sich aus der Beobachtung der Interviewer, in der Gesamtschau mit den zusammengetragenen Daten und Informationen, Hinweise auf Erfolgsfaktoren, die zwar auf der etwas neutraleren Sicht des Untersuchungsteams gründen (vgl. die folgenden Ausführungen), dennoch auch nicht ganz frei von Subjektivismen sein können.

Insgesamt konvergierten die Erkenntnisse aus diesen drei Quellen aber zu einem Katalog wichtiger, empirisch beobachtbarer und theoretisch begründeter Erfolgsfaktoren, die somit trotz der jeweils vorhandenen subjektiven Elemente eine gute Wirklichkeitsnähe haben dürften.[105]

Weil in dieser Studie nur "erfolgreiche" Spin-Offs zu betrachten waren, konnte nicht geprüft werden, ob die bei den erfolgreichen Unternehmen gefundenen "Erfolgsfaktoren" auch bei nicht erfolgreichen Spin-Offs den gleichen (subjektiven) Stellenwert gehabt hätten und dort zumindest Krisen hätten mildern helfen. Eine Kontrollgruppe nicht erfolgreicher Spin-Offs sollte bei einer nachfolgenden Untersuchung vorgesehen werden, so dass einerseits eine Isolierung von Hemmnisfaktoren möglich wäre und andererseits eine Differenzierung der Wirkung der Erfolgsfaktoren.

In den folgenden Abschnitten wird ein Weg aufgezeigt, kontextabhängige Beobachtungen von Erfolgsfaktoren, fokussiert auf die unseres Erachtens **wichtigsten Betrachtungsschwerpunkte**, darzustellen:

---

[105] Dennoch müssen diese Ergebnisse in weiteren Untersuchungen mit breiterer empirischer Basis repräsentativ abgesichert werden.

- Finanzierung,
- Produkt, Markt und Strategien,
- Sozialkapital, Netze, Umfeld und Standort,
- Mutterorganisation, Politik, Unterstützung und Arbeitsteilung,
- Motivation und Humankapital.

Am Anfang wird zunächst für jedes Schwerpunktthema eine Übersicht auffälliger Beobachtungen gegeben, die, wo sinnvoll und möglich, nach verschiedenen Aktionsebenen (Gründer, Unternehmer, Branche/Technologie, Region[106]), Unternehmensphasen[107] und nach Ost- und Westdeutschland differenziert dargestellt werden.[108] Dann werden die oben am häufigsten genannten Einflussfaktoren daraufhin untersucht, ob sie erkennbar mit erfolgreichen oder Erfolg versprechenden Unternehmen korrelieren oder nicht. Erst daraus lassen sich endgültige Aussagen über die empirische Relevanz einzelner Erfolgsfaktoren ableiten.

Wichtig ist, an dieser Stelle noch einmal zu betonen, dass die folgenden Beobachtungen und die daraus gezogenen Schlüsse wegen des explorativen Charakters dieser Untersuchung keinen Anspruch auf allgemeine Gültigkeit erheben können. Dies ist insbesondere dann zu beachten, wenn in den Ergebnisdarstellungen relative Häufigkeiten genannt werden.

5.2 Finanzierung von Spin-Offs

5.2.1 Beobachtungen

Bei diesem Schwerpunktthema konnten die folgenden auffälligen Beobachtungen gemacht werden:

---

[106] In den Tabellen Tabelle 4 bis Tabelle 16 werden jeweils nur die Aktionsebenen aufgeführt, in denen sich das Spannungsfeld für die Ableitung von Erfolgsfaktoren, bezogen auf das jeweilige Schwerpunktthema, widerspiegelt.

[107] Die Trennlinie zwischen Vorbereitungs- bzw. Gründungsphase und "weiterer Entwicklungsphase" lässt sich nicht eindeutig ziehen. In der Praxis hängt sie von mehreren variablen Indikatoren ab (z.B. Beginn der zweiten Finanzierungsrunde oder Markteintritt oder Aufbau des Personalstamms etc.).

[108] Die differenzierte Betrachtung nach West- und Ostdeutschland (inkl. Berlin) bzw. ABL und NBL erscheint notwendig, um den unterschiedlichen Förderbedingungen und auch den unterschiedlichen Biografien der Wissenschaftler Rechnung zu tragen.

Tabelle 4: Beobachtung im Schwerpunktthema Finanzierung

Phase[109] Aktionsebene	Finanzierungsquellen in der Gründungsphase	Finanzierungsquelle in der weiteren Entwicklungsphase
Gründerperson	NBL: fast immer direkte o. indirekte Existenzgründungsförderung, auch über Arbeitsamt, bezahlte Stellen an MI ABL: gelegentlich direkte o. indirekte Förderung, bezahlte Stellen an MI	ABL u. NBL: Nachschüsse der Gesellschafter, Gesellschafterdarlehen, Gehaltsverzichte und -stundungen, Bürgschaften
Unternehmen	NBL: FUTOUR, EXIST, BTU u. sonst. Gründungsförderung, fast nur öffentl. Beteiligungskapital, Innovationsförderung, Nutzung der MI-Infrastruktur, Auftragserlöse, fast keine Bankkredite ABL: Auftragserlöse, öffentl. oder priv. Beteiligungskapital (viel VC, viele Angels, auch CVC), Landesförderung, Nutzung der MI-Infrastruktur, selten Bankfinanzierung	NBL: Innovations- u. Investitionsförderung, Auftragserlöse, öffentl. Beteiligungskapital, FuE-Förderung (EU, BMBF, Land), Innovationsassistenten ABL: Auftragserlöse/Cash-Flow, öffentl. oder priv. Beteiligungskapital (viel VC, auch Angels oder CVC), FuE-Förderung (EU, BMBF, Land), gelegentlich Bankkredite

5.2.2 Finanzierungsstrukturen

In der Mehrheit der Fälle waren und sind die Finanzierungsquellen sehr einseitig. Bei der Gründungsfinanzierung wird – neben der obligatorischen Eigeneinlage der Gründungsgesellschafter - entweder überwiegend auf Fördermittel oder überwiegend auf Beteiligungskapital gebaut; Kreditfinanzierung spielt fast keine Rolle. Selbstfinanzierung über Umsatzerlöse und Cash-Flow tritt relativ häufig und oft schon sehr früh hinzu, ein sehr positiver Befund. In Einzelfällen gingen die Gründer sogar mit gültigen Industrieaufträgen in die Gründung. Bedenklich ist aber das überwiegende Fehlen einer Mischfinanzierung, die eigentlich bei jedem Unternehmen in jeglicher Entwicklungsphase indiziert ist, wenn auch mit wechselnden Anteilen der jeweiligen Finanzierungsarten: Innenfinanzierung über Eigenmittel, freigesetztes Kapital, Cash-Flow und thesaurierte Gewinne, Außenfinanzierung über Beteiligungskapital, Kredite und Fördermittel.

Auffallend ist ein deutlicher Unterschied in den Finanzierungsstrukturen west- und ostdeutscher Spin-Offs. In Ostdeutschland fällt der geringere Anteil von Beteiligungs- und Bankfinanzierung auf. Dieser ist insbesondere deswegen erstaunlich, weil es sich gemäß der Fallauswahlkriterien um "erfolgreiche" Unternehmensgründungen handelt oder doch zumindest handeln sollte und davon auszugehen war, dass der (vermeintliche) Erfolg dieser Gründungen auch von Banken und VC-Gebern wahrgenommen und honoriert wird. Offenkundig gibt es sehr unterschiedliche Wahrnehmungen zwischen

---

[109] Vgl. Fußnote 107.

Kapitalgebern und öffentlichen Fördereinrichtungen. Wer jedoch die sensibleren Antennen für das wahre Erfolgspotenzial dieser Unternehmen hat – die unterstützenden und fördernden Institutionen oder die skeptischen Kapitalgeber – kann mit dieser Studie nicht abschließend und generalisierend beantwortet werden. Für die Gründer ist das zurückhaltende Verhalten besonders der Banken ein notorischer Grund für Frustrationen und Klagen. Viele ostdeutsche Ausgründer lehnen es sogar rundheraus ab, Bankkredite oder (privates) VC in Anspruch zu nehmen. Sie sehen in dem Verhalten dieser Institutionen eine Existenzgefahr für ihr Unternehmen.

In Westdeutschland ist die **Beteiligungsfinanzierung** im Sample eher die Regel, wobei privates VC eine große Rolle spielt (einschließlich Business Angels Finanzierung), auch bei Gründungen nach 2001.

Kreditfinanzierung durch Banken ist faktisch ohne Bedeutung bei der Gründung, in West wie Ost. Sie tritt punktuell erst in späteren Unternehmensphasen ein, oft unter Vermittlung vorhandener Kapitalgeber. Die Kreditinstitute verzichten offensichtlich gänzlich auf die Chance, im Gründungsprozess durch entsprechende Kreditangebote auf die Unternehmensgestaltung Einfluss zu nehmen; sie überlassen dies faktisch den Eigenkapitalgebern.[110]

Öffentlicher Förderung wird von ostdeutschen Spin-Offs grundsätzlich ein höherer Stellenwert beigemessen als von westdeutschen, auch bei der Gründungsfinanzierung, möglicherweise ein Effekt des größeren Förderangebots (FUTOUR, TOU etc.). Beklagt wird dabei, dass es ihnen schwer fällt, den hohen Eigenanteil für die Kofinanzierung öffentlicher Förderung aufzubringen.

Das ausgelaufene FUTOUR-Programm wurde von nahezu allen ostdeutschen Spin-Offs in Anspruch genommen und als gutes Beispiel öffentlicher Förderung bezeichnet.

Von fast allen Unternehmen des Samples werden in unterschiedlichen Kombinationen und Schwerpunkten Förderprogramme in Anspruch genommen. In Westdeutschland spielen Fördermittel eher im Rahmen von **FuE-Projektförderung** und nicht als Gründungsförderung eine Rolle. Insgesamt profitierten neun der 13 erfolgreichen oder Erfolg versprechenden Fälle von irgendeiner staatlichen Förderung.

Sechs der erfolgreichen oder Erfolg versprechenden Fälle (4 ostdeutsche und 2 westdeutsche) stellten sich, offenbar in Antizipation der (vermeintlichen) Engpässe bei der Mobilisierung der Finanzquellen, schon ab Gründung auf eine Kapital sparende Ent-

---

[110] Einschließlich der öffentlichen Fonds und der banknahen Kapitalbeteiligungsgesellschaften.

wicklung ein, indem sie auf Bankfinanzierung fast gänzlich verzichteten und nur schwache Bemühungen zum Einwerben von Beteiligungskapital unternahmen. Stattdessen verließen sie sich entweder auf Förderung oder auf die Selbstfinanzierung aus dem Cash-Flow. Dass sie sich dennoch positiv entwickelten, ist ein Beweis dafür, dass auch ohne Bank- und Beteiligungsfinanzierung eine stabile, wenn auch relativ langsame Entwicklung technologieorientierter Unternehmen möglich ist. Dem steht nicht entgegen, dass sie sich möglicherweise schneller und robuster entwickelt hätten und damit auch volkswirtschaftlich merklichere Spuren hinterlassen würden, wenn sie die zu Gebote stehenden Finanzierungsmöglichkeiten auch ausgeschöpft hätten.

Eine wichtige Rolle spielt, besonders bei den ostdeutschen Ausgründungen, die Möglichkeit für die Gründer, ihre Gründungsvorbereitungen und ihre operative Tätigkeit für ihre Unternehmen befristet noch während ihrer Anstellung in der Mutterorganisation zu betreiben. Mitunter beträgt die Dauer der Übernahme der Gehälter von Gründern oder potenziellen Mitarbeitern bis zu zwei Jahre.[111] In einzelnen Fällen behielten Gründer sogar ihre Arbeitsverträge mit der Mutterorganisation (nach eigenen Aussagen ohne Befristung), so dass ihre Tätigkeit für das Gründungsunternehmen eher den Charakter einer Nebentätigkeit annahm. Die Weiterzahlung der Gehälter reduziert einen gewichtigen Teil der Betriebskosten der Aufbauphase des Unternehmens, was einer staatlichen Zuschussförderung in nicht unerheblichem Umfang gleich kommt. Auch dies zählt zu den Instrumenten einer Kapital sparenden Strategie.[112]

Als Fazit lässt sich jedoch sagen, dass bei der Mehrheit der Fallstudien – gemessen an den realen (zumeist bescheidenen) Wachstumsstrategien – objektive Engpässe bei der Gesamtfinanzierung der jungen Unternehmen nicht zu beobachten waren, auch wenn Kapitalmangel notorisch als ein Grund für eingetretene Schwierigkeiten vorgeschoben wurde. Knappe Finanzierung wird – so ist auch aus vielen anderen Untersuchungen bekannt – fast immer als Grund für Nichterreichen der Entwicklungsziele genannt. Das ist aber oft die subjektive Sicht der Unternehmer, wohingegen die Analyse i.d.R. andere Ursachen für pekuniäre Probleme des Unternehmens aufzeigt.

Kapitalmangel erscheint nicht als direkte oder primäre Ursache nicht wunschgemäßer Entwicklung, sondern als Folge sonstiger Defizite (z.B. im Management, in den Strategien, in den Produkten, in der Marktakzeptanz etc.).

---

111 Das war bei allen Organisationstypen zu beobachten. In einigen Fällen erfolgte die Weiterzahlung auf Grund spezieller Förderprogramme (z.B. Landesprogramme bei den Universitäten), was jedoch den Befragten nicht immer bewusst war.

112 Vgl. Wolf/Ossenkopf (2005).

Hätte ein Unternehmen mehr Kapital zur Verfügung, könnte es mehr in Marketing und Vertrieb, Personal, Produktion oder Berater usw. investieren, könnte sich schneller entwickeln und könnte u.U. auch seine Schwächen kompensieren. Aber weshalb haben die Unternehmen wenig Kapital? Das ist ein Circulus Vitiosus, den wir noch nicht auflösen konnten; es lässt sich mit unserem empirischen Material keine eindeutige Kausalität aufzeigen.

5.2.3 Erfolgsfaktor Eigenkapitalquote?

Das Verhältnis von Eigenkapital zu Gesamtkapital eines Unternehmens, d.h. die Eigenkapitalquote (EK-Quote) gilt als wichtige betriebswirtschaftliche Kenngröße und je höher diese Quote ist, desto besser werden die Erfolgs- bzw. Überlebenschancen eingeschätzt. Das empirische Material aus dieser Studie lässt nur bedingt eine Überprüfung dieser These zu, da die Daten zur Berechnung von EK-Quoten Einblick in die Bilanzdaten mehrerer Jahre erforderlich macht, die das Untersuchungsteam nur in wenigen Fallstudien erhielt. Gleichwohl hat das Untersuchungsteam versucht, die EK-Quoten sehr grob abzuschätzen, konnte allerdings keine robusten Zahlen darstellen. Dennoch reicht dies aus, um zu versuchen, EK-Quoten und Erfolgsperformance miteinander zu vergleichen.[113] Hier die wichtigsten Erkenntnisse aus diesem Vergleich:

Zunächst fällt die im Durchschnitt hohe EK-Quote aller Spin-Offs auf; die Bandbreite liegt zwischen 20% bis 90%. 15 Unternehmen hatten bei Gründung sehr hohe EK-Quote von 80% und darüber, die sich auch bei den wenigsten im Verlauf der betrachteten Unternehmensentwicklung veränderte. Dies ist ein weiterer Hinweis auf die weitgehende Abwesenheit von Kreditfinanzierung, **insbesondere in den ostdeutschen Fällen**. Andererseits zeigt dies auch, dass die Gründung und der Aufbau von technologie- oder wissensbasierten Unternehmen durchaus nicht immer unter einer Eigenkapitallücke leidet, wie gern behauptet wird. Allerdings muss man angesichts des obigen Musters auch berücksichtigen, dass die meisten der Unternehmen, die eine sehr hohe EK-Quote vermelden, eher eine sehr bescheidene Wachstumspolitik verfolgen. Sie versuchen bewusst, sich (Fremd)Kapital sparend zu entwickeln und haben ohnehin einen geringen Kapitalbedarf, der sich dann in der Regel in der Gründungs- und Aufbauphase noch mit Eigenmittel der Gründer und Fördergeldern decken lässt.

Fünf Unternehmen hatten schon zur Gründung eine deutlich geringere EK-Quote. In zweien dieser Fälle sank sie infolge von Finanzierungskrisen, die über Kredite aufgefangen wurden, zwischenzeitlich zusätzlich stark ab, auf 2% bzw. 17%. Es überrascht

---

[113] Auf die Wiedergabe dieser Daten wird hier verzichtet.

aber, dass die Unternehmen mit niedriger EK-Quote bis auf eine Ausnahme sämtlich ältere Gründungen aus der Zeit vor dem New-Economy-Crash von 2001 sind, von der man weiß, dass es vergleichsweise leicht war, externes Eigenkapital einzuwerben. Man hätte für diese Zeit genau das umgekehrte Ergebnis, d.h. höhere EK-Quoten erwartet.

Eine Korrelation zwischen hoher EK-Quote und höherer Erfolgsneigung ist wegen des subjektiven Charakters unserer Daten noch nicht belastbar abzuleiten, auch wenn man bedenkt, dass das Sample gemäß dem gewählten Auswahlverfahren von erfolgreichen bzw. Erfolg versprechenden Gründungen dominiert ist. Drei der tatsächlich erfolgreichen Unternehmen in der Auswahl sind mit einer innerhalb des Samples relativ niedrigen EK-Quote von 50 bis 60 gegründet worden. **Da die beobachteten Eigenkapitalquoten im Maßstab deutscher KMU aber als außerordentlich hohe Quoten gelten müssen (bei deutschen KMU liegen sie üblicherweise eher unter 10%), wird mit unserem Sample die populäre These immerhin gestützt, dass eine relativ hohe EK-Quote über 30% ein Erfolgsfaktor ist.**

Es lässt sich hier aber nicht zeigen, dass während des New Economy-Hype (d.h. vor 2000/2001) wegen höheren Eigenkapitalangebots höhere EK-Quoten erreicht wurden. Auch lassen die EK-Quoten nicht den Schluss zu, dass die älteren Gründungen (aus den Jahren vor 2001) sich erfolgreicher entwickelten als die jüngeren.

Das stützt jedenfalls nicht die populäre These, dass sich die "Rahmenbedingungen" für akademische Spin-Offs und Start-Ups seit der Wende an den Kapitalmärkten generell verschlechtert hätten. Dieser Begriff ist auch zu diffus, meint er landläufig doch sowohl die rechtlichen, fiskalischen und förderpolitischen Bedingungen, als auch die allgemeine wirtschaftliche Situation. Nach 2001 haben sich nach unserer Meinung die rechtlich/fiskalisch/politischen Rahmenbedingungen nicht plötzlich geändert. Änderungen auf Grund administrativer oder gesetzgeberischer Maßnahmen kamen später und konnten sich erst in jüngerer Zeit auf die Gründungsbedingungen auswirken; sie betrafen unsere Fälle nicht mehr. Was sich allerdings radikal verändert hatte, war das Verhalten der Akteure auf den Märkten, einschließlich der Kapitalmärkte. In Reaktion darauf verfolgten die Gründer auch vorsichtigere bzw. zu bescheidenere Finanzierungsstrategien, leider oft in zu pessimistischer Einstellung zu ihren Möglichkeiten und in "voreilendem Gehorsam", der sich darin ausdrückt, dass keine privaten Beteiligungen und keine Bankkredite gesucht werden, weil man ja ohnehin keine Chance sieht, und statt dessen mehr Fördermittel eingeworben werden.

5.3 Produkt, Technologiefeld, Markt, Strategien

5.3.1 Beobachtungen

Bei diesem Schwerpunktthema sind die folgenden Beobachtungen hervorzuheben:

Tabelle 5: Beobachtung im Schwerpunktthema Produkt, Markt, Strategien

Phase[114] Aktionsebene	Beobachtungen in der Gründungsphase	Beobachtungen in der weiteren Entwicklungsphase
Gründerperson	NBL + ABL: Zumeist blauäugiger Glaube an Businesskonzept und Produkt, Markt wird notorisch falsch eingeschätzt, überwiegend bescheidene Wachstumsziele	NBL + ABL: Wachsende Professionalisierung, Schärfung der Arbeitsteilung im Führungsteam, erste Konflikte und Shake-outs im Führungsteam und in Gesellschafterkreis
Unternehmen	NBL + ABL: I.d.R. noch Wille zur Kooperation mit MI, Fortsetzung von FuE, anfängliche Umsätze hauptsächl. mit Dienstleistungen und Projektgeschäft, anfänglich zu breite oder zu enge Produktpalette (Verzettelung versus Risikostreuung), oft Patentschutz, meistens B2B-Geschäft, Fehler im Vertrieb, fast immer ungeeignetes Controlling, selten systematische Strategieplanung	NBL + ABL: Ernüchterung über Überzeugungskraft des Startprodukts, bei nicht befriedigender Entwicklung wird Strategie überdacht, Produktpalette eingedampft bis zu einem Ein-Produkt-Unternehmen, allmähliche Einschränkung von FuE und Verlagerung der Ressourcen auf Marketing u. Vertrieb, Organisationsstrukturen u. Führungshierarchien entstehen und verursachen Zäsuren im Führungsteam und beim Personal NBL: kein Fall, in dem eigenes Vertriebspersonal eingestellt wird ABL: Einstellung von Führungskräften und Spezialisten von außen (Vertriebsprofis)
Branche, Technologie	NBL + ABL: überwiegend innovative, erstklassige Technologien, oft in Nischenmarkt mit wenig Wettbewerb, aber geringen Wachstumsaussichten, fast nie angemessene Marktanalysen, wahrer Marktbedarf i.d.R. nicht bekannt bzw. unterschätzt, Kenntnis der Branche nur aus Forschersicht, Fehleinschätzungen des Käuferverhaltens, fast nie systematische, sondern intuitive Marketing- u. Vertriebsstrategie	NBL + ABL: Allmählicher Fokus auf wenige, aber attraktive Märkte, Produkt-Markt-Strategien entstehen, oft Abkehr vom ursprünglichen Businesskonzept und Neuaufstellung mit Turn-around-Charakter, allmählicher Aufbau v. Kenntnissen über Marktmechanismen und Kundenverhalten ABL: Zielmärkte des Spin-Off verändern sich, Produkte auch
Region	NBL + ABL: Gute Imagewirkung bei attraktiver Technologie, regionale Nachfrage fehlt oft u. ist nie ausreichend, meist überregionaler Absatz, nur gelegentlich starke Impulse aus der Region auf das Spin-Off NBL: aktivere Ansiedlungspolitik und attraktivere Förderangebote für Start-Ups	NBL + ABL: aktiver Aufbau eigener Innovationsnetze, weiterhin wenig Nachfragepotenzial in der Region, Märkte sind überregional, internationale Marktbearbeitung NBL: oft sind qualifizierte Fachkräfte zu Ost-Löhnen nicht zu bekommen

---

114 Vgl. Fußnote 107.

Phase Aktions- ebene	Beobachtungen in der Gründungsphase	Beobachtungen in der weiteren Entwicklungsphase
Volkswirt- schaft	NBL + ABL: Oft Missverhältnis zwischen spektakulärer Technologie und dahinter stehendem realen Marktpotenzial, Fördermittel z.T. fehlallokiert (geförderte FuE-Projekte sind oft nicht wirklich marktnah),	NBL + ABL: Geringe Impulse, geringes Wachstum, daher Struktureffekt schwach und nur langfristig zu erwarten, nur wenige Arbeitsplätze entstehen

5.3.2 Gründungsvorbereitung und Unternehmensstrategien

Die Vermutung liegt nahe, dass die Dauer und Gründlichkeit der Gründungsvorbereitung einen positiven Einfluss auf die Solidität der Gründung hat. Dies setzt voraus, dass sich die Vorbereitungen nicht nur auf (technischen) Entwicklungsanstrengungen beschränken, sondern auch und gerade alle kaufmännischen Aspekte des Businessplans abdecken. Businesspläne wurden zwar in fast allen Fällen anlässlich der Gründung erstellt, aber nicht in allen Fällen wirklich ernst genommen; sie waren ein notwendiges Muss für die Kapitalgeber und Förderer, für viele Gründer stellten sie aber eher Mittel zum Zweck der Kapitalbeschaffung, denn eine echte verbindliche strategische Planung dar.

Die ursprünglichen Businesspläne wurden dem Untersuchungsteam nur ausnahmsweise zur Verfügung gestellt, so dass der geplante kritische Blick auf das Geschäftskonzept nicht möglich war. Aus den Äußerungen der Befragten war aber dennoch oft abzuleiten, dass sich das ursprüngliche Konzept in der geplanten Form nicht realisieren ließ, weil die Marktreife der Produkte fehlte (d.h. der Nachentwicklungsaufwand die Ressourcen erschöpfte), die Märkte falsch eingeschätzt wurden, die vorhandenen Industriekontakte des Mutterinstituts nicht wirklich belastbar waren bzw. sich nicht auf das Spin-Off übertragen ließen, Vertriebskonzepte nicht vorhanden oder falsch waren u.v.m. Es stellt sich die Frage, ob die Gründer und ihre Berater und Betreuer in der Planungsphase gründlich und präzise genug recherchiert und geplant hatten. Tatsächlich wurden i.d.R. keine hinreichend detaillierten Umfeldanalysen oder Gutachten (Marktanalysen, Wettbewerbsanalysen, SWOT-Analysen, Technologietrend-Analysen usw.) gemacht, was ein wichtiger Bestandteil strategischer Planung ist. Die Gründe dürften darin zu sehen sein, dass die Gründer glaubten, Kapital für solchen Aufwand einsparen zu können, weil sie glaubten, "ihre Märkte" gut genug zu kennen. Und Berater oder Investoren bestanden zu wenig auf solche Analysen und Gutachten.

Wissenschaftliche Gründer verwechseln oft wissenschaftliche Industriekontakte mit kaufkräftiger Nachfrage. FuE-Kooperationen mit der oder FuE-Aufträge für die Industrie, wie sie sie von ihren Mutterorganisationen gewohnt waren, haben eine gänzlich andere Qualität und einen anderen strategischen Hintergrund bei den Industrieunternehmen als das kommerzielle Produktgeschäft im internationalen Wettbewerb. Ein Industriekunde des Mutterinstituts überträgt seine Wertschätzung gegenüber dem Institut nicht automatisch an ein Spin-Off, selbst wenn der Gründer der bisherige Kooperationspartner in der FuE-Kooperation war. Das Spin-Off hat sich in seiner Rolle ganz neu zu definieren und zu profilieren, was Monate und Jahre dauern kann. Aus diesem Missverständnis resultieren möglicherweise manche der Frustrationen und Schwierigkeiten, in die die Spin-Offs häufig in den ersten Jahren geraten waren.

Auffällig war, dass umfassende und langfristig angelegte und durchdachte Unternehmensstrategien in der Gründungsphase zumeist nicht vorlagen und, wenn überhaupt, oft unter dem Eindruck aktueller Suche nach neuen Finanzierungsquellen erst viel später entstanden sind. Das würde natur- oder ingenieurwissenschaftlich qualifizierte Gründer normalerweise zeitlich und fachlich überfordern. Hier sind externe Berater gefragt, doch für eine in dieser Hinsicht gründliche Beratung fehlen i.d.R. die Mittel bzw. weder Gründer noch Investoren sehen die Notwendigkeit, hierfür Mittel aufzuwenden.

Der Mangel an strategischer Planung und die unzureichende Kenntnis der eigenen Zielmärkte kann als notorisches und typisches Defizit bei technologieorientierten Ausgründungen aus der Wissenschaft angesehen werden; schon frühere Untersuchungen konnten die zeigen. Es ist nach unserer Einschätzung einer der entscheidenden Faktoren, die die wunschgemäße Entwicklung der Unternehmen hemmen.

5.3.3 Wachstumsziele

Die klare Mehrheit der betrachteten Spin-Offs folgt einer moderaten Wachstumsperspektive. Die Gründer suchen überwiegend eine Existenz aufzubauen, die ihnen und ihren Teams ein komfortables Auskommen ermöglicht.[115] Solche Ziele stehen im Kontrast zu den von Investoren und Förderern präferierten Zielen, so schnell wie möglich eine unternehmerische Einheit entstehen zu lassen, die entweder schnelle und hohe Renditen einbringt oder – im Sinne der öffentlichen Strukturförderung - innovative Impulse setzt, die einen wesentlichen Beitrag zum Strukturwandel und zur Beschäftigung leistet. Bescheidenere Wachstumskonzepte galten hier zu Lande seit ca. 15 Jahren als konservativ und unter wirtschafts- und innovationspolitischen Aspekten als wenig attraktiv, da sie für gesamtwirtschaftlich unbedeutend angesehen werden.

---

[115] Im angelsächsischen Raum werden sie eher geringschätzig als "lifestyle companies" bezeichnet.

Die Fallstudien legen die Vermutung nahe, dass die vorsichtigen Strategien der Gründer die unsicheren und riskanten Bedingungen der gegenwärtigen wirtschaftlichen Situation reflektieren. Sie sind sowohl Folge eines kaum mehr vorhandenen Marktes für Beteiligungskapital im Frühphasenbereich (von Bankkrediten ganz zu schweigen) als auch von Gründerstrategien, die offenkundig stärker an technologischen Zielen, an Sicherheit und Stabilität orientiert sind. Die auf rasches Unternehmenswachstum gerichteten Appelle sowohl der Politik als auch der Kapitalgeberszene und die eindeutige Priorisierung der (seltenen) "Stars", "Gazellen" oder "High Flyer" in der öffentlichen Präsentation werden daher der Wirklichkeit der Gründungen und auch den Perspektiven der Gründerpersönlichkeiten nicht gerecht.

5.3.4 Konsum- versus Investitionsgüter versus Dienstleistungen

Es findet in der politischen und wissenschaftlichen Diskussion Deutschlands erstaunlich wenig Beachtung, dass deutsche junge innovative, technologieorientierte Unternehmen oder Gründungen ganz überwiegend Investitionsgüter entwickeln bzw. erzeugen bzw. industriebezogene Dienstleistungen erbringen. Im Ausland, insbesondere im angelsächsischen, bedienen die bekannt gewordenen, hoch gerühmten Gründungs-Erfolgsstories der High-Flyer hingegen sehr oft Endverbraucher; sie sind also Konsumgüterproduzenten. Das macht einen entscheidenden Unterschied, denn Marketing und Vertrieb haben auf den Investitions- und Konsumgütermärkten grundsätzlich anderen Charakter und, vor allem, ein Investitionsgüterproduzent hat viel weniger Freiheitsgrade in der Beeinflussung seiner Märkte. Sie sind in ihren Markt- und Produktstrategien fast gänzlich abhängig von den Strategien ihre industriellen Kunden und die Zahl der Kunden ist überdies i.d.R. beschränkt und lässt sich nicht ohne Weiteres erweitern. Hohe Skalenerträge sind nur in wenigen Märkten zu erzielen, z.B. als Zulieferer der Autoindustrie. Konsumgüterhersteller haben oft größere Spielräume, ja eine gewisse Autonomie in der Marktbearbeitung; sie können – in gewissen Grenzen – das Marktpotenzial, das Marktwachstum, ihren Marktanteil und damit ihren Umsatz und Profit aus eigener Kraft steuern.

In unserer Auswahl von 20 Gründungsunternehmen bestätigt sich abermals das eingangs geschilderte Bild: Eine Mehrheit von 75% erzeugt oder entwickelt Investitionsgüter, entweder Hardware, Verfahren oder Prozesse, Software oder technikbezogene Dienstleistungen. Die folgende Tabelle zeigt die Details.

Im westdeutschen Teilsample ist das Verhältnis von Investitionsgüter- zu Konsumgüterherstellung 8:2; im ostdeutschen gibt es bei einem Verhältnis von 7:4 einen deutlich größeren Anteil von Konsumgüterproduzenten.

In der Kategorie der Investitionsgüterhersteller finden sich 80% erfolgreiche oder Erfolg versprechende Gründungsunternehmen, während die Quote bei den Konsumgüterherstellern nur 25% ist. Dies deutet darauf hin, dass das erwähnte Phänomen der schiefen Verteilung zugunsten der Investitionsgütermärkte auch einen strukturellen oder rationalen Hintergrund hat: Hier sind für junge Unternehmen offenbar leichter Erfolge zu erzielen, wenn sie ohnehin nur bescheidene Ziele verfolgen.

Tabelle 6: **Verteilung von Investitions- und Konsumgüterherstellern unter den Fallstudienunternehmen**

Güterart	Häufigkeiten			Erfolgsbewertung der zugehörigen Fälle* (relat. Häufigkeit**)
	ABL	NBL	alle in %	
Investitionsgüterhersteller insgesamt erstellen/entwickeln:	8	7	75%	3 x ++ (20%**) 9 x + (60%) 1 x 0 (0,7%) 2 x – (1,4%)
Hardware (Produkte, Systeme ...)	6	6		
Prozesse, Verfahren	2	1		
Software	2	1		
Dienstleistungen	2	3		
Konsumgüterhersteller insgesamt erstellen/entwickeln:	2	4*	25%	2* x + (25%) 3 x 0 (50%) 1 x – (1,7%)
Hardware (Produkte, Systeme ...)	1	4		
Software	1	1		
Dienstleistungen	1	0		

* Enthält einen Fall mit Doppelzählung in beiden Güterarten.
** Bezogen auf die Gesamthäufigkeit pro Kategorie.

Nichtsdestotrotz ist dieses Phänomen und seine Ursachen und Bedingtheiten sehr wenig erforscht und es wäre wünschenswert, wenn es in künftigen Untersuchungen über Technologieunternehmen und das Gründungsgeschehen stärker beachtet and analysiert würde, um Beiträge für das Entscheidungskalkül jedes potenziellen Gründers und für die Gestaltung von Förderprogrammen zu gewinnen.

5.3.5 Die Rolle der Technologiefelder

Die Fallauswahl erfolgte auftragsgemäß auch nach acht Technologiefeldern (vgl. Abschnitt 1.3). Diese Felder konnten aber angesichts der kleinen Fallzahlen nicht technikspezifisch betrachtet werden. Insofern musste diese Analyse auf eine Differenzierung der Erfolgsbedingungen nach Technologien oder Branchen verzichten.[116]

---

[116] Gleiches gilt im Übrigen auch für eine Differenzierung nach regionalen Faktoren.

5.4 Netze, Umfeld und Standort

5.4.1 Beobachtungen

Bei diesem Schwerpunktthema konnten die folgenden auffälligen Beobachtungen gemacht werden:

Tabelle 7: Beobachtung im Schwerpunktthema Netze, Umfeld und Standort

Phase[117] Aktionsebene	Beobachtungen in der Gründungsphase	Beobachtungen in der weiteren Entwicklungsphase
Gründerperson	NBL + ABL: Großes Vertrauen in persönliche Kontakte und Ratschläge im privaten Bereich, i.d.R. keine Kontakte in d. Industrie, mit Kollegen im Mutterinstitut häufiger fachlicher Austausch, Erfahrungsaustausch mit anderen Spin-Offs ist selten, Mutterinstitut vermittelt persönliche wissenschaftl. Kontakte i.d.R. weltweit	NBL + ABL: Eigene fachspezifische Kontaktnetze werden allmählich aufgebaut, vorhandene Netze werden wenig gewürdigt ABL: persönl. Austausch mit Mutterinstitut als Wissensquelle verringert sich zu Gunsten anderer Kontakte
Unternehmen	NBL + ABL: Aktive Rolle in vorhandenen Unternehmens- oder Kompetenznetzen wird selten gesucht, Nähe zum Mutterinstitut ist essenziell wegen Wissensaustausch, Personalrekrutierung und arbeitsteiliger Kooperation bei FuE-Aufträgen	NBL + ABL: Sich allmählich entwickelnde Rolle in Unternehmens- oder Kompetenznetzen ABL: zunehmende Emanzipation vom Mutterinstitut, Institut bleibt aber weiter Personalressource
Branche, Technologie	NBL + ABL: Mutterinstitut überlässt Spin-Off Kundenkontakte, sonst wenige technolog. Impulse aus dem Netzwerk	NBL + ABL: Aus branchenspezifischen oder thematischen Netzen wird zunehmend selektiv Nutzen gezogen, beginnende internationale Vernetzung
Region	NBL + ABL: 18 der 20 Spin-Offs haben sich in der Nähe des Mutterinstituts niedergelassen, Gründe hierzu: persönliche Standorttreue, leichtere Zusammenarbeit mit Mutterinstitut und Schwester-Spin-Offs, bei attraktiver Technologie gute Imagewirkung f. Region, geringe Verankerung in regionalen Unternehmensnetzen, gute Vernetzung mit vorhandener FuE-Infrastruktur, nur gelegentlich starke Nachfrage/Impulse aus der Region auf das Spin-Off, Anlockung attraktiver Spin-Offs mit günstigen Förderangeboten, weiche Standortfaktoren wichtiger als harte	NBL + ABL: aktiver Aufbau eigener Innovationsnetze, langfrist. positiver Beitrag zum innovativen Milieu, wissensbasierte Start-Ups verkümmern in wenig innovativer, undynamischer Umgebung,

---

117 Vgl. Fußnote 107.

Auffällig ist, wie stark sich Gründer zunächst auf ihre eigenen, persönlichen Kontaktnetze verlassen bzw. diese auf- und ausbauen und wie wenig sie vorhandene industrielle Netzwerke, Kompetenznetze, Cluster oder Innovationsnetze nutzen. Ausnahmen bilden nur die Netze der Mutterinstitute (wissenschaftliche Kontakte und Kundenkontakte), die die Gründer gern in Anspruch nehmen und weshalb oft der erste Firmenstandort in deren Nähe oder Nachbarschaft des Instituts gewählt wird. Alle weiteren vorhandenen Umfeldbedingungen spielen in der Wahrnehmung der Gründer eine geringere Rolle; so werden Verkehrsanbindungen und andere harte Faktoren erst nach gezielter Nachfrage als wichtig anerkannt. Allein ein regionales Förderangebot, das deutlich attraktiver als jenes im Bundesland des Mutterinstituts, konnte einige Spin-Offs veranlassen, sich in einer anderen Region niederzulassen.

5.4.2 Sozialkapital[118]

Es ist unumstritten, dass die Art und Weise, wie der Akteur in sein soziales Umfeld eingebettet ist, sowohl seine Handlungsmöglichkeiten als auch sein Zugang zu anderen Kapitalarten beeinflusst. Somit rückt das Sozialkapital und insbesondere seine strukturelle Dimension[119] – die sozialen Netzwerke – ins Zentrum unterschiedlicher sozioökonomischer und politischer Studien.

Der Soziologe M. Granovetter führte als erster die Begriffe "strong" und "weak ties"[120] ein. In einer seiner Untersuchungen kommt er zur Erkenntnis, dass die schwachen sozialen Bindungen (entfernte Bekannte oder Verwandte) eine entscheidende Rolle für die Übertragung wichtiger, nicht redundanter Informationen spielen können, z.B. für die Arbeitsuchenden.

Über die "weak ties" werden Informationen über neue Technologie-, Kooperations- und Marktmöglichkeiten vermittelt. Die relativ einfach zu pflegenden "weak ties" erlauben die Aufnahme externer Anregungen und spornen damit das Innovationspotenzial des jeweiligen Unternehmens an.

---

[118] Soziales Kapital wird als ein "Aspekt der Sozialstruktur, der individuellen als auch korporativem Akteuren breitere Handlungsmöglichkeiten eröffnet", verstanden. Eine Gebundenheit an die sozialen Beziehungen und eine relative Entkoppelung von dem einzelnen Individuum stellt einer der immanenten Eigenschaften des Sozialen Kapitals dar. Wegen dieser Eigenschaft, erhielt es auch die Bezeichnung "embedded" (eingebettetes) Kapital. Humankapital ist dagegen "embodied" (inkorporiertes Kapital).

[119] Nahapiet und Goshal verweisen in ihrer Arbeit auf drei Dimensionen des Sozialen Kapitals: Strukturelle/Kognitive/Relationale. Quelle: Nahapiet/Goshal (1998: 242-266).

[120] Granovetter (1973: 1360-1381).

Im Rahmen dieser Untersuchung ließ sich ermitteln, dass die "strong ties" (enge Verwandte und enge Freunde) einen besonderen starken Einfluss auf Standortentscheidung ausübten. Die familiären Bindungen und die Verbundenheit zum vertrauten Umfeld ließen die meisten Gründungen am Standort des Mutterinstituts entstehen, wiewohl hierbei auch die Nähe zu den ehemaligen Kollegen wichtig war.

Betrachtet man nur die 13 sich bisher positiv entwickelnden Gründungen im Sample, so ist festzustellen, dass nur etwa sieben der befragten Unternehmer ein mehr oder weniger dichtes persönliches Kontaktnetz außerhalb ihres Kollegenkreises für Ihre Unternehmensgründung bzw. für ihre spätere Geschäftsführungstätigkeit nutzten. Das gilt auch und gerade für die Kontakte zu Kapitalgebern. Wenn auch dieser Aspekt in der Analyse nicht vertieft werden konnte, verbleibt aus der Sicht der Interviewer der Eindruck, dass die Gründer sich zumindest zu Beginn eher in einem engen Aktionsraum von vorhandenen "strong ties" bewegten.

5.4.3 Teamgründungen

Unter den 20 Ausgründungen befanden sich 17 Teamgründungen, von denen sich bislang zwölf positiv entwickelten. Die drei Einzelgründungen erwiesen sich bisher als noch nicht eindeutig erfolgreich bzw. als erkennbar erfolglos. Das bestätigt einerseits die populäre und in diversen Studien formulierte These, dass Teamgründungen eine größere Erfolgschance besitzen. Andererseits heißt dies nicht, dass eine Teamgründung nicht auch Risiken bergen kann. In sechs Unternehmen mit Teamgründungen kam es in den ersten ein bis drei Jahren zu Veränderungen in der Geschäftsführung, d.h. Ausscheiden eines der geschäftsführenden Mitgründer, gelegentlich auch verbunden mit seinem Ausscheiden aus der Gesellschaft. In zwei Fällen war das Gründerteam als zu groß bezeichnet worden (5 bzw. 8), um noch effizientes Management zu gewährleisten. Die Wahrscheinlichkeit, dass "die Chemie unter allen Gründern stimmt" (was unbestreitbar als ein entscheidendes Erfolgskriterium gilt), sinkt merklich mit der Zahl der Gründerpersonen. Dies ist ein weiteres Argument dafür, dass eine optimale Größe des Gründerteams fünf Personen nicht überschreiten sollte.

5.4.4 Standortbedingungen

Jeweils sechs ost- und westdeutsche erfolgreiche und Erfolg versprechende Ausgründungen betonten explizit die Bedeutung der weichen und/oder harten Standortbedingungen, die sie genießen. Hierbei wurden überwiegend das günstige wissenschaftliche und entrepreneurial Umfeld, die Nähe zu ihren Mutterinstitutionen und anderen wissenschaftlichen Einrichtungen auf dem Campus erwähnt. Harte Standortfaktoren wie günstige Verkehrsanbindung und kommunale Infrastrukturen wurden in allen untersuchten Fällen genannt, sogar bei peripheren Standorten (jedoch nicht im Detail differenziert), so dass man diese Faktorkategorie zwar zu den wichtigen Erfolgsbedingungen in diesem Sample heranziehen kann, sie aber offensichtlich die Standortwahl nicht beeinflussten.

5.5 Mutterorganisationen

5.5.1 Praktizierte Ausgründungspolitik vor Ort

Die Institute und Forschungszentren innerhalb ihrer Organisationen besitzen entsprechend ihrer rechtlichen und satzungsmäßigen Konstruktion unterschiedliche Handlungs- und Entscheidungsspielräume; so ist die Autonomie bei den rechtlich unselbstständigen Instituten der Max-Planck- oder Fraunhofer-Gesellschaft und der Universitäten geringer als bei den rechtlich unabhängigen Helmholtz-Zentren oder Leibniz-Instituten. Zusätzliche Varianz bekommt die Frage der Ausgründungspolitik "vor Ort" auch dadurch, dass die gegebenen Spielräume von den jeweiligen Institutsleitern sehr unterschiedlich mit Leben gefüllt werden. Tatsächlich konnte das Untersuchungsteam bei seinen Fallstudien deutliche Abweichungen in der praktizierten Politik und Prioritätensetzung hinsichtlich der Unterstützung von Ausgründungen feststellen. Dies scheint einerseits sehr personenspezifische Gründe zu haben, die sich erst einer näheren psychologischen Analyse erschließen könnten, andererseits spielte die Situation im jeweiligen Forschungswettbewerb (Verlust von Know-how-Trägern) und auf den Arbeitsmärkten eine wichtige Rolle (Ersatz ausscheidender qualifizierter Wissenschaftler).

In diesem Zusammenhang ist darauf hinzuweisen, dass es Institutsleiter gibt, die davon überzeugt sind, dass ihr Institut auf Grund seines öffentlich-rechtlichen bzw. gemeinnützigen Status keine marktfähigen Produkte entwickeln dürfe. Solche Institutsleiter haben tendenziell eine höhere Neigung, Ausgründungen zu fördern, um auf diesem Wege sich abzeichnende marktnahe Entwicklungen zur Marktreife führen lassen zu können.

Die in der Praxis von uns beobachteten Ausgründungspolitiken oder -strategien lassen sich daher deutlich von einander differenzieren, und in den folgenden Abschnitten wird der Versuch gemacht, dafür spezifische Unterstützungsmuster herauszuarbeiten.

5.5.2 Strategiemuster der Mutterorganisationen

Insgesamt wurden Spin-Offs von zehn verschiedenen außeruniversitären Forschungsinstituten (unter dem Dach von 4 Forschungsorganisationen) und von sechs (überwiegend technischen) Universitäten untersucht. Wegen der geringen Fallzahl ist eine Typologisierung des Unterstützungsverhaltens oder Unterstützungsstrategien der Forschungseinrichtungen problematisch, weil nicht der Anspruch erhoben werden kann, alle möglichen Varianten erfasst zu haben.[121] Dennoch lassen sich auch im vorhandenen Sample spezifische Muster in den Aktivitäten erkennen, die sich nach dem Grad der Unterstützung für Ausgründungen unterscheiden lassen. Bei der Analyse der Unterstützungsstrategien wurde zwischen Aktivitäten der Mutterorganisationen in der Vorbereitungs-, Gründungs- und weiteren Entwicklungsphase der Spin-Offs unterschieden. Für die einzelnen Phasen wiederum wurden die Unterstützungsaktivitäten auf der Ebene der Gründer, der gegründeten Unternehmen, der Branche/Technologie und der Region untersucht. Folgendes Analyseraster gibt einen Überblick der jeweils betrachteten Kriterien und Variablen:

Tabelle 8:   Analyseraster

Phase[122] Aktionsebene	Vorbereitung	Gründung	Weitere Entwicklung
Gründer	Identifikation und Auswahl von Vermarktungschancen	IPR-Management Vorhabenprüfung Beratung und Coaching	Wissenstransfer
Unternehmen	Art und Grad der Unterstützung	Nutzung von Infrastrukturen, Kooperationen, Arbeitskräfte, Finanzierung	Kooperation, Finanzierung, Arbeitsteilung
Branche/ Technologie	Spezialisierung, Innovation, Einfluss auf neue Märkte	Kundenkontakte, Marktnähe der Forschung	Arbeitsteilung in der Marktbearbeitung
Region	Art und Grad der Unterstützung[123]	regionale Vernetzung	Aufbau von und Rolle in regionalen Netzen

5.5.2.1   Strategiemuster 1: Minimale Unterstützung

Die Unternehmensgründung wird ausschließlich von einzelnen Wissenschaftlern vorangetrieben. Die Idee dazu entsteht aus der wissenschaftlichen Forschung eines oder mehrerer Wissenschaftler im Mutterinstitut. Die Gelegenheit zur Gründung ergibt sich, wenn Patente angemeldet werden können, ihre Verwertung aber mit den Arbeitsprinzipien bzw. Satzungen der Mutterorganisation konfligieren würden. Die Geschäftsmodel-

---

121 An dieser Stelle muss darauf hingewiesen werden, dass die praktizierte Unterstützung durchaus von der offiziellen Politik der MO abweichen kann. Hier spielen die individuellen Präferenzen der einzelnen Institutsleiter eine große Rolle.

122 Vgl. Fußnote 107.

123 In der Vorbereitungsphase sind Art und Grad der Unterstützung auf beiden Aktionsebenen Unternehmen und Region sehr unterschiedlich.

le basieren auf einer Weiterführung und Ausweitung der Arbeiten, die im Kontext der Forschungseinrichtung begonnen wurden. Die Forschungsorganisation überlässt es den Gründern, ob sie individuelle Beratung in Förderfragen und Kooperationsmöglichkeiten innerhalb der Forschungsorganisation annehmen. Die Möglichkeit zur Nutzung von Räumen und Ausrüstungen besteht ebenfalls, i.d.R. zu günstigen Mietkonditionen. Darüber hinaus unternimmt die MI wenig bis nichts, um Ausgründungen aktiv zu fördern.

Tabelle 9: **Zusammenfassung des Strategiemusters 1**

Phase Aktionsebene	Vorbereitung	Gründung	Weitere Entwicklung
Gründer	individuelle Initiativen von Forschern	im Rahmen von Kooperationen mit anderen wiss. Einrichtungen und Unternehmen	keine Unterstützung
Unternehmen	keine Unterstützung	Nutzung von Infrastrukturen	keine Unterstützung
Branche/ Technologie	technolog. Spezialisierung und Forschung	Abwicklung gemeinsamer Projekte	keine Unterstützung
Region	keine Unterstützung	keine Unterstützung	keine Unterstützung

5.5.2.2 Strategiemuster 2: Vermittlung von Kompetenzen zur Unternehmensplanung und -führung

Bei den von uns untersuchten Universitäten ist eine stark gestiegene Sensibilität gegenüber dem Thema "Gründungsförderung" festzustellen. Die EXIST-Förderung hat z.B. die TU Dresden dazu genutzt, um ihre Ressourcen für die Beratung, Schulung und Förderung von gründungsinteressierten Absolventen, Doktoranden und wissenschaftlichen Mitarbeitern gezielt auszubauen. Aber auch andere Universitäten, wie z.B. die von uns betrachteten TUs in Berlin oder Ilmenau haben in den vergangenen Jahren ihre Aktivitäten zur Gründungsförderung verstärkt. Die Universitäten konzentrieren sich darauf, Studierende, Absolventen und Mitarbeiter über Wege in die Selbstständigkeit aufzuklären und Wissenschaftler zur Unternehmensgründung zu ermutigen. Die Option der Selbstständigkeit ist z.T. bereits im Grundstudium Thema von Seminaren und kann in späteren Abschnitten des Studiums gezielt vertieft werden. Das Ziel ist, möglichst viele Wissenschaftler anzustiften und mit Lehrveranstaltungen, Workshops und Beratungsangeboten Schlüsselkompetenzen für Gründer zu vermitteln. Es existieren aber keine Kriterien, wonach Gründungen nach Technologien, Märkten, oder regionalen Clustern selektiert werden. Die Unterstützungsangebote richten sich grundsätzlich an alle Fakultäten und Mitarbeiter der Universität.

Die Betreuung konzentriert sich auf die Vermittlung sozialer und betriebswirtschaftlicher Kompetenzen der Gründer in der Vorbereitungs- und Gründungsphase. Eine systematische Nachbetreuung in der Entwicklungsphase der Gründungen gibt es i.d.R. nicht. Allerdings hilft die Uni den Gründern dabei, ihr intellektuelles Eigentum zu sichern und Patente anzumelden und sie vermitteln Interessierten den Zugang zu gründungsrelevantem Know-how, sei es über Gründerwettbewerbe oder über kooperierende Berater und Technologiezentren.

Ein weiterer Schwerpunkt ist die Vermittlung von Kontakten zu relevanten Akteuren aus der Forschung und Wirtschaft der Region, die Vermittlung von Messepräsentationen und andere Formen der Kontaktaufnahme zwischen Wissenschaft und Unternehmen.

Als besonders fruchtbar wird an der TU Dresden die Erfahrung mit der Stiftungsprofessur über Unternehmertum und Selbstständigkeit gewertet. Sie habe zu einem "Klimawandel" und einer "unternehmerischen Atmosphäre" beigetragen. Selbstständigkeit werde wieder verstärkt als mögliche berufliche Perspektive wahrgenommen, wenn Studien- und Forschungsarbeiten nicht nur unter fachlichen Aspekten bewertet werden, sondern auch in der Perspektive ihrer wirtschaftlichen Verwertbarkeit.

In der Gründungsphase unterstützen die Universitäten ihre Ausgründer mit einer Reihe von Transfermaßnahmen, die den Start in die Selbstständigkeit erleichtern sollen. Dazu zählen

- die Überlassung von Sachmitteln (Räume, Geräte, Lizenzen) zu "marktangemessenen Konditionen",
- Kooperationen (Aufträge an und unterstützende FuE-Dienstleistungen für die Ausgründung, gemeinsam beantragte FuE-Projekte, Beteiligung an Projekten der MI)
- und der Wissensaustausch.

Diese strukturellen Förderbedingungen gelten grundsätzlich für alle Mitglieder der Universitäten. Zwischen den Lehrstühlen und Fachgebieten gibt es aber große Unterschiede im Engagement und in den Möglichkeiten zur Unterstützung von Gründern. Viel hängt hier von einzelnen Lehrstuhlinhabern ab, ihrer grundsätzlichen Forschungsausrichtung, ihrer Marktnähe und ihren Netzwerken zur Wirtschaft. Die Technischen Universitäten sind näher an der anwendungsorientierten Forschung als Universitäten und nutzen in manchen Technologiefeldern gezielt die Möglichkeiten, die sich durch unabhängige An-Institute bzw. Einrichtungen für Technologietransfer bieten. Die Trennung der Verantwortung und des Budgets für die Forschung von der Universität verschafft den Einrichtungen eine größere Freiheit in der Wahl von Forschungsthemen und -partnern und in der Durchführung von Forschungen und ihren Transfer in die Wirtschaft.

Die TU Berlin z.B. unterhält im Produktionstechnischen Zentrum (PTZ) eine Reihe von Instituten, die sich gezielt mit industrienahen Entwicklungen befassen. Die Forschungsprojekte werden hier stärker selektiert und Unternehmensgründungen stärker auf potenzielle Geschäftsfelder und Verwertungsmöglichkeiten ausgerichtet. Es ist auch üblich, Gründern Räume, Ausstattungen und Labore gegen Entgelt zu überlassen, um ihre Gründung vorzubereiten. Ähnliches lässt sich auch bei außeruniversitären Instituten betrachten.

Charakteristisches Merkmal dieses Musters ist die "Anstiftung zur Gründung" durch die Vermittlung von Schlüsselkompetenzen. Auf bestimmten Technologiefeldern unterstützen An-Institute oder einzelne engagierte Professoren eine spezifische markt- und industrienahe Forschung und strukturieren damit den Einstieg von Spin-Offs mit neuen Produkten auf neuen Märkten. Das Ziel ist eine möglichst hohe Zahl von Ausgründungen auf allen Technologiefeldern.

Tabelle 10: Zusammenfassung des Strategiemusters 2

Phase Aktionsebene	Vorbereitung	Gründung	Weitere Entwicklung
Gründer	Information, Sensibilisierung, Anstiftung, Hilfen bei der Identifikation von Geschäftsfeldern	IPR-Management, Businessplan-Beratung, Vermittlung von Kontakten u. Fördermitteln, Nutzung von Infrastrukturen	Wissensaustausch
Unternehmen	keine Unterstützung	Nutzung von Infrastrukturen Vermittlung von Förderprogrammen	Bearbeitung gemeinsamer Projekte Rekrutierung von Arbeitskräften
Branche/ Technologie	spezialisierte FuE an An-Instituten, Kontakt zu Firmen und Märkten	Vorhabenüberprüfung durch selektive Kundenkontakte, kaum systematische Prüfung, Gründerwettbewerbe	Keine Unterstützung
Region	Keine Unterstützung	Vermittlung regionaler FuE-Netzwerke, Gründerwettbewerbe	Keine Unterstützung

5.5.2.3 Strategiemuster 3: Unterstützung bei der Qualifizierung und Organisation des Wissenstransfers

Die Übergänge von universitären An-Instituten zu den außeruniversitären Forschungsorganisationen und -instituten sind fließend. I.d.R. geben die Institute außeruniversitärer Einrichtungen bereits in ihrem Namen die Spezialisierung zu erkennen, auf der sie ihre Forschungen profilieren. Die Konzentration auf eines oder wenige Technologiefelder erlaubt eine raschere und zuverlässigere Identifikation von "business opportunities". Im Vergleich zu den Universitäten verfügen sie über eine bessere Ausstattung für das IPR-Management und für die Bewertung von Forschungsergebnissen und Gründungsvorhaben. Letzteres hängt, so darf vermutet werden, mit der insgesamt besseren Vernetzung der Institute mit Unternehmen und Kapitalgebern zusammen. Über diese Kontakte kommen Signale über Bedarfe der Industrie und mögliche neue Märkte schneller in die wissenschaftliche Forschung und umgekehrt können Forschungsergebnisse rascher auf ihre wirtschaftlichen Verwertungsmöglichkeiten überprüft werden.

Die inhaltliche Prüfung von Vorhaben erfolgt z.B. bei der MPG über Garching Innovation, bei der Fraunhofer-Gesellschaft über die Venture-Gruppe und bei den Helmholtz-Zentren über eigene Marketing-, Lizenz- oder TT-Abteilungen. Sowohl in der Vorbereitungs- als auch Gründungsphase unterstützen diese Einrichtungen Gründer bei der Optimierung des Businessplans, sie überprüfen das jeweilige technologische Feld, den dazu gehörigen Markt und die Möglichkeiten zur öffentlichen Förderung. Ihre Branchenkenntnis und ihre Kompetenz im jeweiligen Technologiefeld erlauben ein gezieltes Marketing und Networking, indem z.B. Workshops für Gründer und Kapitalgeber veranstaltet und Kommunikationsplattformen für Gründer, Kapitalgeber, Unternehmen und andere interessierte Einrichtungen und Akteure (z.B. aus der Region) organisiert werden.

Tabelle 11: Zusammenfassung des Strategiemusters 3

Phase Aktionsebene	Vorbereitung	Gründung	Weitere Entwicklung
Gründer	Information, Hilfen bei der Identifikation und Auswahl von Geschäftsfeldern	IPR-Management, Businessplan-Beratung, Vermittlung von Kontakten und Fördermitteln, Beratung und Coaching, Nutzung von Infrastrukturen, Arbeitsvertragl. Sicherheiten, Nebentätigkeit	Beratung Wissensaustausch

Phase Aktionsebene	Vorbereitung	Gründung	Weitere Entwicklung
Unternehmen	Keine Unterstützung	Nutzung von Infrastrukturen, Vermittlung von Förderprogrammen, finanzielle Beteiligung	finanzielle Beteiligung, Bearbeitung gemeinsamer Projekte, Rekrutierung von Arbeitskräften
Branche/ Technologie	Spezialisierte FuE Kontakt zu Firmen und Märkten	Systematische Vorhabenüberprüfung	Keine Unterstützung
Region	Keine Unterstützung	Vermittlung regionaler FuE-Netzwerke, Gründerwettbewerbe	Keine Unterstützung

Wie bereits dargestellt, umfasst die Unterstützung durch die MO auch die Finanzierung der Spin-Offs in der Gründungs- und Entwicklungsphase. I.d.R. erfolgt auch eine Kapitalbeteiligung (meist als Sacheinlage in Form von Lizenzen), wenn Schutzrechte der Mutterorganisation betroffen sind und wenn absehbar ist, dass eine Beteiligung forschungspolitisch für die Mutterorganisation von Bedeutung ist. Neben den direkten Finanzierungsbeiträgen engagieren sich die Forschungsorganisationen i.d.R. auch in der Vermittlung von Beteiligungskapital, Fördermitteln und anderen Finanzquellen.

Charakteristisches Merkmal dieses Typs ist die technologische Spezialisierung und gezielte Organisation des Technologie- und Wissenstransfers durch Vernetzung in der scientific community und finanzielles Engagement. Das Ziel sind schnell wachsende und kapitalstarke Unternehmen, die neben der Technologie auch Know-how bzw. Lizenz transferierende MO auch einen Return of Investment garantieren.

5.5.2.4 Strategiemuster 4: Maximale Unterstützung und hohe Selektivität der Ausgründung

Wenn sich Forschungsarbeiten von Instituten auf "reife" Technologiefelder konzentrieren, bei denen nicht die wissenschaftliche Durchdringung einer Technologie im Vordergrund steht, sondern die Durchdringung von Märkten mit anwendungs- und nachfrageorientierten Produkten aus der industrienahen Forschung, eröffnen sich ihnen sehr spezifische Formen der Unterstützung von Spin-Offs. Beispiele dafür sind das Heinrich-Hertz-Institut und das Ferdinand-Braun-Institut für Hochfrequenztechnik (FBH) in Berlin oder einzelne Fraunhofer- und Max-Planck-Institute.

Aus deren Forschungsfeldern lassen sich immer wieder neue Anwendungsfelder erschließen. Dazu bedarf es aber auch einer klaren Ausrichtung der Forschung auf die Bedarfe der Industrie. Die Marktnähe muss hergestellt werden. Das FBH hat beispielsweise dazu sogar ein so genanntes Verbund- und Transferprogramm entwickelt, in dessen Rahmen Verbundprojekte und Kooperation mit Unternehmen organisiert und Produkte und Services entwickelt werden, die auf individuelle Anforderungen der Partner aus der Industrie zugeschnitten sind: Vom Entwurf bis zum lieferfertigen Bauteil. Der stetige Kontakt mit der Wirtschaft ermöglicht kontinuierliche Impulse zur industrienahen Ausrichtung der Forschung im Haus. Wenn sich aus dieser Zusammenarbeit potenzielle Geschäftsfelder heraus kristallisieren, kann dies zur Ausgründungsförderung genutzt werden. Ausgründungen stehen zwar nicht im Mittelpunkt der Institutsziele, Spin-Offs werden aber unterstützt, wenn dies dem Institut nützt: Z.B. als "Fenster zum Markt", wenn über Spin-Offs das Rating oder die Kundenorientierung des Instituts verbessert werden kann, wenn darüber mehr Forschungsaufträge akquiriert werden können oder wenn größere Losgrößen die Labor- oder Technikumskapazitäten des Instituts überfordern würden.

Der spezifische Vorteil für die Spin-Offs liegt in der relativ kurzen time-to-market-Phase von Institutsentwicklungen. Weil

- Forschungen bereits in engem Kontakt mit den Bedarfen der Industrie ausgerichtet,
- Entwicklungsarbeiten im Institut ggf. bis zu Prototypen voran gebracht
- und die Kunden des Instituts an die Spin-Offs weiter gegeben werden,

ist das Marktrisiko in der Einstiegsphase relativ gering. Typisch für Institute, die wie einige Fraunhofer-Institute, das Heinrich-Hertz-Institut (HHI) oder das Ferdinand-Braun-Institut (FBH) arbeiten, ist eine hohe Selektivität in der Unterstützung: Die Spin-Offs wachsen in die Technologiefelder hinein, auf denen sich das Institut spezialisiert und profiliert hat. Mit der Innovation wird im Idealfall nicht nur ein neues Produkt geschaffen, sondern sukzessive – in Kooperation mit interessierten und nachfragenden Unternehmen – auch ein neuer Markt. In einem konkreten Fallbeispiel konnte das ausgegründete Unternehmen im ersten Jahr seiner Existenz v.a. Kunden des Instituts betreuen und mit ihnen die Spezifikationen für die erwünschten Produkte abstimmen. Das Institut hielt für das Spin-Off die Entwicklungs- und Produktionsinfrastruktur vor. Ein Umstand, der die Neugründung von enormen investiven Vorleistungen entlastet hat und ihm die Möglichkeit gab, erst mit wachsenden Umsätzen eigene Entwicklungs- und Produktionskapazitäten aufzubauen ("pay-as-you-grow-Strategie").

Die enge Verzahnung von Forschung, Entwicklung, Produktion und Vertrieb zwischen Institut und Spin-Off kann, je nach der konkreten Konstellation, über mehrere Jahre anhalten. Unter diesen Bedingungen ist die Nähe für beide Seiten von Vorteil: Das Spin-Off kann auf die Entwicklungs- und Produktionskapazitäten des Instituts sowie auf seine spezifischen Kompetenzen im Technologiefeld zugreifen und Aufträge für Industriekunden abwickeln, während das Institut von den Forschungsaufträgen profitiert, die über die Kundenbeziehungen der Ausgründung akquiriert werden können.

Die hier beschriebenen Formen der Unterstützung der Spin-Offs stellen eine indirekte finanzielle Hilfe durch die MO dar. Eine weitere Form der indirekten finanziellen Unterstützung besteht beispielsweise darin, dass die MO dem Spin-Off Schutz- oder Verwertungsrechte zur Vermarktung zur Verfügung stellt.

Kapitalbeteiligung kommt quer über alle Strategiemuster dort vor, wo die Mutterorganisationen dafür Kapital bereitstellen können (u.U. gestützt durch Förderprogramme wie EXIST, das frühere EEF[124] u.ä.) oder wo eine Sacheinlage in Form von Schutzrechten, Lizenzen oder Anlagen erfolgt. Einige Mutterorganisationen (insbesondere die MPG mittels Garching Innovation oder Ascenion für einzelne HGF-Zentren) sind im Netzwerk der Beteiligungskapitalgeber so gut vernetzt, dass sie aus dem Netzwerk heraus Investoren effizient vermitteln können.

Aus dieser Form der Unterstützung folgt jedoch nicht zwangsläufig eine anhaltend enge Bindung zwischen MI und Spin-Off. Es gibt im Sample auch Fälle, in denen sich das Spin-Off nach der Gründungsphase mehr und mehr aus der engen Arbeitsteilung mit dem Mutterinstitut löst und einen eigenständigen Kurs sucht. Diese Emanzipationsbestrebungen sind verschiedenen Ursachen geschuldet. Möglich sind:

- Unstimmigkeiten über die Aufgabenverteilung,
- auseinander strebende Ziele des Instituts und des Unternehmers,
- Unstimmigkeiten über die Verwendung der Erlöse und Fördermittel,
- Wunsch nach Ablösung von der Mitsprache und Einflussnahme des Instituts in die Geschäftspolitik des Unternehmens und eine stärkere Unabhängigkeit,
- Notwendigkeit sich gegenüber der Industrie als Unternehmen und nicht als quasi-staatliche Forschungseinrichtung zu präsentieren.

Dieser Ablösungsprozess ist für die Mutterinstitute oft schmerzhaft, da er mit Know-how- und Personalabfluss verbunden ist und eine wichtige Schnittstelle zur Industrie allmählich oder gar abrupt wegbricht. Mit den Arbeitskontakten verringern sich auch die Synergieeffekte. Dementsprechend hört in dieser Phase auch zumeist die Unterstützung durch das Mutterinstitut auf.

Tabelle 12: Zusammenfassung des Strategiemusters 4

Phase Aktionsebene	Vorbereitung	Gründung	Weitere Entwicklung
Gründer	Hilfen bei der Identifikation von Geschäftsfeldern	IPR-Management, Vermittlung von Kontakten, Beratung und Coaching, Nutzung von Infrastrukturen	Wissensaustausch ggf. nur noch sporadisch

---

[124] Vgl. Abschnitt 2.2.2.2

Phase Aktionsebene	Vorbereitung	Gründung	Weitere Entwicklung
Unternehmen	Entwicklung von Produkten und Märkten für Ausgründungen	Nutzung von Infrastrukturen, ggf. finanzielle Unterstützung oder Beteiligung	parallele oder komplementäre Strategien, enge Arbeitsteilung in FuE, Vertrieb und Vermarktung, ggf. finanzielle Unterstützung, ggf. nur noch gelegentliche FuE-Kooperation, getrennte Strategien und Ziele, Rekrutierung von Arbeitskräften
Branche/ Technologie	Industrienahe und kundenorientierte FuE Intensive Kontakt zu Firmen und Märkten	Vorhabenüberprüfung durch Kundenkontakte bzw. gemeinsame Entwicklung von Märkten mit Unternehmen	Gemeinsames Kompetenzprofil mit MI Aufbau eigener Kompetenzfelder, inhaltliche Verbindung zum MI verblasst Rekrutierung von Arbeitskräften,
Region	Keine Unterstützung	Vermittlung regionaler FuE-Netzwerke und von Industriekontakten	Hilfen beim Aufbau regionaler Netzwerke, möglicherweise Wegzug

Andererseits sehen souveräne Institutsleiter, dass sie einen solchen Prozess nicht gegen den Willen der Unternehmer aufhalten können und legen ihnen keine Steine in den Weg. Aus der Sicht der Institutsmitarbeiter (die ja häufig nur befristete Stellen inne haben) sind solche Prozesse sogar geeignet, den Arbeitsplatz im Institut attraktiv zu machen, denn er eröffnet eine interessante Karriereperspektive.

Dennoch ist das charakteristische Merkmal dieses Musters die Vorbereitung von Produkten und Märkten für Spin-Offs, die Option auf längerfristige Bindungen zwischen Wissenschaft und Wirtschaft und eine (zumindest in der Anfangsphase) enge Arbeitsteilung zwischen Institut und Spin-Off bei der Abwicklung gemeinsamer Projekte und Aufgaben.

5.5.3 Schlussfolgerungen aus der Verteilung der Fallbeispiele auf die Strategiemuster

Die oben beschriebenen und vorgeschlagenen vier Strategiemuster traten bei unseren Fallstudien in unterschiedlicher Häufigkeit auf, wie die folgende Tabelle zeigt.

Tabelle 13: Verteilung der Strategiemuster

Muster-Nr.	häufig bei MO-Typ	Form der Unterstützung	Häufigkeiten ABL	NBL	alle in %	Erfolgsbewertung der zugehörigen Fälle* (absol. u. relative Häufigkeit)
1	Uni	Minimale Unterstützung in der Gründungsphase, viel hängt von individueller Initiative einzelner Forscher ab		1	5%	1 x + (100%)
2	Uni, WGL, FhG	Information, Sensibilisierung, "Anstiftung" zur Gründung, Beratung und Coaching, hptsl. personale Unterstützung, Überlassung von Räumen, Ausstattung, Gehälter, IPR-Management Geringe Selektivität	2	3	25%	1 x ++ (20%) 2 x + (40%) 1 x 0 (20%) 1 x – (20%)
3	MPG, FhG	Information, Coaching, Vermittlung in Netzwerken, Systematische Vorhabenprüfung, IPR-Management, Überlassung von Infrastrukturen, Gehältern, Gesellschafterbeteiligung, Finanzmanagement Technologische Spezialisierung Mittlere Selektivität	5	2	35%	1 x ++ (14%) 4 x + (57%) 2 x 0 (29%)
4	MPG, FhG	Vorbereitung von Produkten und Märkten für Spin-Offs durch marktnahe Ausrichtung der FuE, enge Verzahnung von FuE, Produktion und Vertrieb Technologische Spezialisierung Hohe Selektivität	3	4	35%	1 x ++ (14%) 3 x + (43%) 1 x 0 (14%) 2 x – (29%)

* Zu den Erfolgsbewertungen vgl. Abschnitt 6.1.

Das Muster 4 tritt am häufigsten auf. Darin finden sich zu 57% erfolgreiche oder Erfolg versprechende Fälle. Das nächsthäufige ist Muster 3, in dem ebenfalls 57% der Fälle erfolgreich oder Erfolg versprechend sind. Da aber auch die übrigen Strategiemuster hohe Erfolgsquoten erzielen, können aus dieser Verteilung und Fallzahl noch keine Schlüsse auf unterschiedliche Erfolgsneigung einzelner Muster gezogen werden; mit anderen Worten: **Bei allen Strategiemustern können Gründungen mit guten Erfolgschancen entstehen.**

Um zu einer angemessenen Beurteilung der Strategien und ihrer Relevanz für eine Neujustierung der Gründungsförderung zu kommen, müssen die vorgestellten Muster jeweils in ihren spezifischen Kontexten bewertet werden. Dazu gehören die strukturellen Möglichkeiten, die ihre jeweilige organisatorische Verfassung setzt und insbesondere die Möglichkeiten, die das jeweilige Technologiefeld bietet, auf dem die Organisationen arbeiten.

Bei den durchgeführten Fallstudien konnten einige Unterschiede beim Herangehen zwischen Universitäten und außeruniversitären Forschungsorganisationen beobachtet werden. Diese wurden vor allem auch in Gesprächen mit Personen im Umfeld der Gründer und der MO diskutiert. Es kann daher geschlossen werden, dass die nachfolgend beschriebenen Unterschiede eine breite Gültigkeit besitzen.

Universitäten haben strukturell andere Handlungskorridore als außeruniversitäre Forschungsorganisationen. Alle außeruniversitären Forschungsorganisationen unterhalten Institute, die auf ausgewählten Technologiefeldern spezifischen technologischen Entwicklungspfaden folgen und innerhalb dieser Korridore forschen, entwickeln und ausgründen. Die Universitäten dagegen sind einem universalen Bildungs- und Forschungsauftrag verpflichtet. Entsprechend bilden sie in vielen Disziplinen aus und forschen in verschiedenen Richtungen. Es gibt Ausnahmen und Modifikationen dieses grundsätzlichen Unterschieds zwischen Universitäten und außeruniversitären Forschungseinrichtungen: Universitäre An-Institute arbeiten so spezialisiert wie außeruniversitäre Einrichtungen. Sie haben aber auch vergleichbare Freiheiten wie Universitäten in der Ausrichtung ihrer Forschungen und können, je nach Engagement und Schwerpunkten ihrer Leiter, auch enge Kooperationen mit der Wirtschaft eingehen und marktorientiert forschen. Umgekehrt haben auch außeruniversitäre Einrichtungen die Freiheit, ihre Forschungen stärker grundlagenorientiert auszurichten.

Abgesehen von diesen Variationen bleibt aber der **konstitutionelle Unterschied**: Außeruniversitäre Einrichtungen arbeiten spezialisiert, Universitäten dagegen arbeiten ihrem Auftrag entsprechend auf einem breiten Feld von Disziplinen und Technologiefeldern. Dieser grundsätzliche Unterschied hat auch Folgen für das jeweilige Ausgründungsverhalten.[125] Außeruniversitäre Forschungsorganisationen, insbesondere des Musters 4, unterstützen Gründer primär auf den Kompetenzfeldern, auf denen sich das Institut profiliert. Sofern die Spezialisierung ein Technologiefeld betrifft, auf dem es weniger um Grundlagenforschung sondern um anwendungsorientierte Forschung geht, eröffnen sich daraus spezifische Förderungsmöglichkeiten für Ausgründungen. Der stetige Kontakt mit der Wirtschaft, z.B. im Rahmen von Verbundprojekten, und die ausgeprägte Ressourcenspezifität der Institute des Musters 4 ermöglicht eine gründli-

---

125 Vgl. hierzu Abschnitt 5.5.4.

che Vorbereitung von Produkten und Märkten für Ausgründungen. Die Spin-Offs können sich damit einen Teil der enormen Vorleistungen sparen, die für die marktreife Entwicklung eines Produktes oder einer Dienstleistung notwendig sind. Insofern gibt es für solche Spin-Offs eine kürzere "Durststrecke" zwischen Gründung und Produktentwicklung einerseits und ihrer Markteinführung andererseits zu überbrücken. Sie können schneller an die wirtschaftliche Verwertung der Produkte gehen. Dieser Mechanismus funktioniert allerdings nur bei den Ausgründungen, die tatsächlich auf eine konkrete Produktentwicklung oder auf einem konkreten FuE-Ergebnis basiert.

Ein Aspekt des beschriebenen Mechanismus ist allerdings, dass Ausgründungsaktivitäten von den Forschungsinstituten nur sehr selektiv vorgenommen werden. In einigen Fällen wurde deutlich, dass sie nicht der eigentliche Institutszweck sind, sondern nur Mittel zum Zweck: Sie werden vorgenommen, wenn es in die Logik bzw. in das Selbstverständnis der Mutterorganisation passt.

Bemerkenswert ist, dass die hohe Selektivität in den untersuchten Fällen nicht notwendigerweise mit einer niedrigen Gründungsrate einhergeht; vielmehr zeigen einige Fälle von außeruniversitären Mutterinstituten (z.B. aus der MPG oder der FhG), dass trotz ihrer hohen Spezialisiertheit wegen ihrer aktiven Ausgründungspolitik und ihres guten Gründungsklimas eine relativ hohe Gründungsrate entstehen kann.

Förderstrategien des 3. Musters sind in dieser Hinsicht offener und können entsprechend flexibler auf Gründungsvorhaben reagieren, die nicht unmittelbar auf der Grundlage institutsspezifischer Forschungsarbeiten entwickelt wurden. Die Stärke dieses Typus beruht auf einer breiten Kenntnis bestimmter Märkte und v.a. des Verhaltens von Banken und Beteiligungskapitalgebern. Gründungsvorhaben können auch dann unterstützt werden, wenn es nicht um einen Technologie- sondern "nur" um einen Wissenstransfer geht. Außerdem spielen bei der Entscheidung über eine Gründungsförderung nicht nur technologiepolitische Kriterien eine Rolle, sondern auch Renditeerwartungen für das Institut und die begründete Hoffnung auf eine weitere Zusammenarbeit im Rahmen von Forschungsprojekten.

Universitäten dagegen müssen ihre Mittel und Möglichkeiten auf viele Kompetenzfelder verteilen und geraten dadurch nahezu zwangsläufig im Hinblick auf ihre Ressourcenspezifität ins Hintertreffen. Ihre Unterstützung muss daher andere Formen annehmen. Sie können weniger in die Vorbereitung von Produkten und Märkten investieren, dafür aber mehr in personale Schlüsselkompetenzen gründungsinteressierter Absolventen, Doktoranden und Mitarbeiter. Ihr Bildungsauftrag prädestiniert sie zur Vermittlung von sozialen und betriebswirtschaftlichen Kompetenzen und zur "Anstiftung" zur Gründung in allen Phasen des Studiums.

Das Querschnittsthema der personalen Schlüsselkompetenzen ist allen Angehörigen der Universität gleichermaßen nützlich. Die fachliche Beratung bleibt dagegen den einzelnen Universitätsinstituten überlassen. Allerdings sind sie im Hinblick auf ihre Vernetzung mit Industrie, Wirtschaft und VC sowie anderen Formen der Finanzierungsförderung den außeruniversitären Einrichtungen tendenziell unterlegen. Im Unterschied zu den außeruniversitären Forschungseinrichtungen können sie auch weniger von einem spezifischen, klar definierten Forschungspfad und entsprechend kumuliertem Wissen profitieren. Sie sind daher mehr auf ihre eigene Kreativität und auf die Netzwerke angewiesen, die sie selbst oder über ihre Institute vermittelt, organisieren.

Die Fälle, die aus Universitäten ausgründeten, gaben an, dass sie ihre Entwicklungen keinen Machbarkeitsstudien unterziehen konnten, um z.B. die Marktaussichten zu prüfen. Die Gründungen erfolgen oft nur auf Basis von Messekontakten des Mutterinstituts oder Interessenbekundungen und Absichtserklärungen der mit dem Mutterinstitut kooperierender Unternehmen. Dies führt dazu, dass Unternehmen vergleichsweise früh ausgegründet werden (auch die befristeten Verträge der Mitarbeiter tragen dazu bei) und die Prüfung der Machbarkeit des Unternehmenskonzeptes auf das Gründerteam externalisiert wird. Daraus ließe sich eine weitere Hypothese entwickeln: Die Strategien der untersuchten Universitäten externalisieren das Gründungsrisiko zum großen Teil auf die Gründungsteams.

Natürlich schmücken sich auch Universitäten gern mit einzelnen Gründungserfolgen, im Prinzip aber scheint an Universitäten eine passive Politik zu gelten: "Je mehr Ausgründungen es gibt, desto höher ist die Wahrscheinlichkeit erfolgreicher Gründungen". Nach dieser Strategie wäre es allein Sache der Gründer und der Marktkräfte, eine Gründung zum Erfolg zu führen – im Unterschied zu außeruniversitären Forschungseinrichtungen des Musters 4, die Gründer gut vorbereitet und mit einem geringen Gründungsrisiko aus der Institution entlassen.

5.5.4 Politisch-rechtlicher Rahmen zur Ausgründungsunterstützung

Auch aus dem grundsätzlichen, gewissermaßen konstitutionellen Unterschied zwischen den untersuchten Mutterinstitutionen resultieren starke Unterschiede aus der jeweiligen Ausgründungspolitik. Weil der politisch/rechtliche Rahmen unter den bundesstaatlich unterstützten außeruniversitären FuE-Organisationen weitgehend vergleichbar ist, sind die entsprechenden Vorschriften und Handlungsmöglichkeiten bei der Unterstützung ihrer wissenschaftlichen Ausgründungen ähnlich, wie schon oben gezeigt wurde. Für die **Universitäten** ergeben sich jedoch wegen der föderalen Trägerschaft und der unterschiedlichen Hochschulgesetze starke Unterschiede im politisch-rechtlichen Rahmen und überdies erlauben unterschiedliche Landesförderpolitiken den Universitäten auch unterschiedliche Unterstützungsangebote. In so fern reichen die Erkenntnisse dieser Untersuchung auf Grund seiner kleinen Fallstudienzahl nicht aus, die Unterschiede auf Länderebene hinsichtlich ihrer Erfolgswirkung zu beurteilen.

5.5.5 Schutzrechtspolitik

Die Verfügung über alleinstellende Schutzrechte gilt für Technologieunternehmen, insbesondere Start-Ups, als wichtiger, wenn nicht mit entscheidender Faktor, um rasch die Markteintrittsbarrieren zu überwinden und Marktanteile zu gewinnen. Das gilt auch aus Sicht der Investoren, die von der Verfügung über Schutzrechte oft ihre Investment-Entscheidung abhängig machen.[126] Nun gibt es aber sowohl auf der Seite der Unternehmen, wie auch auf der der Mutterorganisationen und der Investoren unterschiedliche Politiken hinsichtlich des Umgangs mit gewerblichen Schutzrechten.

Üblicherweise erhalten akademische Ausgründer von ihrer Mutterorganisation Lizenzen an den für sie wichtigen Schutzrechten eingeräumt, je nach Nähe des Gründers zur Erfindung als exklusive oder nicht-exklusive Lizenz. Erstere Version gilt als starkes Alleinstellungsmerkmal, weil kein Wettbewerber ebenfalls Zugriff auf die Erfindung erhält; die nicht exklusive Lizenz ist dagegen eine wenig beliebte Variante. Lizenzvereinbarungen enthalten Ausstiegs- oder Kündigungsklauseln, die es dem Lizenzgeber erlauben, dem Unternehmen die Lizenz zu entziehen. Das sind einerseits die obligatorischen außerordentlichen Kündigungsgründe wie Insolvenz des Unternehmens oder rechtswidriges Verhalten, andererseits können auch Passivität oder Misserfolg bei der wirtschaftlichen Verwertung der Lizenz Kündigungsgründe sein. Hierin liegen natürlich Interpretationsspielräume, die die Furcht mancher Unternehmen oder Investoren vor Willkür und damit dem Verlust der Alleinstellungsposition am Markt nährt.

Demzufolge verlangen Unternehmer und ihre Investoren häufig, dass den Unternehmern die Patente selbst übereignet werden; denn diese wären gegen den Willen des Unternehmens dann nicht mehr disponibel. Bei einigen der Befragten, für die Schutzrechte überhaupt eine Rolle spielen, gilt eigener Patentbesitz als einziges wirklich belastbares werthaltiges Asset unter den gewerblichen Schutzrechten.

---

[126] So befand sich eines der Fallstudienunternehmen zeitweise in einer prekären finanziellen Situation, weil ein interessierter Privatinvestor sein Entscheidung davon abhängig machte, dass die Mutterorganisation dem Spin-Off das entscheidende Patent überließ, diese dem Wunsch aber wegen einer alternativen und möglicherweise attraktiveren Verwertungsmöglichkeit zunächst nicht nachgeben wollte.

Auch öffentlich-rechtliche oder staatliche akademische Einrichtungen werden nach dem Arbeitnehmererfindergesetz grundsätzlich Eigentümer der Patente, die auf Erfindungen ihrer Mitarbeiter zurückgehen. Der Arbeitgeber, d.h. in unserem Kontext die Mutterorganisation, hat auch das Vorrecht, die Patente unter ihrem Namen anzumelden, wobei es entsprechende Kompensationsangebote an den Erfinder geben muss. Diese Regelungen gelten seit dem Fall des so genannten "Hochschullehrer-Privilegs" im Jahre 2002[127] auch für Hochschulen. Der Patentinhaber kann jedoch im individuellen Fall entscheiden, dem Erfinder das Patent zu "übertragen", was i.d.R. ein Verkauf zu angemessenen Konditionen bedeutet. Diesen Kauf kann ein schwach kapitalisiertes Gründungsunternehmen normalerweise in dieser Phase nicht bezahlen, er könnte aber einerseits durch einen Investor mit einem Agio auf die Kapitalbeteiligung finanziert werden; andererseits können die wissenschaftlichen Mutterorganisationen, die ja i.d.R. gemeinnützig sind, eine Stundung des Kaufpreises gewähren, der also nur in Etappen entrichtet werden muss, wenn das Unternehmen Erlöse mit dem Produkt oder Verfahren erzielt, das auf Basis des Patents entstanden ist.

Ob eine Mutterorganisation einer Übertragung eines Patents zustimmt, hängt somit von ihrer allgemeinen Schutzrechts- oder Verwertungspolitik ab und von der (subjektiven) Wertschätzung des Patents in jedem Einzelfall. Sie hat also individuell abzuwägen. Ein Patent kann für die Mutterorganisation relativ wertlos sein und keine Erlöse bringen, wenn sie weder über potente Lizenznehmer noch über das notwendige Know-how zur eigenen Umsetzung in verkaufbare Produkte oder Verfahren verfügt. Darüber verfügt aber u.U. der Gründer, der möglicherweise Miterfinder war. Durch Übertragung an ihn kann per Saldo auch die Muttergesellschaft einen höheren Erlös erzielen und dem Spin-Off entscheidende Hemmnisse aus dem Weg räumen. Oft hat die Mutterorganisation aber weder die Kapazitäten, noch die Ressourcen, noch die Qualifikationen, den Marktwert eines Patents realistisch abzuschätzen, wofür in der Regel relativ aufwendige Recherchen oder Gutachten erforderlich sind. Auch in solchen Fällen, die insbesondere bei Hochschulen und kleinen Forschungseinrichtungen zu erwarten sind, **ist es indiziert, nicht aus Prinzip auf dem Besitz des Patents zu beharren**. Diese Einzelentscheidung – Behalt des Patents versus Übertragung an den Gründer – ist insbesondere für unerfahrene oder personell unterkritisch besetzte Verwertungs- und TT-Agenturen der Mutterorganisationen schwierig und riskant. Allzu leicht könnte ein Patent aus der Hand gegeben werden, das von anderen Unternehmen u.U. viel gewinnbringender hätte vermarktet werden können oder das möglicherweise hohe Lizenzerlöse erbracht hätte. Aus diesem Grund tun sich unerfahrene oder personell unzureichend

---

[127] Novellierung § 42 ArbNErfG im Februar 2002 (sog. Hochschullehrerprivileg).

besetzte TT-Stellen hierbei oft sehr schwer, was gerade bei den betroffenen ausgründenden Miterfindern erheblichen Unmut und Frust über die Mutterorganisation erzeugt.

Tabelle 14: Varianten des Schutzrechtsverhaltens zwischen Spin-Off und Mutterorganisation und deren Häufigkeiten

Kategorie Nr.	Art des Schutzrechtsverhaltens	Häufigkeiten			Erfolgsbewertung der zugehörigen Fälle* (relat. Häufigkeit)
		ABL	NBL	alle in %	
1	Keine Vereinbarung mit MO, denn Patente sind für das Spin-Off unwichtig oder es benötigt das vorhandene Patent nicht	2	1	15%	2 x ++ (33%) 1 x + (11%)
2	Keine Vereinbarung mit MO, denn Produkt/Verfahren ist nicht patentiert	2		10%	1 x − (50%) 1 x 0 (50%)
3	Gründer war(en) Miterfinder; MO hält Patent und überlässt Spin-Off exklusive Lizenz	2	6	40%	6 x + (75%) 1 x 0 (13%) 1 x − (13%)
4	Gründer war(en) Miterfinder; MO überlässt Gründer(n) oder Spin-Off das Patent (evtl. auch nur anteilig)	1	2	15%	1 x + (33%) 2 x 0 (66%)
5	Keine Vereinbarung: Gründer ist/sind Erfinder und besitzt/besitzen selbst das Patent	1**	1	10%	1 x + (50%) 1 x − (50%)
6	Produkt/Verfahren nutzt Know-how der MI und Spin-Off erhält verschiedene Lizenzen oder eine umfassende Lizenz	1		5%	1 x + (100%)
7	MO hält Patent, Gründer ist nicht Miterfinder, Spin-Off erhält aber Lizenz	1		5%	1 x ++ (100%)

* Vgl. Abschnitt 6.1.
** Erfindung fand nicht in der MI statt.

In der empirischen Praxis dieser Untersuchung zeigt sich, dass die Unternehmer mit der Schutzrechtspolitik der Max-Planck-Gesellschaft (vertreten durch die Garching Innovation GmbH) und der Fraunhofer-Gesellschaft (vertreten durch die Fraunhofer-Venture-Gruppe und die Patentstelle der Deutschen Forschung PST) zufrieden sind; beide Organisationen verhalten sich hierbei – nach Aussagen der Gründer – flexibel, professionell und der Situation angemessen. Klagen kamen von den befragten Gründern insbesondere über die Universitäten.

Die obige Tabelle gibt eine Übersicht über sieben unterscheidbare Varianten des Umgangs mit Schutzrechten, die in den 20 Fallstudien angetroffen wurden.

Obige Verteilung der Varianten von Schutzrechtsvereinbarungen im Sample zeigt, wie häufig die Gründer auch (Mit)Erfinder der Produkte oder Verfahren sind, die die Basis der Unternehmensgründung bilden. **Das Muster zeigt aber gleichzeitig, dass dieser Sachverhalt nicht notwendige Voraussetzung für eine erfolgreiche Unternehmensentwicklung ist**, denn solche findet sich auch in den übrigen Kategorien, ja sogar in den Fällen, in denen Patente überhaupt nicht für wichtig erachtet werden. **Und auch die Verfügung über eigene Patente ist – nach diesem Bild – nicht zwingend, um erfolgreich zu sein.**

5.5.6 Arbeitsteilung in FuE und Produktentwicklung

Forschungsergebnisse in Form neuen Wissens oder neu entwickelter Technologien legten **in fast allen ostdeutschen Fällen**[128] des Samples die Basis für Ausgründungen. Universitäten und Forschungseinrichtungen bildeten damit das Fundament der künftigen kommerziellen Geschäftstätigkeit der Ausgründungsprojekte. In Ostdeutschland scheint dabei – nicht zuletzt als Folge von Sicherheitserwägungen – das Bild der unmittelbaren Verwertung und Umsetzung konkreter Forschungsergebnisse in marktfähigen Produkte und Leistungen durch akademische Spin-Offs vorzuherrschen.

In Westdeutschland dagegen entstehen die Innovationen eher durch eigene FuE-Leistungen der Gründer auch im neuen Unternehmen oder durch Input von außen, also nicht ausschließlich innerhalb des Forschungssystems. Die im Forschungssystem erlernten Fähigkeiten, die dort erworbenen Kontakte, die weitere Zusammenarbeit mit der Mutterorganisation und das Renommee der Mutterorganisation und des gründenden Wissenschaftlers stellen allerdings wichtige Voraussetzungen für eine positive Entwicklung des Unternehmens dar.

In **westdeutschen** Fällen waren aber nur in vier von zehn Fällen konkrete FuE-Ergebnisse oder gar Erfindungen Anlass für die Ausgründung. In solchen Fällen war eher das allgemeine, während der Tätigkeit in der Mutterorganisation erworbene Fachwissen, Erfahrungen oder Know-how Basis für die Ausgründung, jedoch nicht alleiniger Anlass (hier kamen persönliche Motive hinzu). Vielmehr traten sechs der zehn westdeutschen Fälle mit eigenentwickelten oder von dritter Seite eingekauften Technologien in den Markt ein. Die Mutterinstitute sind in diesen Fällen überhaupt kein FuE-Partner der Unternehmen.

---

[128] Es gibt auch einen ostdeutschen Fall, bei dem ein neues Produkt nicht in der Mutterorganisation entwickelt wurde.

Diese Beobachtungen relativieren das üblicherweise gezeichnete und innovationspolitisch bedeutsame Bild der unmittelbaren Verwertung und Umsetzung konkreter Forschungsergebnisse in marktfähigen Produkten und Leistungen durch akademische Spin-Offs. **Sehr häufig entstehen die Innovationen durch eigene FuE-Leistungen der Gründer im neuen Unternehmen oder durch Input von außen, also nicht innerhalb des Forschungssystems.** Die im Forschungssystem erlernten Fähigkeiten, die dort erworbenen Kontakte, die weitere Zusammenarbeit mit der Mutterorganisation und das Renommee der Mutterorganisation und des gründenden Wissenschaftlers stellen allerdings wichtige Voraussetzungen für eine positive Entwicklung des Unternehmens dar.

Eine wichtige Frage ist die nach der Arbeitsteilung in FuE zwischen dem Spin-Off und der jeweiligen Mutterorganisation. Nach dem herkömmlichen linearen Innovationsmodell und dem klassischen Verständnis von Technologie- und Wissenstransfer entwickelt, findet oder erfindet die wissenschaftliche Mutterorganisation neue Technologien, entwickelt diese höchstens bis zum Prototyp weiter und das Spin-Off wandelt diese Erkenntnisse und Ergebnisse in marktreife Produkte um und produziert und vermarktet sie. Dieses Modell impliziert eine klare Arbeitsteilung zwischen beiden Akteuren mit einem hohen Maß an Abstimmung und enger Kooperation, die auch auf Dauer aufrecht erhalten werden muss, damit dieser TT-Prozess funktionsfähig und effizient bleibt. Es ist auch eine wichtige Begründung für staatliche Förderung des Technologietransfers. Unser Sample von 20 Fallstudien zeigt, dass dieses Modell nur eingeschränkt gilt. Es lassen sich noch vier andere Typen der Arbeitsteilung beobachten, wie Tabelle 15 zeigt.

Der erste Typ entspricht dem herkömmlichen linearen TT-Modell und kennzeichnet mit Abstand die häufigste Art der Arbeitsteilung. Aus ihr gingen im Sample auch absolut die meisten erfolgreichen oder Erfolg versprechenden Unternehmen hervor (66% der Häufigkeiten in dieser Kategorie). Die Arbeitsteilung nach Kategorie 2 allerdings betraf sogar zu 100% erfolgreiche oder Erfolg versprechende Spin-Offs. Offensichtlich weniger erfolgsträchtig scheint die Kategorie 3 zu sein, in der es keine enge Verzahnung der FuE-Tätigkeit der MI mit den Aktivitäten des späteren Gründers gab. Diese Kategorie deutet auf eine isolierte und schwierige Position des Gründers während seiner Tätigkeit im Mutterinstitut hin. Die Ergebnisse der Klassen 3 bis 5 sind allerdings angesichts der kleinen Besetzungszahlen nicht belastbar und können nur mit Vorsicht gedeutet werden.

Deutlich wird allerdings anhand der beiden ersten Klassen, wie wichtig eine vernünftige Arbeitsteiligkeit im Sinne zweier gleichberechtigter FuE-Partner ist. In keiner unserer Fallstudien ist ein Spin-Off bloße verlängerte Werkbank oder nur Auftrag nehmender Dienstleister der MI, sondern **es nimmt immer eine eigenständige Rolle im FuE-Prozess ein**, wobei allerdings nicht in jedem Einzelfall genauer heraus differenziert werden konnte, welche Seite mehr Forschungs- und welche mehr Entwicklungsarbeit an einem bestimmten gemeinsamen Projekt übernahm.

Tabelle 15: Beobachtete Arbeitsteilungsformen zwischen Spin-Off und Mutterorganisation und ihre Häufigkeiten

Typ-Nr.	Form der Arbeitsteilung	Häufigkeiten			Erfolgsbewertung der zugehörigen Fälle* (absol. u. relative Häufigkeit)
		ABL	NBL	alle in %	
1	Forschung und Vorentwicklung in MI (bis Prototyp); Übergabe an Spin-Off, Weiterentwicklung bis zur Marktreife und Vermarktung durch Spin-Off	5	4	45%	2 x ++ (22%) 4 x + (44%) 1 x 0 (11%) 2 x - (22%)
2	Wiederholte FuE-Projekte der MI; Weiter- und Marktreifeentwicklung durch Spin-Off; enge Symbiose, oft wechselseitige Aufträge	1	3	20%	1 x ++ (25%) 3 x + (75%)
3	Alleinige Entwicklung des Produkts/Verfahrens bzw. Erfindung durch späteren Gründer in seiner Tätigkeit bei der MI; MI ist nicht beteiligt, bietet nur Rahmen und Ressourcen		2	10%	1 x 0 (50%) 1 x – (50%)
4	Produkt- o. Verfahrensentwicklung nur beim Spin-Off unter Nutzung allgemeinen Know-hows der MI	2	1	15%	2 x + (66%) 1 x 0 (33%)
5	TT fand nicht statt; Produkt- o. Verfahrensentwicklung nur beim Spin-Off; abgekoppelt von MI, keinerlei Nutzung von Know-how der MI	2		10%	1 x + (50%) 1 x 0 (50%)

* Vgl. die Erfolgsbewertung in Abschnitt 6.1

Oft stand am Ende der Entwicklungsarbeit der Spin-Offs ein anderes Produkt oder Verfahren als jenes, das den Gründungsanlass gebildet hatte. Das gilt auch und gerade in den Fällen, in denen von der MI eine Vorentwicklung übernommen wurde. **Deutlich wurde insgesamt, dass die Mutterinstitute den Gründern in der Regel keine marktnah entwickelten Prototypen zur Vermarktung überließen.** Daran zeigt sich, wie notwendig die Verlängerung des Innovationsprozesses bzw. der TT-Kette durch selbstständige Ausgründungen ist; die Institute waren offensichtlich überwiegend nicht in der Lage oder nicht willens, diesen letzten Schritt in der Kette zu vollziehen.

5.6 Motivation und Humankapital

5.6.1 Beobachtungen

Bei diesem Schwerpunktthema konnten die folgenden auffälligen Beobachtungen gemacht werden:

Tabelle 16: Beobachtung im Schwerpunktthema Motivation und Humankapital

Phase Aktions- ebene	Beobachtungen in der Gründungsphase	Beobachtungen in der weiteren Entwicklungsphase
Gründerperson	NBL + ABL: Häufig Wunsch nach Unabhängigkeit, nur in wenigen Fällen Gründung auf äußeren Druck, alle Gründer hochqualifiziert und i.d.R. fachlich spezialisiert, ebenso ihre Mitarbeiter, nur selten dynamische und risikofreudige Unternehmertypen, aber dennoch sehr selbstbewusst, wenig Selbstkritik, kaufmänn. Kenntnisse werden über Kurse oder autodidaktisch erworben (Bücher, by doing)	NBL + ABL: Regelmäßiger Wissensaustausch mit der MI befruchtet beide Seiten, persönl. Kontakte zur MI erleichtern Rekrutierung von spezifisch qualifiziertem Personal, kaum organisierte Weiterbildung, sondern learning by doing
Unternehmen	NBL + ABL: Die hohe Qualifizierung und Spezialisierung der Mitarbeiter (oft durch die MI geleistet) ist zentraler Erfolgsfaktor, Identifikation der MA mit den Unternehmenszielen häufig ähnlich stark wie die des Gründers, Bereitschaft der MA zu persönl. Opfern (temporärer Lohnverzicht, Überstunden, flexible Arbeitseinsätze) und Unsicherheit zu ertragen	
Branche, Technologie	NBL + ABL: Gründer und MA wollen innovativen Beitrag liefern, ein selbst entwickeltes innovatives Produkt auf den Markt bringen, Unternehmen realisieren z.T. Technologietransfer aus MI in die Wirtschaft, in jedem Fall aber Know-how-Transfer	
Region	NBL + ABL: persönl. und familiäre Bindungen schränken die Mobilität von Gründern und Mitarbeitern ein	NBL + ABL: Kumulation von Fachwissen, Spin-Offs üben Anziehungskraft auf Studierende und Absolventen aus, Chance der Wissensdiffusion durch Sekundär-Spin-Offs aus Spin-Offs

5.6.2 Motivation der Gründer

Aus der unmittelbaren Not geboren war nur eine der Gründungen unseres Samples (eine Gründung aus der Arbeitslosigkeit heraus). Doch gibt es auch Fälle, in denen das absehbare Ende des befristeten Arbeitsvertrages den Druck zur Gestaltung adäquater Anschlusslösungen erhöht. Auch Unzufriedenheit mit der vorhandenen Arbeitssituation oder als zu eng empfundene persönliche Entwicklungsmöglichkeiten in der MI waren Auslöser von Gründungsentscheidungen. Trotzdem war in diesen Fällen die Gründung nicht die letzte Möglichkeit, eine persönlich als schwierig empfundene berufliche Situation abzuwenden; es gab i.d.R. Alternativen für die Gründer. Der Schritt in die Selbstständigkeit erfolgte in diesen sowie in den anderen Fällen vor allem wegen der Aussicht auf die Möglichkeiten, eine konkrete Technologie oder eine Entwicklungsidee auf dem Markt "unter Beweis" zu stellen. Dies ist der gemeinsame Nenner aller Gründer und er verweist zugleich auf eine spezifische Eigenschaft, die ihnen allen zu eigen ist: Sie definieren sich selbst zuallererst als Ingenieure und Forscher, ihr Interesse gilt einer spezifischen Technologie und ein wesentliches Motiv zur Gründung speist sich aus der Überzeugung, dass ihre Entwicklungen gesellschaftlich sinnvoll sind, dass sie gebraucht und nachgefragt werden.

Ohne diese Überzeugung dürfte ein Gründungsvorhaben auch nur schwer durchzuführen sein. Andererseits ist oft zu beobachten, dass der Glaube an die Technologie ein gewisses Maß an notwendiger Vorsicht, Zweifel und Kritik am Gründungsvorhaben suspendiert und dazu führt, dass z.B. unverbindlich Interessenbekundungen einzelner Kooperationspartner während der Entwicklungsphase gern als generelle Bestätigung des Marktes interpretiert werden. Dies ist verständlich, denn schließlich betreten alle Gründer mit dem Schritt in die Selbstständigkeit nicht nur eine von vielen Risiken und Unsicherheiten geprägte neue Erwerbsform, sondern auch ein technologisch neues Feld, auf dem sich Entwicklungen erst noch bewähren müssen. In solchen Situationen sind positiv verstärkende und ermutigende Signale zwar besonders wichtig, wichtig ist aber auch, die Signale auf ihre Validität und ihre Generalisierbarkeit zu überprüfen.

Die manchmal vorschnellen Einschätzungen zur Markt- und Wettbewerbsfähigkeit von Entwicklungen sind nicht selten die Ursache dafür, dass nach der Gründung ursprünglich gesteckte Geschäftsziele nicht erreicht werden können und korrigiert werden müssen. Sie verweisen aber auch darauf, dass die Gründer neben ihren Zielen als Forscher und Wissenschaftler konkrete Verwertungsziele anstreben. Der Impuls zur Gründung eines Unternehmens entsteht dabei oft aus dem Konflikt zwischen öffentlichen Auftrag des Instituts und privaten Verwertungsinteressen der Gründer. Wenn Entwicklungen soweit voran getrieben sind, dass z.B. Kooperationspartner von Instituten oder andere Interessenten ein Produkt nachfragen und die Mutterorganisation an die Grenzen ihrer Kapazitäten stoßen, ergriffen viele Forscher unseres Samples die Chance zur Gründung. In der überwiegenden Zahl der Fälle hatten die Forscher meist im Team an der Entwicklung spezifischer Technologien gearbeitet. In einigen Fällen entstand daraus noch unter dem Dach der Mutterorganisation ein Prototyp, in anderen Fällen erschienen zumindest die Konturen des späteren Produkts und seine Verwertungsmöglichkeiten kalkulierbar.

Im Sample befinden sich aber auch Fälle, in denen nicht eine spezifische technologische Neuerung den Impuls zur Gründung gegeben hat, auf deren Grundlage ein idealtypischer Technologietransfer aus der Wissenschaft in die Wirtschaft stattfinden konnte, sondern häufig auch solche Fälle, in denen eher "nur" allgemeines oder spezifisches wissenschaftliches Know-how die Grundlage für die Gründung war und nicht eine konkrete Technologie- oder Produktentwicklung. Auffallend häufig wurden solche

Gründungen unseres Samples in Westdeutschland vollzogen. Die wirtschaftlichen Risiken solcher Spin-Offs sind ungleich größer, als in den Fällen, in denen eine bereits ausgereifte Entwicklung unter dem Dach der Mutterorganisation erfolgt ist. Solche Bedingungen fordern von den Gründer auch sehr viel größere Risikobereitschaft und Unternehmergeist, weil sie i.d.R. von der Ideenfindung bis zum Markteintritt alle Schritte weit gehend selbst verantworten und die Mutterorganisation bestenfalls beratend zur Seite stehen kann. Die Gründer müssen stärker auf ihre eigenen Netzwerke zurückgreifen, um Risiken zu begrenzen.

Nicht selten kommt den Instituts- oder Abteilungsleitern eine zentrale Rolle als Impulsgeber zu: Sie sprachen einzelne Mitarbeiter gezielt an oder warben um Personen, die ihnen aus anderen Forschungszusammenhängen bekannt waren, für eine Gründung. Insbesondere an den Technischen Universitäten spielen unternehmens- und marktorientierte Institutsleiter, ggf. auch Stiftungsprofessoren, eine wichtige Rolle als "Anstifter", indem sie Forschungsarbeiten und -ergebnisse nicht nur auf ihre fachliche Qualität hin bewerten, sondern auch auf ihre wirtschaftlichen Verwertungsmöglichkeiten aufmerksam machen. Nicht immer erfolgt eine Ausgründung auf der Grundlage einer bereits ausgereiften Entwicklung. Überzeugende Gründungsideen von Dritten, glaubwürdige und belastbare Kontakte zu Unternehmen und potenziellen Kooperationspartnern können ebenso stimulierend auf Absolventen und Doktoranden wirken. Überzeugend sind solche "Anstifter" insbesondere dann, wenn sie bereits durch andere Gründungsvorhaben und deren Erfolg ausgewiesen sind und sowohl innerhalb der "scientific community" als auch in der Wirtschaft einen Ruf als erfolgreiche Förderer von Spin-Offs begründen konnten.

Auf der Seite der Gründer bedarf es in solche Fällen selbstsicherer und risikobereiter Mitarbeiter, die eine Idee aufgreifen und als Unternehmer bzw. Gesellschafter eines Unternehmens auch in die Tat umsetzen können. In der überwiegenden Zahl der Fälle kommt eine Gründung aus der Universität zustande, weil mehrere Bedingungen zusammen treffen: Zum einen sind die Wissenschaftler von der Idee überzeugt. Zum anderen legen ihre befristeten Arbeitsverträge ohnehin die Suche nach Alternativen zur Arbeit an der Universität nahe und drittens schließlich lässt der Rückhalt der Mutterorganisation, ihre Glaubwürdigkeit bei Kooperationspartnern und ihre fachliche und materielle Unterstützung während der Gründung das Unternehmerrisiko auf ein akzeptables Maß sinken. Daraus wird deutlich, wie wichtig die Öffnung der Universitäten (und der Forschungorganisationen allgemein) für die Anwendungsmöglichkeiten der Wirtschaft sind: Der Schritt in die Selbstständigkeit fällt umso leichter, je glaubwürdiger und belastbarer die Kontakte zu Unternehmen und Kooperationspartnern sind.[129]

Auffallend ist das Bedürfnis, die Gründung möglichst risikoarm abzusichern und sich die Möglichkeit zur Rückkehr in den sicheren "Schoß" der Mutterorganisation offen zu halten. Dies kommt z.B. darin zum Ausdruck, dass viele Gründer während der Gründungsphase die Möglichkeit in Anspruch nahmen, Teilzeitarbeitsplätze in der Mutterorganisation beizubehalten und unter ihrem Dach Räume und Infrastrukturen weiter zu nutzen. Dieses Verhalten der Gründer ist in unserem Sample auffallend oft in Ostdeutschland zu beobachten und nur in geringerem Umfang im Westen. Hier nehmen die Ausgründungsprojekte teilweise den Charakter von Experimenten an, die man im Falle des Misserfolges einfach abbricht.

Der unmittelbare Kontakt zur Mutterorganisation reduziert nicht nur den Aufwand an investiven Vorleistungen für das Spin-Off, sondern ermöglicht auch einen andauernden und nachhaltigen Transfer sowohl von Wissen als auch von spezialisiert qualifizierten Mitarbeitern aus der Mutterorganisation in das Spin-Off. Ein großer Teil der Arbeiten, die anfangs und während der weiteren Entwicklung im Unternehmen anfallen, sind nur durch spezifische Erfahrungen im jeweiligen Technologiefeld zu bewältigen. Die Spin-Offs bevorzugen daher Gründungspartner oder Mitarbeiter aus "dem selben Stall", über deren Qualifikation i.d.R. kein Zweifel besteht.

Die eingangs beschriebene Technologieorientierung der Gründer kommt auch darin zum Ausdruck, dass sie möglichst lange die alleinige Kontrolle über die Entwicklung ihres Spin-Offs behalten wollen und fremdem Einfluss, wie z.B. von Beteiligungskapitalgebern, eher skeptisch gegenüber stehen. Ein nicht unerheblicher Teil der Gründer lehnt Beteiligungen ausdrücklich ab mit dem Verweis, dass Interessen auf eine rasche Amortisation des investierten Kapitals im Widerspruch zu den mittel- und langfristigen technologischen Entwicklungszielen ihrer Firma stünden. Besonders im Osten Deutschlands vertrauen die Gründer lieber auf öffentliche Förderungen und ggf. auf eigene Umsätze, als dass sie sich – nach eigenen Angaben – den Interessen von VC-Gebern "aussetzen" würden.

Dieser Typ der Gründung entspricht zwar nicht dem Idealbild der risikofreudigen und dynamischen Gründerpersönlichkeit. Vor dem Hintergrund der schwierigen Bedingun-

---

[129] Befristete Arbeitsverträge erhöhen natürlich den Druck nach Alternativen zu suchen und ggf. auch eine Gründung in Erwägung zu ziehen. In außeruniversitären Forschungseinrichtungen ist dieser Druck geringer. Der Anteil fest angestellter Mitarbeiter ist dort größer. Die Schwelle zwischen einem sicheren Festangestellten-Verhältnis und der unsicheren und riskanten Erwerbsform der Selbstständigkeit ist in diesen Fällen auch höher.

gen auf dem Markt für Beteiligungskapital und der stagnierenden konjunkturellen Entwicklung insbesondere in den strukturschwachen Regionen des Landes erscheint es aber nicht angebracht, eine gut abgesicherte und risikoarme Gründungsstrategie als "lifestyle company" zu disqualifizieren. Interessanter ist die Frage, wie die Gründungsförderung in wirtschaftlich schwierigen Situationen und in einem anregungsarmen strukturschwachen regionalen Umfeld zu adäquaten Strategien findet, die eine nachhaltige und stabile Entwicklung von Spin-Offs gewährleisten kann.

5.6.3 Motivation der Mitarbeiter

Neugründungen stehen im Ruf, eine bedeutend höhere Mitarbeiterfluktuation, geringere Löhne und schlechtere Arbeitsverhältnisse zu haben. Diese Einschätzungen über neue und kleine Unternehmen bestätigt auch eine aktuelle Untersuchung aus dem Institut für Arbeitsmarkt- und Berufsforschung (IAB).[130] Dies mag zwar im Durchschnitt aller Gründungen zutreffen, die empirischen Befunde unserer Fallstudien über Spin-Offs aus akademischen Einrichtungen bestätigen dies jedoch nicht. Im Gegenteil: Die Mitarbeiter der Spin-Offs sind oft ähnlich motiviert wie die Gründer selbst und bringen sich mit vergleichbarem Engagement in das Unternehmen ein. Immer wieder wurde von den Gründern betont, wie wichtig die Rekrutierung des Personals aus der Mutterorganisation ist. Die Bindung der Mitarbeiter an das neu gegründete Unternehmen rührt offenbar zu einem wesentlichen Teil auch aus der Erfahrung einer gemeinsamen Zusammenarbeit an Forschungsprojekten in der Mutterorganisation. Die Mitarbeiter sind z.T. ähnlich qualifiziert, und bringen vergleichbare Interessen und ein daran geknüpftes Commitment für eine technologische Entwicklung in das Unternehmen, wie die Gründer selbst. Daraus erwächst eine Loyalität, die weit über die vertraglich vereinbarten Pflichten für das Unternehmen hinaus geht.

Die rhetorische Figur, nach der im Kleinbetrieb "alle an einem Strang ziehen", wird von vielen Mitarbeitern geteilt: Der Betrieb wird als eine Interessengemeinschaft und als gemeinsames Projekt interpretiert, in dem die strukturellen Ungleichheiten zwischen Unternehmer und Mitarbeiter nachrangig erscheinen. Die Loyalitätsbereitschaft der Mitarbeiter verschafft den Gründern enorme Flexibilitätspuffer: rechtliche und tarifvertragliche Regulationsformen der Arbeit – sofern sie überhaupt im gegebenen Handlungsfeld gültig sind – können damit umgangen und – aus der Sicht der Gründer – flexiblere Formen des Einsatzes von Arbeit organisiert werden. Dies erweist sich insbesondere in Krisensituationen als wertvoller Vorteil für die Spin-Offs. Wenn das Unternehmen noch nicht am Markt etabliert ist, wenn die Zeitspanne von der Entwicklung bis

---

[130] Vgl. Brixy et al. (2005: 22).

zur Markteinführung länger als geplant dauert und Ausgaben nicht aus dem Cash-Flow gedeckt werden können oder wenn schlicht Projekte termingerecht fertig gestellt werden müssen, wird von den Mitarbeitern nicht nur temporäre Verzichtsbereitschaft (z.B. auf die pünktliche Auszahlung von Gehältern) sondern auch außergewöhnliche Einsatzbereitschaft verlangt. Spontane Überstunden im Wechsel mit erzwungener Kurzarbeit waren für einige Spin-Offs nach dem New-Economy-Burst durchaus nichts Ungewöhnliches. Dennoch berichtete keines der Spin-Offs über Probleme der Mitarbeiterfluktuation. Die Erfahrung aus den Fallstudien lässt eher den Schluss zu, dass die Mitarbeiter eines Spin-Offs um der gemeinsamen Sache wegen zusammenhalten und Nachteile in Kauf nehmen, um dem Unternehmen und damit auch ihren eignen Arbeitsplätzen über den Berg zu helfen.

5.6.4 Gründungsrelevante Kompetenzen der Gründer

In allen untersuchten Gründungsfällen wurden das allgemeine Fachwissen und die Erfahrungen der Gründer aus der Forschungstätigkeit im Mutterinstitut in das eigene Unternehmen eingebracht. Darüber hinaus haben die Gründer in der Mutterorganisation i.d.R. Kompetenzen in Projektmanagement und, wenn sie leitende Positionen inne hatten, auch in Personalführung erworben. Zwar sind diese Erfahrungen in öffentlichen oder halböffentlichen Institutionen nicht deckungsgleich mit den Erfordernissen der Industrie, dennoch bieten sie ein gutes Übungsfeld für Meta-Kompetenzen, die auch in der Unternehmensführung nützlich sind. In mehreren Fällen wurde jedoch das Fehlen betriebswirtschaftlicher Kenntnisse bemängelt und darüber geklagt, dass von außen hinzugezogene Unternehmensberater wenig hilfreich sind, sondern vielmehr nur "das schnelle Geld im Auge haben". Im Allgemeinen profitierten die Gründer aus den Erfahrungen früherer Ausgründungen am Institut, vorausgesetzt, es herrscht ein Klima des offenen Umgangs mit dem Gründungsthema (was durchaus nicht an allen Institutionen selbstverständlich ist). Auf diese Weise wurde ihnen auch das von der Mutterorganisation entwickelte Wissen über die Erschließung der Märkte in den jeweiligen Branchen zugänglich gemacht, das aufgrund seiner Besonderheit kaum durch Beratungsunternehmen in vergleichbarer Qualität zu beschaffen ist.

6 Fazit zu Erfolgsfaktoren und hemmenden Faktoren

Die Schwerpunktbetrachtungen in Kap. 5 dienten dazu, Erfolgsfaktoren im Kontext unterschiedlicher Entwicklungsphasen und Aktionsebenen zu analysieren. Es ging darum, ihr "spezifisches Gewicht" im Zusammenhang mit anderen Faktoren zu ermitteln, um Unterschiede in der Bedeutung einzelner Faktoren für den Gründungserfolg und damit Ansatzpunkte für eine gezielte Gründungsförderung heraus arbeiten zu können. Die anfangs auf der Grundlage der Literaturauswertung und der Nennungen aus den Fallstudien extrahierten Erfolgsfaktoren erscheinen nun in einem anderen Licht: Sie können mit den qualitativen empirischen Befunden aus den Schwerpunktbetrachtungen kontrastiert und auf ihre tatsächliche empirische Relevanz bewertet werden. In den folgenden Abschnitten werden deswegen Schritt für Schritt "kritische", d.h. entscheidende Erfolgsfaktoren entwickelt, die zugleich unsere Ansatzpunkte für die Politik skizzieren.

Um die Arbeitsschritte dieser Arbeit nachvollziehbar zu machen, sind im Anhang Tabellen mit den ursprünglichen Erfolgsfaktoren zusammengefasst worden, die aus der Literaturanalyse und nach einfachen Nennungshäufigkeiten aus den Fallstudien gewonnen wurden. Eine kleine Zahl der Ausgangshypothesen zu Erfolgsfaktoren konnte in unserer Empirie in der Tat gestützt werden; sie sind im Anhang in der Tabelle 24 ausgewiesen. Aus dem Abgleich der Erfolgsfaktoren aus der Literaturanalyse mit den Erfolgsfaktoren, die zunächst auf der Basis einer einfachen Auszählung von Nennungshäufigkeiten in den Fallstudien ermittelt wurden, erhält man einen **konsolidierten Erfolgsfaktorenkatalog,** der im Anhang in Tabelle 25 gezeigt ist. Dieser konsolidierte Erfolgsfaktorenkatalog wurde vor dem Hintergrund unserer Erkenntnisse aus den Schwerpunktbetrachtungen noch einmal zu "kritischen Erfolgsfaktoren" verdichtet.

Bevor jedoch die kritischen Erfolgsfaktoren vorgestellt werden, werden die Fallbeispiele auf ihren Erfolg bewertet. Dazu müssen Erfolgs**maße oder -indikatoren** bestimmt werden, auf deren Grundlage Erfolg verallgemeinert und gemessen werden kann.

6.1 Abgeleitete Erfolgsmaße und Erfolgsbewertung der Fallbeispiele

Die folgende Übersicht diskutiert in der Betriebswirtschaft bzw. in der unternehmerischen Praxis gängige Erfolgsmaße unter dem Gesichtspunkt ihrer Eignung in der Praxis der Wirtschafts- oder Förderpolitik.

Tabelle 17: Betriebswirtschaftliche vs. wirtschaftspolitische Erfolgsindikatoren

Indikator	Eignung als betriebswirtschaftliches Erfolgsmaß	Eignung als wirtschaft- u. förderpolitisches Erfolgsmaß
Überlebensdauer	Ja, sofern über 5 Jahre liegend	Ja, sofern über 5 Jahre liegend
Gewinnhöhe und Gewinnwachstum	im Prinzip ja, das klassische Erfolgsmaß schlechthin, aber wegen der vielen Varianten, Zuordnungs- und Verschleierungsmöglichkeiten wenig zuverlässig	im Prinzip ja, aber wegen der vielen Varianten, Zuordnungs- und Verschleierungsmöglichkeiten wenig zuverlässig
Zeitraum bis Break Even	nur bedingt, da abhängig v. Technologie u. Branche	nur bedingt, da abhängig v. Technologie u. Branche
Beschäftigungswachstum	nein, da keine unternehmerische Zielkategorie	ja, aber nur bei Wachstum aus Cash-Flow
Umsatzwachstum	ja, möglichst im Vergleich innerhalb der Branche	ja, bei Wachstum aus Cash-Flow, sonst bedürfte es genauer Analysen
Marktanteil	nur bedingt beim Vergleich innerhalb des Marktsegments	bedingt, wenn Größe des Gesamtmarkts berücksichtigt wird
Eigenkapitalquote	ja, wenn kombiniert mit anderem Indikator wie Umsatz, Beschäftigung	bedingt, da es Kenntnis der Finanzierungsstruktur (Bilanzen) voraussetzt
Umsatzproduktivität	ja, wenn Benchmarks vorliegen	bedingt, wenn Benchmarks und robuste Zahlen verfügbar
Arbeitsproduktivität	ja	bedingt, da es Kenntnis robuster Zahlen voraussetzt
Cash-Flow; Cash-Flow-Wachstum	ja	ja, aber Externen stehen die Zahlen kaum zur Verfügung
Shareholder Value	ja, wenn Jahresabschlüsse vorliegen	nein, da schwierig zu berechnen und Zahlen nur Insidern vorliegen
Eigenkapitalrendite, RoI, IRR	ja	nein, da rein finanztechnischer Indikator

Zu betonen ist, dass sich nach unserer Einschätzung die Kriterien **Umsatz** bzw. **Umsatzwachstum** und **Beschäftigungszuwachs**, die in der wissenschaftlichen Literatur und in der Förderpraxis gerne als Erfolgsindikatoren benutzt werden, ohne begleitende Unternehmens- oder Umfelddaten **nicht als isolierte Erfolgsmaße** eignen.

In Konsequenz der obigen Ausführungen und der Gegenüberstellung in der Tabelle sowie in Auswertung der bei den 20 Fallbeispielen gewonnenen Erkenntnisse entschied sich das Untersuchungsteam, die folgenden **sechs zum Teil kombinierten Indikatoren** zu verwenden, um Ausgründungsunternehmen im Hinblick auf ihren Erfolg zu bewerten, da sie sich allein aus den Informationen aus den Fallstudien und auch ohne detaillierte Kenntnis der Bilanzen anwenden lassen:

Angewandte Erfolgskriterien

- Stabiler oder wachsender positiver Cash-Flow oder Gewinn über die letzten 3 Jahre,
- Überlebensdauer über 5 Jahre,
- gleichzeitiges Job- und Umsatzwachstum über die letzten 3 Jahre,
- hoher Marktanteil bei gleichzeitig großem Marktpotenzial,
- stabile Entwicklung bei positivem Trend über die letzten 3 Jahre,
- krisenerprobte Entwicklung bei zuletzt positivem Trend.

Es ist zu betonen, dass die Erfolgsbeurteilung durch Unternehmensexterne wie das Untersuchungsteam, das nicht über die notwendigen belastbaren Finanz- und Bilanzzahlen verfügt, immer einen hohen Grad an Subjektivität besitzt. Die Unternehmer selbst oder die Gesellschafter bzw. Investoren der Unternehmen legen andere Zielkategorien an und würden daher zu anderen Einschätzungen kommen.[131] Diese Einschränkungen berücksichtigend, vergab das Untersuchungsteam für jedes Fallstudienunternehmen auf Grund der vorhandenen Kenntnisse über das Unternehmen und den Eindrücken aus den Gesprächen anhand der obigen sechs Kriterien qualitative Noten auf einer 4-stufigen Skala (von ++, +, 0 und -) und bildete daraus eine Gesamtbewertung nach derselben Skala. So ergab sich folgendes Ergebnis der Gesamtbewertungen des Unternehmenserfolges der 20 Fallstudien-Unternehmen. Diese Erfolgsbeurteilung ist notwendig, um daran die zu findenden Erfolgsfaktoren zu spiegeln, was in den folgenden Abschnitten schrittweise erfolgt.

Tabelle 18: Erfolgsbeurteilung der Fallstudien-Unternehmen

schon heute als erfolgreich zu bezeichnende Unternehmen (Note ++)	3
Erfolg versprechendes oder auf viel versprechendem Pfad befindliches Unternehmen (Note +)	10
Erfolg muss sich noch bestätigen, Unternehmen noch nicht erfolgreich, Situation ist noch sehr labil (Note 0)	4
Unternehmen ist schon heute als nicht erfolgreich zu erkennen (Note -)	3

Bemerkenswert ist, dass die Mutterorganisationen, die vom Untersuchungsteam um die Nennung "erfolgreicher" Spin-Offs gebeten wurde, um dort Fallstudien durchzuführen, auffällig häufig unsicher waren, ob die jeweils vorgeschlagenen Gründungen tatsächlich als erfolgreich zu gelten haben. **Jedenfalls ist festzuhalten, dass es fast allen Mutterorganisationen schwer fiel, dem Untersuchungsteam eindeutige Er-**

---

[131] Aus diesem Grund können in diesem Bericht die zugehörigen Unternehmen auch nicht namentlich genannt werden.

folgsfälle zu benennen. Das ist einerseits der Grund dafür, dass sich in unserem Sample auch einige Unternehmen befinden, die sich im Nachhinein als weniger erfolgreich darstellten, und andererseits ist es ein weiteres Indiz dafür, wie unklar und uneinheitlich der Erfolgsbegriff definiert ist.

6.2 Kritische Erfolgsfaktoren

Für die Gründungs- und Entwicklungsphasen wurden für die einzelnen Schwerpunktgebiete kritisch genannte Erfolgsfaktoren zusammengestellt. Grundlage dafür war der erarbeitete konsolidierte Erfolgsfaktorenkatalog (vgl. Anhang, Tabelle 21). Daraus haben wir folgende überschaubare Liste so genannter **"kritischer Erfolgsfaktoren"**, **die von Gründern im Gründungsprozess oder von der Wirtschaftsförderung aktiv beeinflusst werden können**, abgeleitet:

Tabelle 19: Katalog der kritischen Erfolgsfaktoren

Kategorie	Faktorkategorie/Einflussfaktor	Priorität[132]	relevant in	
			Gründungsphase	Entwicklungsphase
Finanzierung	Ausreichende Finanzierung, um organisch zu wachsen; Überfinanzierung vermeiden	P1	+	+
	möglichst früh Cash-Flow erzielen, daraus Investitionen finanzieren	P1	+	+
	Mischfinanzierung: Systematische Suche nach allen geeigneten Finanzquellen (Fördermittel, Fremd- und Eigenkapital, Auftragserlöse) und ihre Nutzung	P2	+	+
	Kapitalgeber mit Geduld und Durchhaltewille suchen; Sorgfalt und Vorsicht bei der Auswahl	P3	+	+

---

[132] Diese Prioritäten sind als Vorschläge des Untersuchungsteams für steuernde Maßnahmen zu verstehen, wie sie sich aus der subjektiven Gesamtsicht der empirischen Befunde ergeben. Die Prioritäten müssten in späteren Untersuchungen methodisch zuverlässig verifiziert werden.

Erfolgsfaktoren und hemmende Faktoren

Kategorie	Faktorkategorie/Einflussfaktor	Priorität	relevant in Gründungsphase	relevant in Entwicklungsphase
Produkteigenschaften, Markt, Strategien	Unbedingt Alleinstellung des Produkts suchen (Spezifität, Einmaligkeit, Patent, Exklusivlizenz, Produktqualität …)	P1	+	+
	Früh Unternehmensziele definieren und eine durchdachte Unternehmensstrategie entwickeln und dokumentieren (Strategien zur Finanzierung, zu Marketing und Vertrieb, zu Personalpolitik, zu Produkt- und Preispolitik etc.)	P1	+	+
	keine Gründung ohne gründliche Markterkundung und -analyse, eigene Marktchancen selbstkritisch studieren, nicht zu kleine Marktnischen wählen, von der Nachfrage großer Unternehmen und Lead Customers nicht auf generelle Marktchancen schließen	P1	+	+
	Kapital sparende Strategien, organisches, stetiges Wachstum anstreben, bei vorsichtiger und flexibler Personalpolitik	P2	+	+
	wiederholte Anpassung v. Geschäftsmodell u. Strategien an Marktbedingungen, Mut zur Strategierevision, Neuaufstellung oder turn around haben	P3	0	+
Rolle der Mutterorganisation, Unterstützungspolitik, Beratung	Robuste, möglichst umsetzungsnahe FuE-Ergebnisse des Mutterinstituts sollten Basis des Gründungsprodukts sein	P1	+	+
	Mutterinstitut bereitet Markt faktisch vor; besitzt entweder systematisch analysierte, zumindest rudimentäre oder intuitive Marktkenntnisse	P1	+	0
	Industriekontakte des Mutterinstituts sollten dem Gründer zur Nutzung angeboten werden (evt. Coaching bei Kontaktvermittlung)	P1	+	0
	Einvernehmen mit Mutterinstitut bezüglich künftiger Arbeitsteilung, Wettbewerbsverhalten, Personalrekrutierung, Verwertungsrechte herstellen	P2	+	+
	Vernünftige, klar abgegrenzte Kooperation, Wissens- und Personalaustausch mit Mutterinstitut vereinbaren und praktizieren, solange es beiden Seiten nutzt	P2	+	+
	Systematische Behandlung des Gründungsthemas bzw. systematische Gründungsförderung (z.B. durch Stiftungslehrstühle an Universitäten)	P2	+	0
	Gründungsfreundliches Klima am Institut durch z.B. Begeisterungsfähigkeit, Initiativkraft und Engagement des Institutsleiters/Lehrstuhlinhabers	P2	+	0
	(Potenziellen) Gründern relevante und qualifizierte externe Beratung, Coaching oder Schulung anbieten	P3	+	0
	Befristete materielle Unterstützung durch MI (Räume, Geräte, bezahlte Stellen, Bereitstellung von Personal …)	P3	+	0

Kategorie	Faktorkategorie/Einflussfaktor	Priorität	relevant in	
			Gründungsphase	Entwicklungsphase
Sozialkapital, Netzwerke, Umfeld, Standort	Standort in kreativem, unternehmerisch dynamischem o. innovativem Umfeld suchen, anfangs in räumlicher Nähe zum Mutterinstitut	P1	+	+
	Gründer sollten ihr mikrosoziales (persönliches) Netzwerk ausbauen und offensiv nutzen	P2	+	+
	Gründer sollte frühzeitig ein Netzwerk von Kontakten zu Kapitalgebern und Wirtschaftsförderern aufbauen und auch nutzen	P2	+	+
	Vorhandensein u. Nutzung eines lokales/regionales Netzwerks aktiver und engagierter Unterstützer und Berater	P3	+	+
Humankapital und Motivationsstrukturen	Teamgründung anstreben, dabei auf "richtige" Team- und Gesellschafterstruktur achten ("Chemie muss auf Dauer stimmen"); Teamgröße auf max. 5 beschränken, auf kaufmännische Qualifikationen achten, die über Autodidaktik und Schnellkurse hinaus gehen	P1	+	0
	Leichter Zugang zu spezifisch qualifizierten Fachkräften, möglichst aus ähnlichen professionellen Milieus; räumliche Nähe zum Institut als Personalressource	P1	+	+
	Persönliches Commitment: damit dies deutlich wird, sollten mindestens zwei Gründer im Unternehmen hauptamtlich mitwirken ("echte" Teamgründung)	P1	+	+
	Risikobereitschaft, Leistungsmotivation, Durchsetzungswille, unternehmerisches Profil der Gründer, überzeugt sein von den Chancen der Gründungsidee (durch entsprechende Tests auf ausreichendes Commitment im Vorfeld prüfen)	P2	+	+
	Mindestens ein Gründer sollte vorherige, einschlägige, zeitnahe Branchenkenntnis aufweisen; Gründung durch Markt-Newcomer unbedingt vermeiden	P2	+	0
	Mitarbeiter motivieren und begeistern	P3	+	+

6.3 Hemmende Faktoren

Obwohl der Auftrag dieser Studie war, Erfolgsfaktoren zu finden, so konnten angesichts der Tatsache, dass fast jedes der 20 Unternehmen im Sample, wie fast jedes junge Unternehmen, Schwierigkeiten und Krisen durchleben bzw. überstehen musste, auch hemmende oder gar Krisen auslösende Einflussfaktoren festgestellt werden. Weil es schwierig war, sie nach Gründungsphase und der folgenden Entwicklungsphase zu differenzieren, werden in der folgenden Tabelle alle Nennungen zusammenfassend aufgeführt.

Tabelle 20: Hemmende Faktoren in der gesamten Unternehmensentwicklung*
(nach Häufigkeit der Beobachtung sortiert)

Hemmende Faktoren	Häufigkeit
fehlende oder ungenügende kaufmännische Kenntnisse der Gründer	11
ungenügendes Eigenkapitalvolumen bzw. Verschlechterung der EK-Quote[133]	9
ungeeignetes Geschäftskonzept oder Falscheinschätzung der Marktentwicklung	9
fehlende o. falsche Vertriebs- und Marketingstrategien, falsche Personalpolitik im Vertrieb oder ungeeignetes Vertriebspersonal	7
fehlende oder unklare Unternehmensziele, unzureichende Unternehmensplanung	6
Zerwürfnisse unter den Mitgründern oder Gesellschaftern oder mit sonstigen Kapitalgebern	6
falsche Einschätzung des Finanzbedarfs	6
Nachentwicklungsbedarf f. d. innovative Produkt oder d. innovativen Prozess, Gründungsidee war (doch noch) nicht marktreif	5
fehlende oder falsche Beratung durch das Unterstützungsnetzwerk (inkl. Mutterorganisation, Kammern und Verbänden)	5
fehlende Einbindung im lokalen/regionalen Netzwerk	5
hemmende Bürokratie bei Behörden	5
ablehnendes o. bürokratisches Verhalten der Banken	4
Nichtinanspruchnahme der verfügbaren Finanzquellen (Förderung, VC, Kredite)	3
fehlerhafte Lizenzpolitik der Mutterorganisation	3
Insolvenz eines Industriepartners/Industriekunden	3
Einbruch des gesamten Marktes, Branchenkrise	3

* Alle 20 Fallstudien berücksichtigend.

Es zeigt sich, dass gerade diese hemmenden Faktoren wichtige Hinweise auf Problemlösungsbedarf und auf förderpolitische Ansatzpunkte liefern. Dieser Aspekt wird in den abschließenden Ausführungen aufgenommen.

---

[133] Die häufige Nennung von ungenügendem Eigenkapitalvolumen/Verschlechterung der Eigenkapitalquote als hemmender Faktor für die Unternehmensentwicklung stellt kein Widerspruch zu der im Kapitel 5.2.3 beschriebenen relativ hohen Eigenkapitalquote beim Start der Spin-Offs dar. Angesichts der weitgehenden Abwesenheit von Kreditfinanzierung mussten notwendige Investitionen und Betriebsmittel, wenn der Cash-Flow nicht ausreichte, zwangläufig aus dem vorhandenen Kapitalbestand, d.h. überwiegend aus der EK-Masse heraus finanziert werden. Da dieser EK-Abfluss i.d.R. nicht im selben Zug durch neues EK ergänzt werden konnte, sank die EK-Quote und verschlechterte zumindest vorübergehend die EK-Position des Unternehmens.

7 Förderpolitische Empfehlungen

7.1 Vorbemerkungen

Nachdem in den voran gegangenen Kapiteln kritische Erfolgsfaktoren und ihre Wirkungszusammenhänge herausgearbeitet werden konnten, stellt sich nun die Frage nach ihrer förderpolitischen Verwend- oder Operationalisierbarkeit.

Im Prinzip kann an jedem der kritischen Erfolgsfaktoren[134] ein Förderinstrument ansetzen; zum Teil ist dies auch bei existierenden Programmen schon der Fall. Deshalb möchten wir hier, angesichts der Fülle von erprobten Förderprogrammen, auch keine neuen Instrumente erfinden, sondern auf die kritischen und unseres Erachtens entscheidenden Zusammenhänge hinweisen, die durch staatliche Intervention beeinflusst werden können, sei es nun durch bekannte oder neue Instrumente.

7.2 Verbesserte strategische Unternehmensplanung und kaufmännische Qualifizierung der Gründer

7.2.1 Kaufmännische Defizite und Vorhabenprüfung

Zu vielen akademischen Ausgründungen fehlt von Beginn an eine kaufmännisch durchdachte Unternehmensstrategie, oft fehlen sogar klar definierte Unternehmensziele. Bemerkenswert ist die häufige Nicht-Kenntnis der Situation auf den Zielmärkten. Elementare Schlüsselinformationen wie Marktpotenzial, Wettbewerbssituation, Konkurrenzprodukte, eigener Marktanteil etc. sind den Unternehmen oft nicht bekannt oder werden falsch eingeschätzt. Man "wurstelt sich durch", fixiert auf und fasziniert von der eigenen technischen Innovation. Eigentlich sind die genannten Schlüsselinformationen zentrale Anforderungen an einen Businessplan, der auch einem Förderer vorliegen sollte. Eine Gründung sollte keine Fördermittel erhalten, wenn das Unternehmenskonzept bzw. der Businessplan qualitativ und quantitativ nicht den Minimalstandard erfüllt. Dies zu beurteilen setzt allerdings entsprechende Qualifikation und Erfahrung bei der Förderadministration voraus[135] sowie ein internes oder externes, gut organisiertes System zur Prüfung von Businesskonzepten oder -plänen. Hierfür kann auch ein **externes Gutachtersystem** sinnvoll eingesetzt werden, dass den inhaltlichen Teil von Vorhabenprüfungen oder "due diligences" übernimmt, nämlich Technik- und Marktgut-

---

[134] Vgl. Tabelle 20.

[135] Was in der Tat bei einigen Projektträgern vorhanden ist.

achten oder -analysen.[136] Von außerordentlicher Bedeutung ist für den Entscheider wie für den Gutachter, den Gründer persönlich kennen zu lernen bzw. – wenn es um ein zu förderndes Innovationsprojekt eines schon bestehendes Unternehmen geht – dessen Lokalitäten zu besichtigen. Der so gewonnene sinnliche Eindruck ersetzt oft teure Gutachten, insbesondere für die Negativauswahl.[137] Dieses Vorgehen erscheint sehr aufwändig, kann sich aber am Ende des Tages durch Vermeidung von Fehlallokationen von Fördermitteln als rentierlich erweisen.

7.2.2 Externe Beratung

Unternehmenskonzepte und Einzelstrategien müssen entwickelt und der aktuellen Situation ständig angepasst werden. Dies verlangt für unerfahrene Gründer oft ein Coaching durch erfahrene Beraterprofis. In unseren Fallstudien wurden die Erfahrungen mit externen Beratern zum Teil positiv, zum Teil kritisch kommentiert. Da es genug Programme zur Beratungsförderung gibt, ist es nahe liegend, dass das Problem eher im Finden der passenden und qualifizierten Berater liegt (Kommunikations- und Vermittlungsaufgabe). Angesichts der unüberschaubaren Masse von Fach- und Unternehmensberatern kann hier keine Empfehlung für eine geeignete Dienstleistung gegeben werden; hier hilft nur der Appell an die Gründer, ein persönliches, vertrauensbasiertes Kontaktnetz aufzubauen, aus dem heraus sie verlässliche Hinweise auf geeignete Berater erhalten.

7.2.3 Gründerqualifizierung

Alternativ werden seit einigen Jahren potenziellen akademischen Gründern (inklusive Absolventen und Studenten) kaufmännische Grundkurse angeboten, die zum größten Teil staatlich gefördert sind (besondere Erwähnung verdienen hier die Experimente im Rahmen der EXIST-Initiativen). Jene unserer Gründer, die solche Angebote genutzt hatten, äußerten sich über diese Schulungen überwiegend sehr positiv. In der Rückschau auf unsere Fallstudien muss man sogar sagen, dass solche Qualifikationsangebote von entscheidender Bedeutung auf die Entwicklung der Unternehmen sein können und sie eigentlich intensiviert werden müssten. Es ist auch zu überlegen, ob sie – bei geförderten Gründungen – nicht sogar verpflichtend gemacht werden sollten bzw.

---

[136] Ähnlich der Dienstleistung Netzwerk für Technologie- und Marktgutachten (NTG), die der Deutsche Sparkassen- und Giroverband (DSGV) 1996 mit Fraunhofer ISI entwickelte und die sich bis heute als von einem Spin-Off kommerziell betriebene Dienstleistung bewährt.

[137] Eine persönliche Inaugenscheinnahme kann sehr leicht einen gut gemachten Förderantrag oder Businessplan relativieren, z.B. weil der Gründer konfus oder introvertiert wirkt oder die Lokalitäten primitiv oder ungeeignet sind.

ob man vom Gründer nicht einen Nachweis für entsprechendes Grundwissen einfordern sollte. Hierbei ist allerdings auf eine sorgfältige Auswahl der Schulenden und der Inhalte zu achten; dieser Markt ist unübersichtlich und es fehlt eine effiziente Qualitätskontrolle. Möglicherweise bietet hier ein **Zertifizierungsmodell** Abhilfe, das für eine Qualitätsauswahl von Schulungseinrichtungen bzw. Beratern sorgt.[138]

Es ist darüber hinaus auch die Option näher zu betrachten, den Wissenschaftler und potenziellen Gründer nicht als Geschäftsführer des neuen Unternehmens, sondern möglicherweise "nur" als FuE-Leiter oder CTO einzusetzen. Eine Studie des Committee of Vice-Chancellors and Principals of the Universities of the United Kingdom (CVCP) befand 2000, dass Wissenschaftler selten gute Entrepreneure oder Manager sind (auch nicht mit entsprechendem Training) und gute Gründe dafür sprechen, sie besser weiterhin in der Forschung einzusetzen und statt dessen Kaufleute für das Unternehmensmanagement extern zu rekrutieren.[139] Dieses Modell wurde 2000 daher für die britischen Universitäten empfohlen wird u.a auch in Japan und in den USA[140] praktiziert, wobei die die Ausgründung unterstützende Organisation oder TT-Stelle der akademischen Einrichtung im Außenraum aktiv nach geeigneten Kaufleuten sucht, die die CEO-Position im Gründungsunternehmen übernehmen.[141]

Dieses Modell ist der deutschen Tradition akademischer Spin-Out-Prozesse eher fremd; Wissenschaftler sehen das Ausgründungsprojekt als "ihr Kind" an, an dem sie den größtmöglichen Einfluss haben wollen. Es könnte aber dennoch bei deutschen Wissenschaftlern Anklang finden; tatsächlich fanden sich in unseren Fallstudien zwei Fälle, in denen ein ähnliches Vorgehen von Anfang an gewählt wurde. Das Modell ließe sich aber nur einsetzen, wenn die die Ausgründung unterstützende Organisation stärkeren Einfluss auf die Gestaltung und Teambildung des Spin-Off nehmen darf, die Ressourcen für eine solch doch sehr aufwändige Beratung vorhanden sind und wenn deren Personal über die entsprechenden Qualifikationen und Netzwerke verfügt.

---

[138] Gute Erfahrung mit einem Zertifizierungsmodell für Unternehmensberater macht man in Österreich.

[139] Vgl. Hague/Oakley (2000: 24f).

[140] Prof. Steve Walsh, University of New Mexico, wies auf einer Konferenz in Salamanca im Juni 2005 darauf hin, dass viele amerikanische Wissenschaftler die Rolle des CTO (anstelle des CEO) gern einnehmen, zumal sie als unentbehrliche Wissensträger u.U. ein höheres Einkommen erzielen könnten als CEO.

[141] Das ist das Standardmodell des japanischen National Institute of Advanced Industrial Science and Technology (AIST). Quelle. AIST Innovation Center for Startups, 2004.

7.3 Einflussnahme auf die Produktqualität und die Alleinstellungspositionen

7.3.1 Einfluss auf Unternehmenskonzept und Produktqualität?

Sorgfältige Analysen, Gutachten und Schulungen und gute Unternehmensberatung sollten eigentlich verhindern, dass Gründungen mit ungeeigneten Unternehmenskonzepten erfolgen. Wegen der erwähnten bestehenden Defizite ist aber genau dies nicht immer zu vermeiden.

Gibt es zusätzliche Interventionsmöglichkeiten? Auf Unternehmenskonzepte und Produkteigenschaften nimmt der Staat schon heute indirekt Einfluss, denn er kann bei geförderten Unternehmensgründungen und bei geförderten Innovationsprojekten eingreifen, indem er Förderanträge auch inhaltlich prüft bzw. sie über neutrale Juroren begutachten lässt. So kann über diesen Auswahlprozess indirekt Einfluss auf die Qualität der Unternehmens- und Produktkonzepte genommen werden.

Zweifel an der Belastbarkeit von Förderentscheidungen sind angebracht, wenn Förderadministratoren selbst nur nach Aktenlage entscheiden. Hier wäre es hilfreich, die Qualifikation dieser Personen zu verbessern und – wenn keine Expertenjury eingesetzt wird – bei Förderprogrammen kleiner Fallzahlen grundsätzlich externe Gutachten einzuholen und die Kosten für die oft aufwändigen Gutachten teilweise zu subventionieren (eventuell auch mit Hilfe des oben erwähnten Gutachtersystems).

7.3.2 Schutzrechtswesen, IPR-Management

Es bestätigte sich auch in dieser Untersuchung wieder die bedeutende Rolle der gewerblichen Schutzrechte (IPR) zur Gewinnung einer Alleinstellungsposition. Maßnahmen zur Erleichterung bzw. Förderung der Erlangung des gewerblichen Rechtsschutzes existieren in fast allen Bundesländern und zeigen befriedigende Wirkung.[142]

Uns erschien allerdings die in den Fallstudien von den Mutterorganisationen praktizierte Patent- und Lizenzpolitik in einigen Fällen wenig zielführend, bürokratisch und starr. Oftmals hätten flexiblere, fantasievollere und schnellere vertragliche Lösungen oder mehr Bereitschaft, Patente auch komplett zu übertragen, unnötige Frustrationen und Vertrauensverluste beider Seiten (Gründer und MO) verhindert. Wir sehen daher Verbesserungsbedarf bei der Schutzrechtsberatung, insbesondere in akademischen Mutterorganisationen, die nicht über die entsprechenden Fachleute verfügen. Es war zwar

---

[142] Vgl. Evaluation der Technologieförderung im Freistaat Thüringen.

nicht Aufgabe dieser Studie, konkrete politische Maßnahmen zu entwickeln, aber wir konnten Handlungsbedarf u.a. in folgenden Punkten identifizieren:

- Die Mutterorganisationen sollten ihre Beteiligungs- und Patentportfolios nicht nur als finanzielle Positionen behandeln (d.h. als Kostenträger), sondern als strategische Assets. Der Nutzen eines im eigenen Portfolio gehaltenen Patents sollte gegenüber dem Nutzen einer Übertragung des Patents an ein sich möglicherweise gut entwickelndes Beteiligungsunternehmen in jeden Einzelfall abgewogen werden. Hierbei sollte die Mutterorganisation nicht nur die finanziellen Nutzenkategorien, sondern auch forschungspolitische und marktstrategische Aspekte berücksichtigen.

- In jeden Einzelfall ist dem Gründer/Erfinder eine **qualifizierte** Beratung darüber anzubieten, ob er seine Erfindung zum Patent anmelden sollte oder besser nicht und, wenn ja, in welchen Regionen (deutsches, europäisches oder US-Patent oder mehr?). Abgesehen von den erheblichen Kosten ist u.a. mit in das Kalkül einzubeziehen, dass das Unternehmen die Qualifikation und die Ressourcen besitzen muss, die Patente in ihren Schutzgebieten auch verteidigen zu können und dass, je nach Wettbewerbs- und Marktstrategie des Unternehmens, oftmals eine Patentierung auch nicht indiziert ist (z.B. bei kurzlebigen Innovationszyklen).

- Die Konditionen, zu denen eine MO ein ihr gehörendes Patent an das Gründungsunternehmen überlässt, sollten flexibel verhandelbar sein, um so Einzelfalllösungen zu ermöglichen. Feste Quoten oder Anteilsrechte und feste Gebühren- oder Provisionssätze halten wir nicht für zweckdienlich.

- Um solche am Einzelfall orientierten Entscheidungen zu treffen und entsprechende Beratung zu leisten, sind bei den Mutterorganisationen erfahrene und ausgebildete Fachleute erforderlich, die sich nicht nur als Controller verstehen. Hier ist eine offensive Einstellungspolitik verlangt.

7.4 Ansatzpunkte bei Ausgründungspolitik der Mutterorganisationen

Es konnte gezeigt werden, dass die Bandbreite der Unterstützung, die die wissenschaftlichen Mutterorganisationen faktisch erbringen, quantitativ und qualitativ sehr groß ist. Das liegt sowohl an unterschiedlichen Aufgaben und fachlichen Profilen der jeweiligen Einrichtungen, an den unterschiedlichen Ressourcenausstattungen und an den sehr individuellen Ausgründungspolitiken der Einrichtungen. Universitäten tendieren eher zu fach-unspezifischen und wenig intensiven und persönlichen Unterstützungsleitungen allgemeiner oder kaufmännischer Art, während die außeruniversitären Einrichtungen, sofern sie anwendungsnah forschen, eine fachspezifische und selektive und oft auch sehr personenbezogene Unterstützung bieten.

Für die in Abschnitt 5.5.2 vorgeschlagenen vier Strategiemuster der Gründungsunterstützung durch die Mutterorganisationen sind die Möglichkeiten einer stärkeren Verzahnung von Wissenschaft und Wirtschaft zu prüfen. Eine Lösung, die auf alle gleichermaßen anwendbar wäre, erscheint vor dem Hintergrund spezifischer Stärken, Präferenzen und Ausbaupotenziale aber nicht sinnvoll.

Universitäten, die Gründungen nach dem Strategiemuster 2 (Vermittlung von Kompetenzen zur Unternehmensplanung und -führung) fördern, können den Vorsprung, den außeruniversitäre Einrichtungen auf bestimmten Technologiefeldern haben, kaum einholen. Es ist daher auch fraglich, wie sie ihren Mitarbeitern einen vergleichbaren Service bei der Unterstützung eines Ausgründungsvorhabens anbieten könnten. Die Stärken des Musters 2 liegen in der "Anstiftung", der frühzeitigen Sensibilisierung für das Gründungsthema und der Orientierung auf anwendungsorientierte und marktnahe Themen in der Forschung und Lehre. Vor diesem Hintergrund ergeben sich auch andere Ansatzpunkte für den gezielten Ausbau der Gründungsförderung. Sie sollten sich konzentrieren auf:

- (bei Hochschulen) die konsequente Fortsetzung bestehender Bemühungen zur Ergänzung der Lehre im Thema Selbstständigkeit und Unternehmensgründung,
- die Vermittlung von Gründungs-Know-how, Kompetenzen der Unternehmensführung und Gründungserfahrung Anderer (evt. sogar im direkten Austausch mit früheren Gründern, evt. im Kontext eines Ehemaligen- oder Alumni-Netzwerks),
- die individuelle Beratung von gründungsinteressierten Universitätsmitgliedern,
- das IPR-Management,
- die Vermittlung von Kontakten zu Netzwerken, Erleichterung des Netzwerkszugangs,
- die Öffnung der Universitäten für die Zusammenarbeit mit Unternehmen.

Insbesondere die letzten beiden Punkte bergen unseres Erachtens die größten Potenziale zum Ausbau der Gründungsförderung. Es ist für deutsche Universitäten noch nicht selbstverständlich, dass eine Firma bei ihr Räume anmietet und die Werkstätten und Labors gegen Bezahlung nutzt. In anderen Ländern dagegen ist das bereits lange üblich. Zum Beispiel verfügen die ETH Zürich oder die University of Warwick[143] über hohe Einkommen aus Lizenzgebühren für Entwicklungen, an denen sie beteiligt war, weil sie Räume und Ausstattungen zur Verfügung gestellt haben. Solche – i.d.R. befristeten – Kooperationen verschaffen den Universitäten nicht nur Einkommen, sondern auch wichtige Orientierungen bei der kundenorientierten Ausrichtung von Forschungen und den daran geknüpften Möglichkeiten zur wirtschaftlichen Verwertung von Forschungsergebnissen.

---

[143] Quelle: Williams (2002).

Bei den Strategiemustern 3 (Unterstützung bei der Qualifizierung und Organisation des Wissenstransfers) und 4 (Maximalunterstützung und hohe Selektivität), die eher bei außeruniversitären Einrichtungen zu finden sind, liegt der Vorteil im Wesentlichen in der hohen Spezifität und Selektivität. Weil die Institute schon seit Jahren in den jeweiligen Forschungsmärkten tätig sind, können sie die Märkte für die Spin-Offs gewissermaßen vorbereiten, so wie sie auch die Gründer fachlich gezielter auf ihre unternehmerischen Aufgaben vorbereiten können. Hier können hoch spezialisierte, fachlich exzellente Unternehmenseinheiten geschaffen werden, die ab Start schon einen Spitzenplatz einnehmen und einen hohen Marktanteil erringen können.

Je besser aber dies gelingt, desto eher sind die Gründer befähigt, sich vom Mutterinstitut zu emanzipieren. Dies wird um so eher geschehen, je mehr das Institut an einem klassischen, vorwettbewerblichen Wissenschaftsbetrieb festhält, der in der Industrie nicht immer gut ankommt. Spin-Offs solcher Institute beklagten dies gegenüber dem Untersuchungsteam[144] und bemühten sich darum, sich hinsichtlich Arbeitsstil und Organisation deutlich vom Institut abzugrenzen, sogar physisch aus seinem Dunstkreis abzusetzen.

Umgekehrt gilt aber auch, dass Institute, die anwendungsorientiert und wirtschaftsnah forschen, vom Standpunkt der Unternehmen aus betrachtet kein Kooperationshindernis darstellen. Im Gegenteil: Sie werden wegen ihrer spezifischen Kompetenz auf einem Technologiefeld geschätzt. Andauernde kooperative Beziehungen zwischen MI und Spin-Off werden in solchen Fällen auch nicht als Problem wahrgenommen. Wenn also Forschungseinrichtungen und Universitäten zumindest an ihren Schnittstellen zum Markt eine der industriellen Wirklichkeit ähnlichere Arbeits- und Kommunikationsweise, Sprache und Organisation entwickelten und damit die nach wie vor bestehende Kluft und das gegenseitige Missverstehen zwischen Wissenschafts- und Wirtschaft verringerten, könnten auch für den Technologie- und Wissenstransfer neue Perspektiven entstehen, weil kooperative Beziehungen zwischen Wissenschafts- und Wirtschaftssystem für alle Seiten glaubwürdig aufrecht erhalten bleiben können. Ein geeigneter Weg hierzu wird von vielen Einrichtungen bereits eingeschlagen durch die Bereitstellung von Räumen, Labors in der MI und durch befristete Ausleihe von Personal der MI in den ersten Monaten nach der Unternehmensgründung. Wenn in diesem Kontext ein

---

144 Stein des Anstoßes seien – so weiß Fraunhofer ISI auch aus anderen Untersuchungen – die mangelnde Erreichbarkeit der Hochschullehrer bzw. Wissenschaftler, die offenen und oft frei zugänglichen Labors und die damit gefährdete Vertraulichkeit, Furcht vor unkontrolliertem Abfluss vertraulicher Informationen, die "Veröffentlichungswut" der Wissenschaftler, die Schutzrechtsanmeldungen gefährden können, Streit um Verwertungsrechte, hohe Fluktuation beim wissenschaftlichen Personal, die sophistizierte akademische Sprache u.a.m.

professioneller Betrieb eingerichtet werden kann, der auch den Ansprüchen der Industriekunden genügt, kann durch die räumliche und personelle Unmittelbarkeit mit dem Wissenschaftsbetrieb des Instituts u.U. mittelfristig bei den Institutswissenschaftlern ein größeres Verständnis für die Bedürfnisse der Industrie entstehen.

In Konsequenz sollten die Überlassung von Infrastruktur und Personal an die Gründungsunternehmen nicht nur, wie heute in den Richtlinien formuliert (vgl. Abschnitt 2.1), zu marktüblichen oder "marktangemessenen" Konditionen geschehen, sondern sogar zu **Konditionen unterhalb der Marktpreise**. So ließen sich für die Gründer zusätzliche Anreize schaffen, das Infrastrukturangebot überhaupt in Erwägung zu ziehen. Der Anreiz, die Infrastrukturen und ggf. das Personal der Mutterorganisation gegen angemessene Gebühren zu nutzen, greift nur bei außergewöhnlichen Einrichtungen und Anlagen, die anderswo nicht verfügbar sind. Marktgängige Geräte oder ubiquitäre Labor- oder Büroausstattung können junge Unternehmen auf dem freien Markt, in Technologiezentren oder auch bei Fachhochschulen oft sehr viel günstiger nutzen. Hier kann der Anreiz nur über Preise wirken, die unter dem Marktpreis liegen, die aber dennoch der Mutterorganisation einen Deckungsbeitrag liefern.[145] Daran sollte sich der Begriff "marktangemessene Gebühren" orientieren, der in den Richtlinien verwendet wird. Einen Vorteil haben die Mutterorganisationen dann, wenn sich aus der engen Zusammenarbeit mit dem Spin-Off für sie Synergien ergeben und, was die Regel sein dürfte, wenn es keine konkurrierende Nutzung der Infrastruktur durch Dritte gibt, d.h. wenn ansonsten die Anlagen ungenutzt blieben und kein Deckungsbeitrag erzielt wird. (Es handelt sich bei der externen Nutzung von Forschungsinfrastruktur ja in der Regel nicht um einen Wettbewerbsmarkt, auf dem viele Nachfrager auftreten.)

Ob und wie schnell sich ein Spin-Off von seiner Mutterorganisation ablöst, ist jedoch keineswegs als eine Erfolgsbedingung zu begreifen. Unsere Fallstudien zeigen, dass sowohl eine schnelle Ablösung, als auch eine anhaltend enge Kooperation mit der Mutterorganisation Erfolgsbeispiele sein können. Wieder einmal zeigt sich hier die Notwendigkeit individueller Entscheidungskalküle.

---

[145] Es ist uns bewusst, dass hierfür u.U. Änderungen der entsprechenden Artikel des Haushaltsrechts notwendig wären.

7.5 Ansatzpunkte bei der Finanzierung

7.5.1 Finanzierungsmix

Der Staat (als Förderer) kann über Förderbedingungen darauf Einfluss nehmen, dass innovative Vorhaben oder Unternehmensförderung nur als Ko- oder Mischfinanzierungen stattfinden[146], also dass in jeder Unternehmensphase ein Mix aus Fördermitteln, Eigen- und Fremdkapitalfinanzierung sowie Cash-Flow zu Stande kommt. Förderung von TOU sollte niemals subsidiär eingesetzt werden, wenn sich sonst kein Finanzier findet, sondern immer nur komplementär. Unsere Fallstudien zeigen häufig und ganz klar, dass die Gründer – bei Vorliegen einer aus ihrer Sicht "ausreichenden" Gesamtfinanzierung – glaubten, keine weiteren Kapitalquellen mehr erschließen zu müssen ("das war nicht notwendig"). Dadurch bleibt das volle Wachstumspotenzial der Gründungsunternehmen oft unausgeschöpft (soweit es überhaupt durch bessere Finanzierung beeinflusst werden kann).

Es muss heilsamer Druck auf den Gründer ausgeübt werden, sich um andere Finanzierungsquellen aktiver zu bemühen und zu diesem Zweck sein Unternehmen und sein Business-Konzept entsprechend "herauszuputzen". Solchen Druck üben oft Banken und Beteiligungsfonds aus, weil sie Interesse an einer Diversifizierung der Finanzierung und damit an einer größeren Risikoverteilung haben. Auch der Förderer kann sich daran beteiligen und – qualifizierte Administratoren vorausgesetzt – Hilfestellung bei der Auswahl geeigneter Investoren geben, die zur Wachstumsstrategie und dem Unternehmer passen.

Es gilt, das folgende mögliche Hindernis auf diesem Pfad zu einer regelmäßigeren Mischfinanzierung zu beachten:[147] Obwohl selbst strikt renditeorientierte private VC-Geber (auch Business Angels) gerne staatliche Kofinanzierung ihrer Investments in Anspruch nehmen, begrüßen sie es in bestimmten Konstellationen nicht unbedingt, wenn junge Unternehmen ihre Finanzierung hauptsächlich auf Fördermittel stützen bzw. gestützt haben, insbesondere bei Startfinanzierung. Sie befürchten dadurch eine zu wenig effiziente und marktorientierte Organisation und Ausrichtung des Unternehmens, bürokratischer Aufwand, Verzögerungen im "time-to-market", mangelndes Kos-

---

[146] Wie es schon mit Ko-Finanzierungsmodellen bei geförderter Wagniskapitalfinanzierung häufig erprobt wurde.

[147] Dies ist eine Erkenntnis, die Fraunhofer ISI aus Gesprächen im Rahmen mehrerer empirischer Untersuchungen gewonnen hatte, so z.B. in der Studie zum FUTOUR-Programm (vgl. Pleschak et al. 2000).

tenbewusstsein oder – im Falle von Projektförderung – zu starke Akademisierung der Innovationsaktivitäten. In Konsequenz heißt dies:

- staatliche Förderung und Finanzierung durch privates Beteiligungskapital können sich in bestimmten Konstellationen behindern,
- negative Selektion am Kapitalmarkt: geförderte Unternehmen gelten manchmal als wenig attraktiv und müssen auf private Finanzierung verzichten,
- starkes Übergewicht der Finanzierung über Forschungs- oder Innovationsförderung führt zur Akademisierung der Unternehmenstätigkeit und zu Marktferne,
- damit verbunden ist oft ein zu schwaches unternehmerisches Engagement der wissenschaftlichen Gründer; sie verbleiben zu stark im Wissenschaftssystem verhaftet und nehmen ihre marktorientierten, unternehmerischen Aufgaben nur unzulänglich war.

Dieses Phänomen ist noch wenig erforscht, so dass es auch hier zu früh wäre, Lösungsvorschläge zu entwickeln, die über Bürokratieabbau in der Förderadministration hinausgehen.

7.5.2 Mehr Kreditfinanzierung

Banken halten sich seit einigen Jahren aus rational nachvollziehbaren Gründen bei der Kreditfinanzierung von technologieorientierten Unternehmensgründungen zurück. Damit entfällt derzeit fast gänzlich eine Jahrzehnte lang in Deutschland bewährte private Finanzierungsquelle für neue Unternehmen. Dies ist die zweite Seite der Medaille "Frühphasen-Finanzierungslücke" (die andere Seite ist die oft genannte Early-Stage-Eigenkapitallücke). Gründe hierfür sind u.a. die hohen Kosten zur Prüfung der Vorhaben ("due diligence") und zur Betreuung junger Portfoliounternehmen und die hohen technischen und Marktrisiken, bei gleichzeitig nicht adäquater Renditeerwartung aus dem Investment (ROI). Die Kosten der Prüfung der Vorhaben und die Risiken lassen sich deutlich reduzieren mit einem gut organisierten System zur Erstellung oder Besorgung preisgünstiger Technik- und/oder Marktgutachten[148]. Alle potenziellen Finanziers von technologieorientierten Unternehmensgründungen (TOU), einschließlich des Staats, könnten (eine) gemeinnützige Selbsthilfeeinrichtung(en) schaffen und mitfinanzieren, die solche Gutachten für zu finanzierende Gründungsprojekte oder Innovationsvorhaben erstellen. Solche gutachterlichen Ergebnisse könnten in den Rating-Systemen der Banken und Rating-Gesellschaften berücksichtigt werden und das Rating eines Unternehmens positiv beeinflussen, so dass die **Kreditbepreisung** für die

---

[148] VC-Gesellschaften organisieren dies in ihrem Kontaktnetz; alternativ könnte auch das externe Gutachtensystem eingesetzt werden, das oben in Abschnitt 7.2.1 erwähnt wurde.

Unternehmen günstiger ausfallen kann. Zusätzliche Instrumente zur Herabsubventionierung der Bankzinsen sind – zum Teil über die Förderbanken – schon in Kraft.

7.5.3 Finanzierungsvolumen und Wachstum

Dass eine "ausreichende" Finanzierung in allen Unternehmensphasen erfolgsnotwendig ist, steht nicht in Frage, wohl aber das "richtige" Finanzierungsvolumen. **Knappe Finanzierung** ist jedoch in unseren Fallstudien eher ein Ergebnis (manchmal falscher) unternehmerischer Bescheidenheit oder kaufmännischer Defizite, denn mangelnder Attraktivität des Businesskonzepts. Knappe Finanzierung behindert zwar klar ein schnelles Wachstum, zwingt das Management aber zu kaufmännisch vorsichtigen Strategien und zu effizientem Ressourceneinsatz. Das kann durchaus ein Element für eine stetige und nachhaltige Unternehmensentwicklung sein, d.h. dadurch können stabile unternehmerische Einheiten entstehen, die langfristig einen nennenswerten Beitrag zu Strukturwandel und Beschäftigung leisten können.[149]

Schnell wachsende Unternehmen, möglicherweise die so sehnlichst erwünschten "High-Flyer", "Stars" oder "Gazellen" brauchen eine **üppige Finanzierung**, die – über das Notwendige für schnelles Wachstum hinaus – auch noch eine Risikoreserve beinhaltet. Ob das Unternehmen nun schnell oder langsam wachsen soll, ist eine Frage der gewählten Unternehmensziele und Unternehmensstrategien, der Potenziale des Unternehmen sowie des Marktes und sollte nicht die Konsequenz eines bestimmten Finanzierungsangebots sein. Im vergangenen Jahrzehnt wurden die Wachstumsstrategien junger TOU leider zu oft von der verfügbaren bzw. angebotenen Finanzierung dominiert.

Der Staat (als Förderer) kann in folgender Weise auf das Finanzierungsvolumen und damit indirekt auf die Wachstumsstrategie Einfluss nehmen (nicht erschöpfende Beispiele):

- Ko-Finanzierungs-Obergrenzen könnten nach klaren Kriterien differenziert werden. Derzeit werden diese i.d.R. in vielen Fällen bis "zur Oberkante" ausgeschöpft, obwohl dies nicht in jedem Fall indiziert ist. Allerdings verlangt eine differenzierte Entscheidung eine entsprechend differenzierte Vorhabenprüfung bzw. den Einsatz von Juristen und Steuerexperten.

- Refinanzierungsbedingungen und Bürgschaftsquoten können differenziert werden. Auch hierbei würde ein höherer Prüfaufwand entstehen.

---

[149] Vgl. hierzu Abschnitt 7.8.

- Mit Steuererleichterungen für reinvestierte Erlöse aus Anteilsverkäufen könnte mehr Beteiligungskapital in junge Unternehmen fließen. Auch hierbei wäre zu prüfen, ob die Konditionen nach sachlichen Merkmalen des Gründungsunternehmens differenziert werden können.[150]

7.5.4 Auswahl der Privatinvestoren und VC-Gesellschaften

Besonders bei den westdeutschen Fallstudien wurden überraschend viele Privatinvestoren und VC-Gesellschaften als Kapitalgeber angetroffen; auch strategische Investoren ("corporate venturing" größerer Unternehmen, die aus eigenen Mitteln in kleinere Unternehmen investieren). In den meisten Fällen verhielten diese sich auch aus der Sicht der Gründer fair und geduldig und suchten durchaus nicht den schnellen Ausstieg, wenn sich Schwierigkeiten abzeichneten. In vier Fällen zeigte sich zudem, dass eine größere Zahl von syndizierenden Privatinvestoren offenbar eine moderierende Rolle auf einander ausübten und so hektische Reaktionen Einzelner Investoren vermieden und sich vielmehr gegenseitig ermunterten, weitere Einlagen zu leisten. Da Fraunhofer ISI in anderen Untersuchungen auch gegenteilige Beobachtungen machen musste (z.B. Investoren mit der "schnellen Mark" oder Business Devils), ist hier der positive Befund möglicherweise darauf zurück zu führen, dass es sich bei den Gründungen für die Investoren wirklich um attraktive Unternehmen handelte.

Um also solch ideale Investoren einzuwerben, bedarf es zunächst eines attraktiv aufgestellten Unternehmens; andererseits geraten unerfahrene Unternehmer dennoch leicht in die "Fänge" wenig seriöser oder einfach von ihrem Zielsystem her unpassenden Investoren. Dann können desaströse Konstellationen entstehen. Hiergegen kann der Staat Vorsicht und sorgfältige Prüfung der Angebote anmahnen und über geförderte Beratungs-, Innovations- oder Business Angels-Netzwerke versuchen, Empfehlungen für bewährte Investoren zu vermitteln. Eine Zertifizierung von Kapitalgebern ist jedoch weder realisierbar noch zielführend. Allerdings wäre mehr Transparenz im Beteiligungsmarkt geeignet, Informationen über gute und schlecht verlaufende Investment-Partnerschaften und ihre Gründe zu verbreiten. Die heute noch vorherrschende Geheimnistuerei, z.T. verbrämt mit dem wenig zeitgemäßen Bankgeheimnis, ist in dieser Hinsicht nicht hilfreich.

---

[150] Auch in diesem Fall ist uns bewusst, dass Vorschläge in diese Richtung nicht in die gegenwärtige Debatte der Vereinfachung des Steuersystems passen.

7.6 Gründungsförderung

Die empirischen Befunde haben einen signifikanten Unterschied bei der Finanzierung von Gründungen zwischen ost- und westdeutschen Spin-Offs gezeigt. Westdeutsche Gründer akquirieren öfter und mehr privates Kapital für ihre Unternehmen, als ostdeutsche Gründer, die nahezu ganz auf Cash-Flow und öffentliche Förderung vertrauen. Die private Finanzierungslücke bei ostdeutschen Spin-Offs ist aber nicht nur auf eine ausgeprägte Skepsis auf Seiten der Gründer gegenüber Beteiligungskapital bzw. auf Seiten der privaten VC-Geber gegenüber staatlicher Unternehmensförderung zurück zuführen. Gründer haben auch ganz objektive Probleme bei der Akquise von privatem Kapital, weil der Markt im Augenblick sehr vorsichtig agiert. Eine Unterstützung von Spin-Offs durch öffentliche Förderung während der Pre-Seed, Seed-, Gründungs- und Aufbauphase erscheint daher leider als notwendige subsidiäre Konsequenz. Dabei ist zu beachten, dass – wenn es gelingt, die Ressentiments auf Seiten der privaten Kapitalgeber gegenüber Fördermitteln in "ihren" Unternehmen zu reduzieren - mit öffentlichen Geldern auch private Mittel mobilisiert werden können ("leverage") und Gründungen zu einem vernünftigen Finanzierungsmix finden, der allen interessierten Parteien nicht nur das notwendige Maß an Sicherheit, sondern auch attraktive Entwicklungsperspektiven bietet.

Ein Beispiel für eine solche Gründungsförderung war das im Jahr 1997 aufgelegte und inzwischen ausgelaufene FUTOUR-Programm, das in Ostdeutschland viele Spin-Offs beim Start unterstützt hat. In den Fallstudiengesprächen wurde von vielen Gesprächspartnern aus Ostdeutschland der Vorschlag unterbreitet, ein Programm mit ähnlichen Instrumenten entsprechend den neuen wirtschaftlichen Rahmenbedingungen wieder aufzulegen. Alle ostdeutschen Gesprächpartner waren der Meinung, dass gerade dieses Programm ihnen in der ersten FuE-Phase sehr geholfen hat, schneller zu technologisch marktreifen Lösungen zu gelangen und die eigene FuE-Basis zu stärken.

Die öffentliche Förderung sollte aber von einem für das Unternehmen sinnvollen Finanzierungsmix abhängig gemacht werden, der sich aus verschiedenen Quellen zusammensetzt. Auf diese Weise sollte versucht werden zu verhindern, dass sich die Unternehmen nur mit öffentlichen Finanzierung zufrieden geben und sie anzuspornen, auch andere Quellen zu erschließen. Öffentliche Finanzierung sollte vorhandene Potenziale stärken, anstatt Finanzierungslücken komplett zu kompensieren.

7.7 Wissenschaftler als dynamische Entrepreneure?

Zu Ende dieser Untersuchung verstärkt sich Eindruck, dass die deutsche Zielgruppe gründungsrelevanter Wissenschaftler trotz der nun seit Jahren bestehenden Awareness-Kampagnen und trotz der diversen Entrepreneurship-Veranstaltungen und Schulungen mehrheitlich nicht das unternehmerische Format und Profil aufweisen, das sich die Gründungsforschung und die Politik vorstellen, nämlich den Entrepreneur, der

- risikofreudigen, dynamisch und mobil ist,
- Visionen hat, die auch Geldgeber überzeugen,
- der zu großen Würfen bereit ist und schnelles Unternehmenswachstum anstrebt,
- im Interesse des schnellen Wachstums bereitwillig externes Kapital bzw. Beteiligungen Externer akzeptiert,
- der attraktive Gewinne erzielen will, auch um die Erwartungen der Investoren zu befriedigen,
- das Risiko und die Verantwortung mit anderen Gesellschaftern teilt und diesen dafür Mitspracherechte einräumt und
- gleichzeitig noch hoch technologische Innovationen mit im weltweiten Maßstab hohem Markt- und Wertschöpfungspotenzialpotenzial hervorbringt.

Wenn es auch selten so deutlich formuliert wird, lässt sich dieses Wunschprofil aus den meisten Artikeln und Beiträgen der Medien, aus Forschungsberichten, aus Förderrichtlinien und aus Politikerreden ablesen.

Es stellt sich nach der vorliegenden Untersuchung aber die Frage, ob dieses Wunschbild je der Wirklichkeit entsprochen hat und ob dieser Typ des Entrepreneurs überhaupt der Mentalität deutscher Wissenschaftler entspricht.[151]

Das Beklagen einer angeblichen Lücke zwischen der Wirklichkeit des deutschen Gründungsgeschehens und den Erwartungen, die mithin also impliziert, dass es einen Misserfolg in der bisherigen Politik zur Schaffung von Voraussetzungen für akademische Ausgründungen bzw. eines effizienten Technologietransferprozesses gäbe, ist daher möglicherweise unangebracht, weil die Erwartungen überzogen oder gänzlich unrealistisch waren. Das Untersuchungsteam meint daher, dass solche Erwartungen an den wissenschaftlichen Unternehmensgründer (und auch an andere Gründertypen) realistischer formuliert werden sollten und die Förderpolitik deren tatsächlichen Bedürfnissen angepasst werden sollte.

---

[151] Im Übrigen zeigt die wissenschaftliche Literatur, dass der "entrepreneurial academic" auch in den angelsächsischen Ländern nicht die Regel ist (vgl. William 2002).

7.8 "Gazelle" oder "Schildkröte"? Welche Dynamik wollen wir?

Es wurde in diesem Bericht schon mehrfach darauf hingewiesen, dass wir uns von der Dichotomie zwischen den rasant wachsenden High-Flyern oder Gazellen (als dem Wunschbild und Idealtypus des Struktur bildenden innovativen neuen Unternehmens) und den herablassend mit "lifestyle companies" disqualifizierten, langsam dem Ziel zustrebenden, stetig wachsenden Start-Ups ("Schildkröten") verabschieden sollten. Letztere schaffen langfristige und stabile Einheiten und letzten Endes in der Summe auch nennenswerte Beschäftigung und Wertschöpfung, wobei sie kapitalarm wachsen und private und staatliche Ressourcen schonen, während Erstere zu einem hohen Prozentsatz wenige Jahre nach einem dynamischen Wachstum, in dem sie sehr viel privates und öffentliches Geld "verbrannt" haben, wieder vom Markt verschwinden. Solche Fälle hinterlassen bei Mitarbeitern, Kapitalgebern, Banken, Gewerkschaften und Politikern einen fatalen Vertrauensschaden. Es ist daher offensichtlich ein strategisches wie auch ein rechnerisches Abwägen darüber notwendig, welchen Grad und welche Art von struktureller Dynamik die deutsche Wirtschaft braucht und wollen sollte.

8 Ausblick

Die Bedeutung der hier vorgelegten Studie liegt vor allem darin, dass die individuellen sozial-humanen und infrastrukturellen Bedingungen näher beleuchtet werden konnten, unter denen akademische Ausgründungen geschehen. Wir sehen uns jetzt bestätigt, dass der Prozess der Ausgründung eines wissensbasierten Unternehmens aus dem Forschungssystem heraus in hohem Maße "peoples' business" ist, also von sozialen, personenspezifisch-psychologischen und individuellen Umfeldbedingungen der Handelnden abhängt, und zu Letzteren gehören nicht nur die Gründer, sondern alle Personen im unmittelbaren Netzwerk des Gründers (z.B. Kollegen, Vorgesetzte, Forschungs- und Geschäftspartner, Freunde, Familie etc.). Gründungen gelingen dort, wo ein entsprechend gründungsfreundliches Klima herrscht und wo die Bedingungen der Zusammenarbeit des Spin-Off mit dem Mutterinstitut günstig sind. Auch dies wird von Persönlichkeitsprofilen entscheidend beeinflusst. Als wichtig für die Qualität der Zusammenarbeit und Gründungsvorbereitung gilt auch die technisch-fachlichen Ausrichtung und Spezialisierung des Mutterinstituts. Wirtschaftspolitische, finanzielle, fiskalische und andere strukturelle Rahmenbedingungen spielen zwar ebenfalls eine große Rolle; unsere Ergebnisse lassen aber vermuten, dass diese Rolle im Verhältnis zu den anderen Faktoren bislang etwas überbewertet wurde.

Deutlich wurde auch, dass Förderpolitik durchaus auch wirkungsvoll an eben den sozial-humanen Aspekten ansetzen kann und möglicherweise mit geringeren Mitteln einen größeren und – vor allem – nachhaltigeren Effekt auslösen kann.

Wissensbasierte Gründungen decken ein breites Spektrum an Entstehungs- und Gestaltungsvarianten ab. Diese Studie machte noch einmal deutlich, wie vielfältig der Typus "wissensbasierte Gründung" ist. Es existiert nicht einmal eine halbwegs anerkannte Typologie von Start-Up- und Spin-Off-Varianten. So sollte das Studium der akademischen Ausgründungen aus wissenschaftlichen Einrichtungen ausgeweitet werden auf die mindestens ebenso bedeutsamen Varianten wie Spin-Offs aus forschenden Unternehmen ("Corporate Spin-Offs"), Außengründungen ("normale" Start-Ups), die sich FuE-Ergebnisse und/oder Personal gezielt bei Forschungseinrichtungen einkaufen oder Gründungen, die Forschungseinrichtungen gemeinsam mit Industrieunternehmen vornehmen.

Die allgemein unbestrittene Bedeutung der wissenschaftsbasierten Ausgründungen für eine zukunftsfähige Wirtschaftstruktur und für die Wettbewerbsfähigkeit des deutschen Innovationssystems rechtfertigt weiteres Studium solcher Gründungsformen, deren Besonderheiten bislang nicht hinreichend analysiert worden waren. Die hier vorgelegten Studienergebnisse liefern tiefe Einblicke in 20 individuelle Gründungsprozesse und geben Hinweise darauf, welche Aspekte noch eingehend untersucht werden müssen, bis belastbare Schlüsse gezogen werden können. Insbesondere die kleine Zahl von 20 Fallstudien lässt nicht zu, die Ergebnisse zu verallgemeinern; sie stehen nur für diese Fallauswahl. Es sind also zwecks Schaffung einer repräsentativen Datenbasis weitere Fallstudien notwendig, möglichst flankiert durch eine breite schriftliche Befragung oder gar ein Panel, bei der in standardisierter Form wiederholt ähnliche Aspekte abgefragt werden wie in den Tiefeninterviews dieser Untersuchung.

Einer methodisch belastbaren repräsentativen Umfrage steht derzeit auch noch im Wege, dass die Grundgesamtheit akademischer Spin-Offs weder in Deutschland noch in anderen größeren Industrieländern hinreichend genau bekannt ist. Das gilt sowohl für ihre Gesamtzahl, als auch für ihre Struktur nach unterschiedlichen Spin-Off-Typen und nach Mutterorganisationen. Insbesondere das Geschehen bei Hochschulen ist sehr intransparent; kaum eine Hochschule kann eine präzise Auskunft über die Zahl oder den Charakter ihrer Spin-Offs geben, da die Mehrheit der Ausgründungen zu Stande kommen, ohne dass die Hochschule informiert ist oder gar Hilfestellung gibt. Im günstigsten Fall weiß sie zwar um die Ausgründungen, führt aber kein zentrales Register darüber. Es wäre zu überlegen, wie den Hochschulen und den Ausgründern selbst Anreize gegeben werden können, ihre Gründungen einem Register zur Kenntnis zu geben. Da die Ausgründungszahlen der außeruniversitären Forschungseinrichtung relativ genau und regelmäßig erfasst werden, wie in Kapitel 2 gezeigt wurde, würden diese Zahlen zusammen mit verlässlichen Registern der Hochschulen ein vollständiges gesamtdeutsches Kataster von akademischen Ausgründungen ergeben und damit eine wertvolle Basis für repräsentative Untersuchungen und förderpolitische Entscheidungen.

Problematisch erscheint uns der verbreitete Mythos, dass das Ausland, besonders die USA, mehr und zukunftsfähigere oder gar erfolgreichere technologieorientierte oder wissensbasierte Spin-Offs aus ihrem Wissenschaftssystem generierten und dass solche Mythen hier zu Lande gern als nachzueifernde Vorbilder hochstilisiert werden. Die Informationen, die uns vorliegen, bestätigen das nicht; im Gegenteil; es gibt Hinweise, dass die Zahl der akademischen Spin-Offs in den USA, bezogen auf vergleichbare Nenner wie Forschungsvolumen oder Forschungspersonal, hinter europäischen Werten zurückbleiben und dass die überragende Qualität bzw. der größere "Erfolg" der Ausgründungen durchaus nicht belegt ist. Hier wäre genaueres und kritischeres Hinschauen angezeigt.

Die Untersuchung zeigte auch, dass geeignete Kriterien oder Indikatoren fehlen, die die Erreichung der rein innovations- und strukturpolitischen Ziele der Förderung von technologieorientierten Unternehmensgründungen und der akademischen Spin-Offs, etwa wie der Grad des Strukturwandels oder der Steigerung der Innovationsfähigkeit bzw. Wettbewerbsfähigkeit einer Region oder eines Sektors messen könnten. Die bekannten Erfolgsmaße, die in Kapitel 6.1 erörtert wurden, eignen sich nur teilweise für diesen Zweck.

Abschließend möchte das Untersuchungsteam den schon mehrfach angemerkten Appell wiederholen, neben den sicherlich auch weiterhin wünschenswerten Gründungen mit Potenzial zur "Gazelle" verstärkt auf die sich nachhaltiger, langsamer entwickelnden und wachsenden "Schildkröten" zu achten und diesen angepasste Förderung angedeihen zu lassen. Wir vermuten, dass in einer längerfristigen und gesamtwirtschaftlichen Bilanz aller direkten und indirekten Kosten und Benefits die "Schildkröten" zumindest mit den "Gazellen" ebenbürtige Zielgröße unserer künftigen Wirtschaftsstruktur sein könnten.

Weiterführende Literatur und Referenzen

Acs, Z.J., Audretsch, D.B., Feldman, M.P. (1994): "R&D Spillovers and Recipient Firm Size", Review of Economics and Statistics, 776(2), pp. 336-340.

Acs, Z.J., Audretsch, D.B. (1990): Innovation and Small Firms, The MIT Press, Cambridge, MA.

ADT e.V. (1998): Projekt ATHENE – Ausgründung von Technologieunternehmen aus Hochschul-Einrichtungen und Naturwissenschaftlich-technischen Einrichtungen, Berlin.

Albach, H. (1998): Unternehmensgründungen in Deutschland – Potentiale und Lücken, WZB Discussion Paper FS IV 98-1.

Albach, H. (1997): Rahmenbedingungen für Existenzgründungen in Deutschland, ZfB, 67. Jg., Heft 4, S. 441-451.

Aldrich, H.E., Crosa, B., Keister, L.A. (2002): Is There a Wealth Effect? Financial and Human Capital as Determinants of Business Startups, Frontiers of Entrepreneurship Research, http://www.babson.edu/entrep/fer/Babson2002/I/I_P1/I_P1.htm, Abfragedatum: 29.07.2004.

Aldrich, H.E., Staber, U., Wiedenmayer, G. (1995): Von Gründungspersonen zu Gründungsraten, DBW, Jg. 55, Heft 2, S. 221-236.

Aldrich, H.E., Zimmer, C. (1986): Entrepreneurship through Social Networks. In: Sexton, D.L., Smilor, R. (Hrsg.): The Art and Science of Entrepreneurship, New York: Ballinger, S. 3-23.

Almus, M., Nerlinger, E. (1999): Wachstumsdeterminanten junger innovativer Unternehmen: Empirische Ergebnisse für West-Deutschland, Jahrbücher für Nationalökonomie und Statistik, Vol. 218, S. 257-275.

Audretsch, D.B., Keilbach, M. (2003): "Entrepreneurship Capital and Economic Performance", CEPR Discussion paper series, No. 3678.

Audretsch, D.B. (1997): "Technological Regimes, Industrial Demography and the Evolution of Industrial Structures", Industrial and Corporate Change, 6, 1, pp. 49-82.

Audretsch, D.B. (1995): Innovation and Industry Evolution, Cambridge: MIT Press.

Audretsch, D.B. (1994): Die Industrieökonomik und die Überlebenschancen neugegründeter Unternehmen. In: Schmude, J. (Hrsg.): Neue Unternehmen – Interdisziplinäre Beiträge zur Gründungsforschung, Heidelberg: Physica-Verlag.

Backes-Gellner, U., Demirer, G., Sternberg, R. (2001): Individuelle und Regionale Einflussfaktoren auf die Gründungsneigung von Hochschülern, http://www.ifbf.unizh.ch/emap/docs/2003/research/dfgschwerpunkt.pdf, Abfragedatum: 30.08.04.

Backes-Gellner, U., Moog, P. (2003): Humankapital des Gründers und Erfolg neu gegründeter Unternehmen – eine empirische Analyse, http://www.ifbf.unizh.ch/emaps/docs/2003/research/PMEndFassungKoeBo.pdf, Abfragedatum: 29.07.04.

Backes-Gellner, U., Werner, A. (2003): Entrepreneurial Signalling: Success Factors for Innovative Start-Ups, http://www.ifbf.unizh.ch/emap/docs/2003/research/entrepreneurial_signaling.pdf, Abfragedatum: 29.07.2004.

Bamford, C.E., Dean, T.J., McDougall, P.P. (1997): Initial Strategies and New Venture Growth: An Examination of the Effectiveness of Broad vs. Narrow Breadth Strategies, Frontiers of Entrepreneurship Research, http://www.babson.edu/entrep/fer/papers97/bamford/bam.htm, Abfragedatum: 29.07.2004.

Bartelsman, E., Scarpetta, S., Schivardi, F. (2003): "Comparative Analysis of Firms Demographics and Survival: „micro-Level Evidence for the OECD Countries", OECD Economic Dept. Working Papers, 348, Paris.

Bauer, H.H., Sauer, N.E. (2004): Die Erfolgsfaktorenforschung als schwarzes Loch?, DBW, 64. Jg., Heft 4, S. 621-623.

Becker, G.S. (1975): Human Capital, 2. Auflage, Chicago: University of Chicago Press.

Becker, W., Dietz, J. (2002): Unternehmensgründungen, etablierte Unternehmen und Innovationsnetzwerke. In: Schmude, J. (Hrsg.): Unternehmensgründungen – Interdisziplinäre Beiträge zum Entrepreneurship Research, Heidelberg: Physica-Verlag, S. 235-268.

Beer, H. (2000): Hochschul-Spin-offs im High-Tech-Wettbewerb – Entrepreneurship-Theorie, -Education und -Support, Hamburg: Verlag Dr. Kovač.

Behrendt, H., Tamásy, C. (1997): Bilanz eines Booms: Erfüllen Technologie- und Gründerzentren die politischen Erwartungen?, Geographischen Zeitschrift, 85. Jg., Heft 1, S. 34-51.

Böhmer, A., Lück, W. (1994): Entrepreneurship als wissenschaftliche Disziplin in den USA, ZfBF, 46. Jg., Heft 5, S. 403-421.

Bourdieu, Pierre (1983): Ökonomisches Kapital, kulturelles Kapital, soziales Kapital. In: Reinhard Kreckel (Hrsg.), Soziale Ungleichheiten Göttingen: Verlag Otto Schwartz & Co.

Brixy, U., Kohaut, S., Schnabel, C. (2005): How fast do newly founded firms mature? Empirical analyses on job quality in start-ups; in: IAB-discussion paper Nr. 02/2005.

Brüderl, J., Bühler, C., Ziegler, R. (1993): Beschäftigungswirkung neugegründeter Betriebe, Mitteilungen aus der Arbeitsmarkt- und Berufsforschung, 26. Jg., Nr. 4, S. 519-528.

Brüderl, J., Jungbauer-Gans, M. (1991): Überlebenschancen neugegründeter Betriebe, DBW, 51. Jg., Heft 4, S. 499-509.

Brüderl, J., Preisendörfer, P. (1996): Network Support and the Success of Newly Founded Businesses, Small Business Economics, Vol. 10, S. 213-225.

Brüderl, J., Preisendörfer, P., Baumann, A. (1991): Determinanten der Überlebenschancen neugegründeter Kleinbetriebe, Mitteilungen aus der Arbeitsmarkt- und Berufsforschung, 24. Jg., Nr. 1, S. 91-100.

Brüderl, J., Preisendörfer, P., Ziegler, R. (1998): Der Erfolg neugegründeter Betriebe – Eine empirische Studie zu den Chancen und Risiken von Unternehmensgründungen, 2. Auflage, Berlin: Duncker & Humblot.

Bundesministerium für Bildung und Forschung (Hrsg., 2002): Zur technologischen Leistungsfähigkeit Deutschlands 2001. Bonn.

Bundesministerium für Bildung und Forschung (2002): Spinoff-Gründungen aus der öffentlichen Forschung in Deutschland, Studie des ZEW für das BMBF.

Burgstahler, H. (2001): Erfolgsfaktoren interner Unternehmenskommunikation in der Bewertung durch Analysten – Explorative Studie zur Rolle von Nonfinancials im Kontext moderner Managementkonzepte, http://www.burgstahler.biz/download/burgstahler.com_studie.pdf (29.07.04).

Burkhardt, T., Lohmann, K., Marowsky, G., Thome, C. (1999): Netzwerke bei Aus- und Neugründungen von High-Tech-Unternehmen, Freiberger Arbeitspapiere No. 18.

Burt, R.S. (1992): Structural Holes: The Social Structures of Competition. Cambridge: Harvard University Press.

Bygrave, W.D., Starr, J.A. (1991): The Assets and Liabilities of Prior Start-Up Experience: An Exploratory Study of Multiple Venture Entrepreneurs. In: Churchill, N.C., Bygrave, W.D., Covin, J.G., Sexton, D.L., Slevin, D.P., Vesper, K.H., Wetzel, W.E. (Hrsg.): Frontiers of Entrepreneurship Research, Babson College: Massachusetts.

Chesbrough, H. (2002): "The Governance and Performance of Xerox's Technology Spin-off Companies", mimeo, Harvard Business School, (v. p. 4).

Chiesa, V., Piccaluga, A. (2000): Exploitation and Diffusion of Public Research: The Case of Academic Spin-Offs in Italy, R&D Management, Vol. 30, No. 4, S. 329-339.

Cooper, A.C., Gimeno-Gascón, F.J. (1992): Entrepreneurs, Processes of Founding, and New-Firm Performance. In: Sexton, D.L., Kasarda, J.D. (Hrsg.): The State of the Art of Entrepreneurship, Boston: PWS-Kent Publishing Company, S. 301-324.

Debackere, K. (2000): Managing academic R&D as a business at KU Leuven: context, structure and process, R & D Management, Vol. 30, No. 4, pp. 323-328.

Debackere K., Luwel M., Veugelers R, (1999):Can technology lead to a competitive advantage? A case study of Flanders using European patent data, Scientometrics, Vol. 44, No. 3, pp. 379-400.

Debackere, K., Van Looy, B. (2001:.'Managing Integrated Design Capabilities in New Product Design & Development', forthcoming in Dankbaar, B. (ed.). London: Imperial College Press.

De Wit, G., Van Praag, M. (2001): The Value of Investments in Human and Social Capital for Small Business Founders, Frontiers of Entrepreneurship Research, http://www.babson.edu/entrep/fer/Babson2001/VII/VIIB/VIIB.htm (29.07.2004).

Di Gregorio, D., Shane, S. (2003): Why do some Universities generate more Start-Ups than others?, Research Policy, Vol. 32, No. 2, S. 209-227.

Dreier, C. (2001): Gründerteams: Einflussverteilung – Interaktionsqualität – Unternehmenserfolg, TU Berlin, Dissertation.

Eichener, V., Schaaf, S., Schulte, F., Weingarten, J. (2000): Erfolgsfaktoren für Biotechnologieregionen – Sozialwissenschaftliche Begleitforschung zu den BioRegios, Düsseldorf: Hans-Böckler-Stiftung.

Etzkowitz, H., Leydesdorff, L. (1998): The Role of Research Centers in the Collectivization of Academic Science", Minerva, 36, pp. 271-288.

Etzkowitz; H., Leydesdorff, L. (1997): Introduction to special issue on science policy dimensions of the Triple Helix of university-industry-government relations, Science and Public Policy, Vol. 24, No. 1, pp. 2-5.

Faltin, G. (1998): Das Netz weiter werfen – Für eine neue Kultur unternehmerischen Handelns. In: Faltin, G., Ripsas, S., Zimmer, J. (Hrsg.): Entrepreneurship – Wie aus Ideen Unternehmen werden, München: C.H. Beck, S. 3-20.

Feldman, M.P., Audretsch, D.P. (1999): Innovation in Cities: Science-Based Diversity, Specialisation and Localized Competition, European Economic Review, 43, 409-429.

Franco, A.M., Filson, D. (2000): Knowledge Diffusion through Employee Mobility. Federal Reserve Bank of Minneapolis, Staff Report 272.

Franke, N., Lüthje, C. (2002): Studentische Unternehmensgründungen – dank oder trotz Förderung?, ZfBF, 54. Jg., Heft 2, S. 96-112.

Friedrich-Ebert-Stiftung (1998): Existenzgründungen nach dem Hochschulabschluss, Reihe Wirtschaftspolitische Diskurse Nr. 120, http://library.fes.de/fulltext/fo-wirtschaft/00724toc.htm, Abfragedatum: 22.09.04.

Fritz, W. (2004): Die Erfolgsfaktorenforschung – ein Misserfolg?, DBW, 64. Jg., Heft 5, S. 623-625.

Fröhlings, J. (1990): Finanzierung innovativer Unternehmensgründungen. In: Szyperski, N., Roth, P. (Hrsg.): Entrepreneurship – Innovative Unternehmensgründungen als Aufgabe, Stuttgart: C.E. Poeschel Verlag, S. 5-16.

Gemünden, H.G., Konrad, E.D. (2000): Unternehmerisches Verhalten als ein bedeutender Erfolgsfaktor von technologieorientierten Unternehmensgründungen – eine kritische Würdigung von Erklärungsansätzen verschiedener Modellkonstrukte, Die Unternehmung, Vol. 1, S. 247-271.

Gemünden, H.G., Lechler, T. (2003): Gründerteams – Chancen und Risiken für den Unternehmenserfolg, Heidelberg: Physica-Verlag.

Glaeser, E.L., Kallal, H.D., Scheinkman, J.A., Shleifer, A. (o.J.): Growth in Cities, Journal of Political Economy, Vol. 100 No. 6, pp. 1126-1152.

Goebel, P. (1990): Erfolgreiche Jungunternehmer – Welche Fähigkeiten brauchen Firmengründer?, München: mvg-Verlag.

Grandi, A., Grimaldi, R. (2003): Exploring the Networking Characteristics of New Venture Founding Teams, Small Business Economics, Vol. 21, S. 329-341.

Granovetter, M. (1984): Small is Bountiful: Labour Markets and Establishment Size, American Sociological Review, Vol. 49, No. 3, S. 323-334.

Granovetter, M. (1973): The Strength of Weak Ties, American Journal of Sociology, Vol. 78, No. 6.

Hague, D., Oakley, K. (2000): Spin-offs and start-ups in UK universities. London: CVCP.

Hannan, M.T., Freeman, J. (1989): Organizational Ecology, Cambridge: Harvard University Press.

Hannan, M.T., Freeman, J. (1977): The Population Ecology of Organisations, American Journal of Sociology, 82, pp. 929-964.

Harhoff, D., Woywode, M. (1994): Überlebenschancen von Unternehmen – Eine empirische Analyse auf der Basis des Mannheimer Unternehmenspanels. In: Schmude, J. (Hrsg.): Neue Unternehmen – Interdisziplinäre Beiträge zur Gründungsforschung, Heidelberg: Physica-Verlag, S. 110-126.

Heydebreck, P. (1992): Operationalisierung des Innovationserfolges, Karlsruhe: Fraunhofer ISI.

Isfan, K., Moog, P. (2003): Deutsche Hochschulen als Gründungsinkubatoren, Wiesbaden: Deutscher Universitäts-Verlag.

Jaffe, A., Trajtenberg, M., Henderson, R. (1993): Geographic Localization of Knowledge Spillovers as Evidenced by Patent Citations, The Quarterly Journal of Economics, 108 (3), pp. 577-98.

Jansen, D. (2002): Netzwerke und soziales Kapital – Methoden zur Analyse struktureller Einbettung. In: Weyer, J. (Hrsg.): Soziale Netzwerke, München: Oldenbourg-Verlag, S. 35-62.

Jansen, D., Weber, M. (2003): Zur Organisation des Gründungserfolgs – Eine organisationstheoretische Untersuchung des Erfolgs gegründeter Betriebe im Ruhrgebiet, Wiesbaden: Westdeutscher Verlag.

Jenner, T. (1999): Determinanten des Unternehmenserfolges – Eine empirische Analyse auf der Basis eines holistischen Untersuchungsansatzes, Stuttgart: Schäffer-Poeschel Verlag.

Johannisson, B., Ramírez-Pasillas, M. (2001): Networking for Entrepreneurship: Building a Topography Model of Human, Social and Cultural Capital, Frontiers of Entrepreneurship Research, http://www.babson.edu/entrep/fer/Babson2001/XII/XIIA/XIIA.htm (29.07.2004).

Kehl, M. (2002): Strategische Erfolgsfaktoren in der Telekommunikation – Empirische Untersuchung auf der Basis des Shareholder-Value-Konzepts, Wiesbaden: Deutscher Universitäts-Verlag.

Kenney, M., von Burg, U. (1999): Technology, Entrepreneurship and Path Dependence: Industrial Clustering in Silicon Valley and Route 128, Industrial and Corporate Change, 8 (1), pp. 67-103.

KfW Bankengruppe (Hrsg. 2004): Was erfolgreiche Unternehmen ausmacht – Erkenntnisse aus Wissenschaft und Praxis. Heidelberg: Physica-Verlag.

Kirschbaum, G. (1990): Gründungsmotivation. In: Szyperski, N., Roth, P. (Hrsg.): Entrepreneurship – Innovative Unternehmensgründungen als Aufgabe, Stuttgart: C.E. Poeschel Verlag, S. 79-87.

Klandt, H. (1990): Das Leistungsmotiv und verwandte Konzepte als wichtige Einflussfaktoren der unternehmerischen Aktivität. In: Szyperski, N., Roth, P. (Hrsg.): Entrepreneurship – Innovative Unternehmensgründungen als Aufgabe, Stuttgart: C.E. Poeschel Verlag, S. 88-96.

Klandt, H. (1984): Aktivität und Erfolg des Unternehmensgründers – Eine empirische Analyse unter Einbeziehung des mikrosozialen Umfeldes, Bergisch Gladbach: Verlag Josef Eul.

Klandt, H., Müller-Böling, D., (1990): Bezugsrahmen für die Gründungsforschung mit einigen empirischen Ergebnissen. In: Szyperski, N., Roth, P. (Hrsg.): Entrepreneurship – Innovative Unternehmensgründungen als Aufgabe, Stuttgart: C.E. Poeschel Verlag, S. 143-170.

Klepper, S. (2001): Employee start-ups in high tech industries, Industrial and Corporate Change, 10 (3), pp. 639-674 (v. p. 4).

Klepper, S., Sleeper, S. (2000): Entry by Spinoffs, mimeo, Carnegie Mellon University, Pittsburgh, June.

Knecht, T.C. (1998): Universitäten als Inkubatororganisationen für innovative Spin-off Unternehmen – Ein theoretischer Bezugsrahmen und die Ergebnisse einer empirischen Bestandsaufnahme in Bayern, Köln: Förderkreis Gründungs-Forschung.

Kriegesmann, B. (2000): Unternehmensgründungen aus der Wissenschaft, ZfB, 70. Jg., Heft 4, S. 397-414.

Kruschwitz, L. (1998): Investitionsrechnung, 7. Auflage, München: Oldenbourg-Verlag.

Kuipers, M. (1990): Erfolgsfaktoren der Unternehmensgründung – Eine Untersuchung erfolgreicher und erfolgloser Unternehmensgründer in der Schweiz, Bamberg: difo-druck schmacht.

Kulicke, M. (2005): EXIST - Existenzgründungen aus Hochschulen – Angebote und Erfahrungen der 10 EXIST-Transferinitiativen. Arbeitspapier, Fraunhofer ISI. Karlsruhe.

Kulicke, M. (2003): Bewertung der EXIST-Initiativen durch die von ihnen betreuten Gründungen – Umfrage im Rahmen von EXIST "Existenzgründungen aus Hochschulen". Arbeitspapier, Fraunhofer ISI. Karlsruhe.

Kulicke, M., Görisch, J. (2002): Welche Bedeutung haben Hochschulen für das regionale Gründungsgeschehen? – Umfrage der wissenschaftlichen Begleitung zu EXIST "Existenzgründungen aus Hochschulen". Arbeitspapier, Fraunhofer ISI. Karlsruhe.

Kulicke, M., Görisch, J., Stahlecker, T. (2001): Erfahrung aus EXIST – Querschau über die einzelnen Projekte. Arbeitspapier, Fraunhofer ISI. Karlsruhe.

Kulicke, M., Bayer, K., Bräunling, G., Ewers, H.-J., Gerybadze, A., Mayer, M., Müller, R., Wein, T., Wupperfeld, U. (1993): Chancen und Risiken junger Technologieunternehmen, Heidelberg: Physica-Verlag.

Lessat, V., Hemer, J., Eckerle T.H., Kulicke, M., Licht, G., Nerlinger, E., Steiger, M., Steil, F. (1999): Beteiligungskapital und technologieorientierte Unternehmensgründungen – Markt, Finanzierung, Rahmenbedingungen, Wiesbaden: Gabler-Verlag.

Leydesdorff, L., Etzkowitz, H. (1998): Triple Helix of Innovation: Introduction, Science and Public Policy, Vol. 25, No. 6, pp. 358-364.

Leydesdorff, L., Etzkowitz, H. (1996): Emergence of a Triple Helix of University-Industry-Government - Relations, Science and Public Policy, Vol. 23, No. 5, pp. 279-286.

Liao, J., Welsch, H.P. (2001): Social Capital and Growth Intention: The Role of Entrepreneurial Networks in Technology-Based New Ventures, Frontiers of Entrepreneurship Research, http://www.babson.edu/entrep/fer/Babson2001/XII/XIIB/XIIB.htm (29.07.2004).

Liles, P.A. (1974): Who are the Entrepreneurs?, MSU Business Topics, Vol. 22, S. 5-14.

Maselli, A. (1997): Spin-Offs zur Durchführung von Innovationen – Eine Analyse aus institutionenökonomischer Sicht, Wiesbaden: Gabler-Verlag.

Mc Clelland, D.C. (1961): The Achieving Society, Princeton: Van Nostrand.

Mincer, J. (1974): Schooling, Experience and Earnings, New York: Columbia University Press.

Nahapiet, J, Goshal, S. (1998): Social capital, intellectual capital and the organizational advantage. In: Academy of Management Review, 23(2).

Nicolai, A., Kieser, A. (2002): Trotz eklatanter Erfolglosigkeit: Die Erfolgsfaktorenforschung weiter auf Erfolgskurs, DBW, 62. Jg., Heft 6, S. 579-596.

Nicolaou, N., Birley, S. (2002): Academic Networks, Exodus and University Spinout Structure, Frontiers of Entrepreneurship Research, http://www.babson.edu/entrep/fer/Babson2002/XVIII/XVIII_P1/XVIII_P1.htm (22.09.04).

Nlemvo, F., Pirnay, F., Surlemont, B. (2003): Toward a Typology of University Spin-Offs, Small Business Economics, Vol. 21, S. 355-369.

OECD (2004): Fostering Entrepreneurship and Firm Creation as a Driver of Growth in a Global Economy, 2nd OECD Conference of Ministers responsible for Small and Medium-Sized Enterprises (SMEs).

OECD (2002): Benchmarking Industry-Science Relationships. Paris.

OECD (2000): Small and medium enterprise Outlook. Paris.

Opaschowski, H.W. (2003): Gründungsneigung und gründungsbezogene Einflussfaktoren in Deutschland. In: Steinle, C., Schumann, K. (Hrsg.): Gründung von Technologieunternehmen – Merkmale, Erfolge, empirische Ergebnisse, Wiesbaden: Gabler-Verlag, S. 323-336.

Ostermann, C., Schulte, R. (2002): Unternehmerpersönlichkeit und Gründungserfolg, http://www.uni-lueneburg.de/creps/download/Schulte_Ostermann_2002.pdf, Abfragedatum: 30.07.04.

o.V. (2004a): Existenzgründungsfinanzierung, GründerZeiten – Informationen zur Existenzgründung und –sicherung Nr. 6.

o.V. (2004b): Marketing, GründerZeiten – Informationen zur Existenzgründung und -sicherung Nr. 20.

o.V. (2004c): Beteiligungskapital, GründerZeiten – Informationen zur Existenzgründung und –sicherung Nr. 21.

o.V. (2004d): Beratung, GründerZeiten – Informationen zur Existenzgründung und -sicherung Nr. 32.

o.V. (2004e): Rechtsformen, GründerZeiten – Informationen zur Existenzgründung und -sicherung Nr. 33.

o.V. (2003a): Hochschulabsolventen als Existenzgründer, GründerZeiten – Informationen zur Existenzgründung und –sicherung Nr. 12.

o.V. (2003b): Patente und andere Schutzrechte, GründerZeiten – Informationen zur Existenzgründung und –sicherung Nr. 40.

o.V. (2003c): Standortwahl, GründerZeiten – Informationen zur Existenzgründung und –sicherung Nr. 42.

o.V. (2000): Das "Risky shift" Phänomen, http://www.uni-kassel.de/fb3/psych/vv/ss95/exp/risky.html, (20.09.2004.

Pérez, M.P., Sanchéz, A.M. (2003): The Development of University Spin-Offs: Early Dynamics Of Technology Transfer And Networking, Technovation, Vol. 23, S. 823-831.

Plaschka, G. (1986): Unternehmenserfolg – Eine vergleichende empirische Untersuchung von erfolgreichen und nicht erfolgreichen Unternehmensgründern, Wien: Service-Fachverlag.

Pleschak, F., Stummer, F. Ossenkopf, B. (2000): Erfolgsmodell FUTOUR. Technologieorientierte Unternehmensgründungen in den neuen Ländern. Wissenschaftliche Reihe der DtA – Band 14. Karlsruhe/Freiberg.

Pleschak, F. (1995): Technologiezentren in den neuen Bundesländern. Heidelberg: Physica-Verlag.

Porter, M.E. (1998): Clusters and the New Economics of Competition, Harvard Business Review, Nov.-Dec., pp. 77-90.

Porter, M. E. (1995), The Competitive Advantage of Nations, The Free Press, New York.

Porter, M. E. (1990): The Competitive Advantage of Nations. Macmillan, London.

Rialp-Criado, A., Rialp-Criado, J., Knight, G.(2002): The Phenomenon of International New Ventures, Global Start-ups, and Born-Globas: What do we know after a decade (1993-2002) of exhaustive scientific inquiry?. Working Paper. Universidad Autònoma de Barcelona.

Riegel, S. (2002): Existenzgründungen aus Hochschulen – Begriffsbestimmung und Diskussion theoretischer Ansätze, BFuP, 54. Jg., S. 325-338.

Ripsas, S. (1997): Entrepreneurship als ökonomischer Prozess – Perspektiven zur Förderung unternehmerischen Handelns, Wiesbaden: Deutscher Universitäts-Verlag.

Roberts, E.B. (1991): Entrepreneurship in High Technology – Lessons from MIT and Beyond, New York: Oxford University Press.

Samson, K.J., Gurdon, M.A. (1993): University Scientists as Entrepreneurs: A Special Case of Technology Transfer and High-Tech Venturing, Technovation, Vol. 13, No. 2, S. 63-71.

Saxenian, A. (1994): Regional Advantage. Culture and Competition in Silicon Valley and Route 128, Harvard Business Press, Cambridge, Mass (v.p. 11).

Scarpetta. S., Hemmings, S., Tressel, T., Jaejoon, W. (2002): The role of policy and institutions for productivity and firm dynamics: evidence from micro and industry data. Working Paper 329. Paris: OECD.

Scheidt, B. (1995): Die Einbindung junger Technologieunternehmen in Unternehmens- und Politiknetzwerke – Eine theoretische, empirische und strukturpolitische Analyse, Berlin: Duncker & Humblot.

Schmelter, A. (2004): Entwicklungsverläufe forschungsnaher Unternehmensgründungen und deren Determinanten, DBW, Jg. 64, Heft 4, S. 471-486.

Schmidt, A.G. (2002): Indikatoren für Erfolg und Überlebenschancen junger Unternehmen, ZfB, Ergänzungsheft 5, S. 21-52.

Schulz, N. (1998): Erfolg von Unternehmensgründungen, http://www.wifak.uni-wuerzburg.de/wilan/wifak/vwl/vwl13/publik/grueerf.pdf, (10.09.04).

Schutjens, V.A.J.M., Wever, E. (2000): Determinants of Firm Success, Papers in Regional Science, Vol. 79, S. 135-159.

Semlinger, K. (1995): Arbeitsmarktpolitik für Existenzgründer – Plädoyer für eine arbeitsmarktpolitische Unterstützung des Existenzgründungsgeschehens, WZB Discussion Paper FS I 95-204.

Sijde, P. v. d., Wirsing, B., Cuyvers, R., Ridder, A. (eds.) (2002): New concepts for academic entrepreneurship – Proceedings of the USE-it! conference 2002. Twente University Press. Enschede.

Slevin, D. P., Covin, J.G. (1992): Creating and Maintaining High-Performance Teams. In: Sexton, D.L., Kasarda, J.D. (Hrsg.): The State of the Art of Entrepreneurship, Boston: PWS-Kent Publishing Company, S. 358-401.

Solymossy, E. (1997): Push/Pull Motivation: Does it matter in Venture Performance?, Frontiers of Entrepreneurship Research, http://www.babson.edu/entrep/fer/papers97/solomo/soly1.htm, (10.09.04).

Steinkühler, R.-H. (1994): Technologiezentren und Erfolg von Unternehmensgründungen, Wiesbaden: Deutscher Universitäts-Verlag.

Steinle, C., Schuhmann, K. (2003): Kooperation, Innovation und Erfolg technologieorientierter Gründungen – Konzept und Ergebnisse einer repräsentativen Studie. In: Steinle, C., Schumann, K. (Hrsg.): Gründung von Technologieunternehmen – Merkmale, Erfolge, empirische Ergebnisse, Wiesbaden: Gabler-Verlag, S. 15-66.

Sternberg, R. (2000): Gründungsforschung – Relevanz des Raumes und Aufgaben der Wirtschaftsgeographie, Geographische Zeitschrift, 88. Jg., Heft 3 u. 4, S. 199-219.

Sternberg, R., Tamásy, C., Bergmann, H. (2001): Global Entrepreneurship Monitor – Länderbericht Deutschland 2001.

Stevenson, L., Lundström, A. (2001): Patterns and trends in entrepreneurship/SME policy and practice in ten economies Volume 3 of the entrepreneurship policy for the future series Swedish foundation for small business research; FSF 2001:2 ISBN http://www.fsf.se/Pattems/CHI-BA-I.DOC.pdf

Stinchcombe, A. L. (1965): Social Structures and Organizations. In: March, J.G. (Hrsg.): Handbook of Organizations, Chicago: Rand McNally, S. 142-193.

Storper, M. (1993): Regional 'Worlds' of Production: Learning and Innovation in the Technology Districts of France, Italy and the USA", Regional Studies, 27, pp. 433-55.

Struck, J., Woywode, M. (2004): Zu den Ursachen des Erfolgs staatlich geförderter Unternehmen: Ergebnisse einer aktuellen empirischen Untersuchung. In: KfW Bankengruppe (Hrsg.): Was erfolgreicher Unternehmen ausmacht - Erkenntnisse aus Wissenschaft und Praxis. Heidelberg: Physica-Verlag.

Stuart, T., Sorenson, O. (2003): The Geography of Opportunity: Spatial Heterogeneity in Founding Rates and the _Performance of Biotechnology Firms, Research Policy, 32, pp. 229-253.

Szyperski, N., Nathusius, K. (1999): Probleme der Unternehmensgründung – Eine betriebswirtschaftliche Analyse unternehmerischer Startbedingungen, 2. Auflage, Lohmar: Verlag Josef Eul.

Tamásy, C., Otten, C. (1999): Unternehmensgründungen aus Hochschulen – Welche Faktoren begünstigen die Gründungswahrscheinlichkeit und den Gründungserfolg?, http://www.exist.de/kooperation/dateien/exist_pdf/existd0711.pdf, 20.09.2004.

Tijssen, R.J.W., van Wijk, E. (1999): In Search of the European Paradox: An International Comparison of Europe's Scientific Performance and Knowledge Flows in Information and Communication Technologies Research, Research Policy, Vol. 28, No. 5, pp. 519-543.

Tjaden, G. (2003): Erfolgsfaktoren virtueller Unternehmen – Eine theoretische und empirische Untersuchung, Wiesbaden: Deutscher Universitäts-Verlag.

Unterkofler, G. (1989): Erfolgsfaktoren innovativer Unternehmensgründungen, Frankfurt/M.: Verlag Peter Lang.

Van Looy, B., Debackere, K./P. Andries, P. (2001): Regionale ontwikkeling door kennisgedreven ondememerschap", Tijdschrift voor Economie en Management, Vol. 46, No. 2, pp. 203-37.

Varga, A. (1999): University Research and Regional Innovation. A Spatial Econometric Analysis of Academic Technology Transfers, Kluwer Academic Publishers.

Wanzenböck, H. (1998): Überleben und Wachstum junger Unternehmen, Wien: Springer-Verlag.

Weber, M. (1981): Die protestantische Ethik I, Gütersloh: Gütersloher Verlagshaus Mohn.

Weißhuhn, G., Wichmann, T. (2000): Beschäftigungseffekte von Unternehmensgründungen – Kurzfassung einer Studie im Auftrag des Bundesministeriums für Wirtschaft und Technologie, http://www.berlecon.de/output/studien_alle, Abfragedatum: 11.10.04.

Wenz, J. (1993): Unternehmensgründungen aus volkswirtschaftlicher Sicht, Bergisch Gladbach: Verlag Josef Eul.

Werner, H. (2000): Junge Technologieunternehmen – Entwicklungsverläufe und Erfolgsfaktoren, Wiesbaden: Gabler-Verlag.

Westphalen, S.-Å. (1999): Reporting on Human Capital: Objectives and Trends, http://www.die-frankfurt.de/esprid/dokumente/doc-1999/westphalen99_01.doc, (11.10.04).

Williams, E. (2002): 200 University spin-offs a year: The UK-experience. In: v.d. Sijde, P., Wirsing, B., Cuyvers, R. and Ridders, A. (eds.): New Concepts for academic entrepreneurship. Proceedings of the USE-it! conference 2002. Twente University Press.

Wippler, A. (1998): Innovative Unternehmensgründungen in Deutschland und den USA, Wiesbaden: Deutscher Universitäts-Verlag.

Woywode, M. (2004): Wege aus der Erfolglosigkeit der Erfolgsfaktorenforschung. In: KfW Bankengruppe (Hrsg. 2004): Was erfolgreiche Unternehmen ausmacht – Erkenntnisse aus Wissenschaft und Praxis. Heidelberg: Physica-Verlag.

Woywode, M. (1998): Determinanten der Überlebenswahrscheinlichkeit von Unternehmen – Eine empirische Überprüfung organisationstheoretischer und industrieökonomischer Erklärungsansätze, Baden-Baden: Nomos-Verlagsgesellschaft.

Wöhe, G. (2002): Einführung in die Allgemeine Betriebswirtschaftslehre, München: Verlag Vahlen.

Wolf, B., Ossenkopf, B. (2005): Kapitalschonende Entwicklungswege – Ansätze zur Lösung der Finanzierungsprobleme junger innovativer Unternehmen. Arbeitspapier. Fraunhofer ISI.

Anhang

Tabelle 21: Erfolgsfaktoren in der Gründungsphase*
(nach Häufigkeit der Beobachtung sortiert)

Faktorkategorie/Einflussfaktor	Häufigkeiten		
	ABL	NBL	Total
Finanzierung			
Verfügbarkeit und Nutzung von Fördermittel (Bund o. Land, direkt und indirekt)	4	5	9
Verfügbarkeit und Nutzung von Beteiligungskapital	4	2	6
Verfügbarkeit und Nutzung von Krediten	2	2	4
Industrieaufträge als Startfinanzierung	2	1	3
Faktoren aus dem Bereich Produkt, Markt und Strategien			
Alleinstellungspotenzial des Produkts (Spezifität, Einmaligkeit, Patent, Exklusivlizenz, Produktqualität ...)	5	5	10
bewusste, aktive Schutzrechtspolitik	5	4	9
Faktoren aus dem Bereich Mutterorganisation, Politik, Beratung und Unterstützung			
Grundlagen- und Vorlaufforschung des Mutterinstituts als Basis des Gründungsprodukts	6	6	12
Industrieerfahrung u. -kooperation des Instituts, Nutzung dessen Industriekontakte durch Gründer	6	6	12
befristete materielle Unterstützung durch MI (Räume, Geräte, bezahlte Stellen, Bereitstellung von Personal ...)	5	5	10
gutes Image des Mutterinstituts oder Institutsleiters	6	3	9
Markt war durch Mutterinstitut faktisch vorbereitet	5	4	9
enge Arbeitsteilung mit Mutterinstitut	2	6	8
Ressource für Personalrekrutierung aus Mutterinstitut, Mitarbeiter-Transfer von MI	4	4	8
gute externe Beratung u. Coaching	5	1	6
preisgünstige Übernahme von Maschinen und Apparaten der Mutterorganisation	0	2	2
Faktoren aus dem Bereich Sozialkapital, Netzwerk, Umfeld, Standort			
Teamgründung	6	7	13
günstige harte oder weiche Standortbedingungen	6	6	12
kreatives, unternehmerisches o. innovatives Umfeld	6	6	12
Räumliche Nähe zum Mutterinstitut	4	7	11
die "richtige" Gesellschafterstruktur" ("Chemie stimmte")	4	4	8
aktiver Erfahrungsaustausch mit anderen Spin-Offs	3	4	7
Vorhandensein u. Nutzung eines lokales/regionales Netzwerks aktiver und engagierter Unterstützer und Berater	5	2	7

Faktorkategorie/Einflussfaktor	Häufigkeiten		
	ABL	NBL	Total
günstiges mikrosoziales (persönliches) Netzwerk des/der Gründers	3	2	5
Vorhandensein u. Nutzung guter Kontakte des Gründers zu externen Kapitalgebern	3	0	3
Faktoren aus dem Bereich Motivation und Humankapital			
Vorherige einschlägige Branchenkenntnis der Gründer	6	3	9
Begeisterungsfähigkeit, Initiativkraft und Engagement des Institutsleiters/Lehrstuhlinhabers	4	4	8
Überzeugt sein von den Chancen der Gründungsidee	6	2	8
gründungsfreundliches Klima am Institut	4	3	7
Risikobereitschaft, Leistungsmotivation, Durchsetzungswille, unternehmerisches Profil der Gründer	4	2	6
fehlende Jobalternative, befristete Arbeitsverhältnisse	1	1	2

* Hier wurden nur die Ausgründungen berücksichtigt, die als erfolgreich oder Erfolg versprechend eingeschätzt wurden (vgl. Abschnitt 6.1).

Tabelle 22: Erfolgsfaktoren für die weitere Unternehmensentwicklung*
(nach Häufigkeit der Beobachtung sortiert)

Faktorkategorie/Einflussfaktor	Häufigkeiten		
	ABL	NBL	Total
Finanzierung			
wachsende Auftragserlöse, Cash-Flow	7	5	12
weitere Verfügbarkeit und Nutzung von Fördermittel (Bund o. Land, direkt und indirekt)	6	3	9
Kapital sparende Strategien und/oder organisches Wachstum aus Cash-Flow	2	4	6
weitere Verfügbarkeit und Nutzung von Beteiligungskapital	4	1	5
Verfügbarkeit und Nutzung von Krediten	3	1	4
Geduld und Durchhaltewille der externen Kapitalgeber	3	0	3
Faktoren aus dem Bereich Produkt, Markt und Strategien			
Alleinstellungspotenzial des Produkts (Spezifität, Einmaligkeit, Patent, Exklusivlizenz, Produktqualität ...)	7	4	13
internationale Marktbearbeitung	6	6	12
Kundenzufriedenheit	6	2	8
gute Marktposition im wachsendem Nischensegment	5	1	6
wiederholte Anpassung v. Geschäftsmodell u. Strategien an Marktbedingungen, Neuaufstellung oder turn around	5	0	5
Faktoren aus dem Bereich Mutterorganisation, Politik, Beratung und Unterstützung			
regelmäßiger Wissensaustausch und/oder Arbeitsteilung mit Mutterinstitut	5	3	8
gute externe Beratung und Coaching	6	0	6
ständige Ressource für Personalrekrutierung aus Mutterinstitut, Mitarbeiter-Transfer von MI	5	1	6
rechtzeitige Emanzipation vom Mutterinstitut, Unabhängigkeit vom Institut	2	2	4
anhaltende materielle Unterstützung durch MI (Räume, Geräte, bezahlte Stellen, Bereitstellung von Personal ...)	2	0	2
Faktoren aus dem Bereich Sozialkapital, Netzwerk, Umfeld, Standort			
günstige harte oder weiche Standortbedingungen	6	6	12
kreatives, unternehmerisches o. innovatives Umfeld	6	4	10
Räumliche Nähe zum Mutterinstitut	5	4	9
Vorhandensein u. Nutzung eines lokales/regionales Netzwerks aktiver und engagierter Unterstützer und Berater	5	1	6
Vorhandensein u. Nutzung guter Kontakte des Gründers zu externen Kapitalgebern (auch zu späteren Gesellschaftern)	4	0	4

Faktorkategorie/Einflussfaktor	Häufigkeiten		
	ABL	NBL	Total
Faktoren aus dem Bereich Motivation und Humankapital			
Risikobereitschaft, Leistungsmotivation, Durchsetzungswille, unternehmerisches Profil der Gründer	5	2	7
motivierte, begeisterungsfähige und opferbereite Mitarbeiter	2	3	5

* Hier wurden nur die Ausgründungen berücksichtigt, die als erfolgreich oder Erfolg versprechend eingeschätzt wurden (vgl. Abschnitt 6.1).

Tabelle 23: Überprüfung der Hypothesen aus der Literaturanalyse

Hypothese zu möglichem Erfolgsfaktor		Unterstützung?	empirische Bestätigung in den 20 Fallstudien
H1	Je höher das Bildungsniveau des Gründers ist, desto besser sind die Überlebens- und Wachstumsaussichten der Gründung.		k.A., alle Gründer haben auswahlgemäß hohes Bildungsniveau
H2	Durch bisherige Tätigkeit erworbene Erfahrungen in der späteren Gründungsbranche leisten einen wesentlichen Beitrag zum Gründungserfolg.	+	unterstützt
H3	Bereits gesammelte Selbstständigkeitserfahrung wirkt sich positiv auf den Gründungserfolg aus.		k.A., da nur in einem Fall gegeben
H4	Akademiker mit einer zusätzlichen beruflichen Ausbildung sind besonders erfolgreiche Unternehmensgründer.		k.A., da nicht beobachtet
H5	Ein Fachhochschulstudium bietet bessere Vorraussetzungen, den Erfordernissen einer möglichen Selbstständigkeit gerecht zu werden, als ein Universitätsstudium.		k.A., da nicht vertreten
H6	Aufgrund der schnellen Entwertung von Fachwissen und Berufserfahrung sind Gründer erfolgreicher, die Branchenerfahrung in zeitlicher Nähe zur Gründung akkumuliert haben.	+	unterstützt, aber kein kritisches Kriterium
H7	Teamgründungen sind, unabhängig von der Größe des Gründerkreises, erfolgreicher als Einzelgründungen.	+	unterstützt, aber Teamgröße und Teamzusammensetzung ist entscheidend
H8	"Echte" Teamgründungen, in denen also mindestens zwei Geschäftspartner von Anfang an und dabei hauptberuflich zusammenarbeiten, sind erfolgreicher, als Gründungen, in denen ein oder mehrere Gründer lediglich zum Nebenerwerb tätig ist/sind.	+	unterstützt
H9	Die funktionale Ausgewogenheit zwischen geschäftlichem und fachlich-technischem Wissen im Gründerteam wirkt sich erfolgsfördernd aus.		k.A., da nur in einem Fall gegeben
H10	Das Alter des gründenden Akademikers hat unmittelbare Erfolgswirkung.	-	nicht unterstützt
H11	Unternehmen weiblicher Akademiker haben gleiche Aussicht auf Erfolg wie Unternehmen männlicher Gründer.		k.A., da nicht angetroffen
H12	Gründer, die zum Zeitpunkt der Gründung ein hohes Maß an Leistungsmotivation besitzen, sind erfolgreicher als weniger leistungsmotivierte Gründer.		k.A., da ohne psychologische Qualifikation keine Aussagen möglich
H13	Ein ausgeprägtes Machbarkeitsdenken, also die subjektive Überzeugung von der eigenen Leistungsfähigkeit, erhöht die Wahrscheinlichkeit, erfolgreich zu gründen.	+	unterstützt; tritt vermutlich in allen 20 Fällen zu
H14	Verfügt der Gründer nicht über ausreichende physische wie psychische Leistungskraft, ist die Wahrscheinlichkeit zu scheitern entsprechend hoch.		k.A., für Interviewer nicht zu beurteilen
H15	Ein Lebens- bzw. Ehepartner, der dem Gründer unterstützend zur Seite steht, verbessert die Aussichten auf ein erfolgreiches Gründungsvorhaben (et vice versa).		k.A., da für beide Richtungen Beispiele vorhanden

Hypothese zu möglichem Erfolgsfaktor		Unter-stüt-zung?	empirische Bestätigung in den 20 Fallstudien
H16	Selbstständig erwerbstätige Personen in der eigenen Familie zu haben, erhöht die Bereitschaft ein eigenes Gründungsvorhaben in Angriff zu nehmen und schafft gute Vorraussetzungen für dessen erfolgreiche Umsetzung.		k.A., da dieser Fall nicht bekannt ist
H17	Hat ein Gründer die Unterstützung von Verwandten, Freunden, Bekannten sowie ehemaligen Arbeitskollegen, also soziales Kapital in Form von "strong" und "weak ties", ist die Wahrscheinlichkeit eines erfolgreichen Gründungsvorhabens größer.	+	klar unterstützt
H18	Schwache soziale Bindungen ("weak ties") wirken positiv auf die Innovationsfähigkeit und erhöhen dadurch die Erfolgschancen einer akademischen Ausgründung.	+	klar unterstützt
H19	"Strong tie"-Bindungen können die Bestandschancen aber auch mindern.	+	unterstützt, da Beispiele hierfür vorhanden
H20	Eine einvernehmliche Ausgründung und die positive Unterstützung durch die Mutterorganisation sind wichtige Erfolgsvorrausetzungen.	+	klar unterstützt
H21	Inwieweit in der Mutterorganisation erwerbswirtschaftlich orientiert bzw. marktnah gearbeitet wird, bestimmt die Möglichkeiten des Akademikers, unternehmerisch verwertbare Fähigkeiten und Kenntnisse (Marktkenntnisse, Erfahrungen im Projektcontrolling, marktorientiertes Denken) aufzubauen.	+	klar unterstützt
H22	Gründungen aus nicht-erwerbswirtschaftlichen Forschungseinrichtungen erhalten eine vergleichsweise umfangreichere Unterstützung als Gründungen aus erwerbswirtschaftlichen Forschungseinrichtungen. Für erstere sind demnach größere Erfolgsaussichten zu erwarten.		k.A., da nur nicht erwerbswirtschaftliche Einrichtungen im Sample waren
H23	Positiv motiviert gründende Wissenschaftler, die beispielsweise eine aus eigener Forschungstätigkeit hervorgegangene Produktidee verwirklichen wollen, sind erfolgreicher als solche, die aus einer negativen Motivation, z.B. Frustration am Arbeitsplatz oder zeitweilige oder drohende Erwerbslosigkeit, heraus gründen.	+	unterstützt
H24	Befristete Arbeitsverträge erhöhen den Druck zur Suche nach alternativen Beschäftigungsmöglichkeiten. Das absehbare Ende der abhängigen Beschäftigung in der wissenschaftlichen Einrichtung führt zur frühzeitigen Auseinandersetzung mit und zu Planungen für die eigene unternehmerische Selbstständigkeit.	+	unterstützt
H25	Größere Gründungen (gemessen am Startkapital, Beschäftigte zum Gründungszeitpunkt) haben bessere Erfolgsaussichten als kleinere Gründungen ("liability of smallness").	-	nicht unterstützt, kleine Gründungen sind im Sample auch erfolgreich
H27	Das Besetzen einer innovativen Marktnische ermöglicht es einer Neugründung, über Innovations- und Qualitätswettbewerb schnell Marktanteile zu gewinnen. Akademische Ausgründungen, die eine solche Spezialistenstrategie verfolgen, haben höhere Erfolgschancen als Gründunge, die ihre Chance an einem existierenden Markt mit einer diversifizierten Produktpalette suchen.		k.A., da alle 20 Fälle zur ersten Gruppe zählen

Hypothese zu möglichem Erfolgsfaktor		Unterstützung?	empirische Bestätigung in den 20 Fallstudien
H27	Gründungsprodukte, die einen mittleren Neuigkeitsgrad aufweisen, also Innovationen in Form der Modifikation bereits bekannter Anwendungsmöglichkeiten, haben bessere Chancen am Markt als völlige Neuentwicklungen.		k.A., da im Sample nur einmal aufgetreten (nicht erfolgreich)
H28	Gründungen, deren Innovationsvorhaben einen mittleren Komplexitätsgrad aufweist, besitzen bessere Erfolgschancen, als Gründungen, deren Innovationsvorhaben durch hohe oder niedrige Komplexität gekennzeichnet ist.	-	nicht unterstützt, da im Sample sowohl hoch und niedrig komplexe Produkte erfolgreich sind
H29	Gründungsunternehmen, die unter einer nicht haftungsbeschränkten Rechtsform operieren (Personengesellschaften), tendieren zu weniger riskanten und damit weniger renditeträchtigen Investitionsprojekten. Gründungen voll haftender Unternehmer weisen demnach geringere Wachstumschancen auf als Gründungen beschränkt haftender Unternehmer.		k.A., da kein Fall voll haftender Gründer im Sample
H30	Die Höhe des Startkapitals ist positiv mit dem Gründungserfolg korreliert.	-	nicht unterstützt, da auch mager finanzierte Fälle erfolgreich sind
H31	Ein hoher Eigenkapitalanteil am Gründungskapital ermöglicht das Erschließen der damit verbundenen positiven Effekte. Eine hohe Eigenkapitalquote wirkt folglich erfolgsfördernd.	-	nicht unterstützt
H32	Zum Zeitpunkt der Gründung vorhandene Patente erhöhen die Erfolgs- und Überlebenschancen der Gründung.	+	unterstützt, jedoch abhängig davon, wer Patent hält
H33	Ergänzende Dienstleistungen und Produkte zum Gründungsprodukt erhöhen das Nutzenbündel des Kunden. Damit ist ein positiver Effekt auf den Absatz und folglich auch auf die Erfolgs- und Überlebenschancen zu erwarten.		k.A., da nicht vertieft analysiert
H34	Erfolgreiche akademische Ausgründungen sind stärker international tätig als weniger erfolgreiche.	+	unterstützt, alle erfolgreichen arbeiten global
H35	Da die Generierung von Innovationen die zentrale Strategie akademischer Ausgründungen zur Gewinnung von Marktanteilen ist, begünstigt ein unternehmerisches Regime ihre Entwicklungschancen im Vergleich zu einem routinierten Regime.		k.A., da hierfür die Kenntnis über die Marktumfelder nicht hinreichen
H36	Der Zugang zu staatlicher Gründungsförderung erhöht die Erfolgs- und Überlebenschancen signifikant.	0	bedingt unterstützt, da nicht alle erfolgreichen Fälle Förderangebot nutzten
H37	Staatliche Gründungsfinanzierung wirkt sich positiv auf die Erfolgs- und Überlebenschancen des akademischen Spin-Off aus.	0	nur eingeschränkt unterstützt, da auch weniger erfolgreiche Fälle gefördert waren
H38	Die Inanspruchnahme von Venture Capital kann neben finanziellen Ressourcen auch umfangreiche Beratung und Betreuung beinhalten. Sie erhöht folglich die Erfolgschancen der Gründung signifikant.	+	unterstützt hinsichtlich längerer Überlebensdauer; Beratungsintensität jedoch nicht immer gegeben

Hypothese zu möglichem Erfolgsfaktor		Unterstützung?	empirische Bestätigung in den 20 Fallstudien
H39	Eine üppige Ausstattung mit VC kann auch kontraproduktiv sein, wenn der Unternehmer eher ein stetiges, statt ein schnelles Wachstum anstrebt, er also durch die Finanzgeber zu einer nicht gewünschten Wachstumspolitik gedrängt wird.	–	nicht unterstützt, da alle VC-Geber relativ geduldig waren
H40	Mitarbeiter beschäftigen zu können, kann sowohl auf umfangreiches Startkapital als auch auf eine günstige ökonomische Entwicklung der Gründung zurückgeführt werden. In jedem Fall gilt eine dem Wachstum der Gründung angepasste Personalpolitik als Erfolgsfaktor.	+	unterstützt, da in fast allen Fällen angepasste, vorsichtige Einstellungspolitik zu beobachten war
H41	Ein aktives wissenschaftliches Umfeld und die Vernetzung mit Hochschulen und Forschungseinrichtungen ist vor allem im Hinblick auf die weitere Entwicklung der akademischen Gründung ein zentraler Erfolgsfaktor.	+	unterstützt
H42	Die Ansiedlung im stadtnahen Umland bietet günstigere Erfolgschancen als eine Niederlassung in städtischen Agglomerationen oder in ländlichen Räumen.	+	unterstützt, da viele der erfolgreichen Gründungen an Stadträndern angesiedelt sind
H43	Im regionalen Vergleich sind mit niedrigeren kommunalen Steuersätzen höhere Gründungs- bzw. Niederlassungsraten zu erwarten.		k.A., da Informationen hierzu nicht erhoben wurden

Tabelle 24: Relevanz der empirisch bestätigten Erfolgsfaktoren nach Unternehmensphasen

Nr. der Hypothese*	Erfolgsfaktor	Relevanz für Gründungsphase	Relevanz für Entwicklungsphase
H2	Vorhandene Berufserfahrungen in der Gründungsbranche	+	
H6	zeitnahe Branchenerfahrung	+	
H7	Teamgründungen	+	
H8	"Echte" Teamgründungen (mindestens zwei hauptberuflich mitarbeitende Gründer)		+
H13	Überzeugtsein von eigener Leistungsfähigkeit	+	+
H17	soziales Kapital in Form von "strong" und "weak ties"	+	+
H18	schwache soziale Bindungen ("weak ties")		+
H19	"Strong tie"-Bindungen können Bestandschancen mindern.		+
H20	Einvernehmen mit der Mutterorganisation	+	+
H21	erwerbswirtschaftlich bzw. marktnahe Arbeit in der Mutterinstitution	+	
H23	Positiv motivierte Gründer sind erfolgreicher als solche mit negativer Motivation (Frustration am Arbeitsplatz, drohende Erwerbslosigkeit etc.)	+	
H24	Befristete Arbeitsverträge führen zur frühzeitigen Auseinandersetzung mit unternehmerischer Selbstständigkeit.	+	
H32	zum Zeitpunkt der Gründung vorhandene Patente erhöhen die Erfolgs- und Überlebenschancen der Gründung.	+	+
H34	internationale Tätigkeit, Marktbearbeitung		+
H37	Nutzung staatlicher Förderung	+	+
H38	Inanspruchnahme von Venture Capital	+	+
H40	dem Wachstum der Gründung angepasste, flexible Personaleinstellung	+	+
H41	aktives wissenschaftliches Umfeld und Vernetzung mit Hochschulen und Forschungseinrichtungen	+	+
H42	Standort im stadtnahen Umland (statt städtischer Agglomerationen oder ländlicher Räumen)		+

* vgl. Zwischenbericht vom Januar 2005

Tabelle 25: Konsolidierter Katalog von Erfolgsfaktoren für akademische Spin-Offs

Faktorkategorie/Einflussfaktor	Relevanz für	
	Gründungsphase	Entwicklungsphase
Finanzierung		
Verfügbarkeit und Nutzung von Fördermittel (Bund o. Land, direkt und indirekt)	+	+
Verfügbarkeit und Nutzung von Beteiligungskapital	+	+
Verfügbarkeit und Nutzung von Krediten	+	+
Industrieaufträge als Startfinanzierung	+	
Investitionen aus Cash-Flow	+	+
Geduld und Durchhaltewille der externen Kapitalgeber		+
Produkteigenschaften, Markt, Strategien		
Alleinstellungspotenzial des Produkts (Spezifität, Einmaligkeit, Patent, Exklusivlizenz, Produktqualität ...)	+	+
bewusste, aktive Schutzrechtspolitik	+	+
Kapital sparende Strategien und/oder organisches Wachstum aus Cash-Flow	+	+
internationale Marktbearbeitung		+
gute Marktposition im wachsendem Nischensegment		+
wiederholte Anpassung v. Geschäftsmodell u. Strategien an Marktbedingungen, Neuaufstellung oder turn around		+
vorsichtige und flexible Personalpolitik	+	+
Rolle der Mutterorganisation, Unterstützungspolitik, Beratung		
Grundlagen- und Vorlaufforschung des Mutterinstituts als Basis des Gründungsprodukts	+	
Industrieerfahrung u- -kooperation des Instituts, Nutzung dessen Industriekontakte durch Gründer	+	
befristete materielle Unterstützung durch MI (Räume, Geräte, bezahlte Stellen, Bereitstellung von Personal ...)	+	
gutes Image des Mutterinstituts oder Institutsleiters	+	
Einvernehmen mit Mutterinstitut	+	
Markt wurde durch Mutterinstitut faktisch vorbereitet, marktnahe Arbeit im Mutterinstitut	+	
Ressource für Personalrekrutierung aus Mutterinstitut, Mitarbeiter-Transfer von MI	+	+

Faktorkategorie/Einflussfaktor	Relevanz für	
	Gründungsphase	Entwicklungsphase
Begeisterungsfähigkeit, Initiativkraft und Engagement des Institutsleiters/Lehrstuhlinhabers	+	
gute externe Beratung u. Coaching	+	
regelmäßiger Wissensaustausch und/oder Arbeitsteilung mit Mutterinstitut	+	+
Sozialkapital, Netzwerke, Umfeld, Standort		
"echte" Teamgründung, d.h. mindestens zwei hauptamtlich mitwirkende Gründer	+	+
günstiges mikrosoziales (persönliches) Netzwerk des/der Gründers	+	+
räumliche Nähe zum Mutterinstitut	+	
günstige harte oder weiche Standortbedingungen	+	+
aktiver Erfahrungsaustausch mit anderen Spin-Offs	+	
Vorhandensein u. Nutzung eines lokales/regionales Netzwerks aktiver und engagierter Unterstützer und Berater	+	
Vorhandensein u. Nutzung guter Kontakte des Gründers zu externen Kapitalgebern	+	+
Humankapital und Motivation		
Teamgründung	+	
die "richtige" Gesellschafterstruktur" ("Chemie stimmt")	+	+
Vorherige einschlägige, zeitnahe Branchenkenntnis der Gründer	+	
kreatives, unternehmerisches o. innovatives Umfeld	+	+
Überzeugtsein von den Chancen der Gründungsidee	+	+
Risikobereitschaft, Leistungsmotivation, Durchsetzungswille, unternehmerisches Profil der Gründer	+	
gründungsfreundliches Klima am Institut	+	
motivierte, begeisterungsfähige und opferbereite Mitarbeiter	+	+